実戦150題

地方自治法

第6次改訂版

都政新報社

は　し　が　き

　地方自治法は、地方自治体の組織・財務や住民との関係などを規定する地方自治の基本法です。現代の社会において、地方自治体は多種多様な活動を行っていますが、そうした活動の大半は地方自治法によって律せられており、この法がなければ自治体の行政運営は成り立ちません。また、地方自治の実務に携わる者にとって、自治体運営の根本を定める地方自治法を正確に理解することは、主体的で創造的な業務を行うための、欠くことのできない基礎知識に当たります。地方自治法は、数多い法律の中でも大変に重要なものと言えるでしょう。

　一方、地方自治法は、300を超える条文からなる大法典です。関係する法律や政令を含めれば、学習のために参照すべき条文は膨大なものとなります。法改正もほぼ毎年行われており、その中には重要な内容を含む改正も少なくありません。極めて重要な法律でありながら、独力で条文を読むだけでは、地方自治法に関する正確な知識を持つことは大変困難であるのが実情です。

　本書は、そうした地方自治法の特質を踏まえ、重要な事項を効率よく学べるように編集されたものです。東京都や特別区の昇任試験で出題された問題を実際に解き、併せて解説を読むことで、地方自治法の要点を把握できる構成となっています。

　本書が、日夜多忙を極める自治体関係者の方々にとって、効率的な学習を進めるための一助となれば幸いです。

　2023年11月

㈱都政新報社　出版部

目　　　次

実戦150題

第6次改訂版

地方自治法

昇任試験のための地方自治法の学習について

1 出題傾向

　地方自治法は、最近の東京都主任試験では事務Ⅰの択一で55問中10問、また、特別区管理職試験Ⅰ類では、択一で40問中14題が出題されるなど、地方公務員の事務系昇任試験においては、かなりのウェイトを占めている。

　出題内容は、地方公共団体によって異なるが、全体的に議会と長その他の執行機関の権限や相互の関係、財務分野からの出題が多く見られ、その他の分野からもバランスよく出題されている。出題レベルも試験種別によって異なるが、問題によっては条文の知識にとどまらず、関係法令や行政実例、判例の知識まで要求されるものもある。自分の受験する試験種別における出題傾向を十分に把握し、効率的に学習を進める方がいいだろう。

　地方自治法は頻繁に改正されるが、大規模かつ重要な改正があったところは出題の可能性が高いので、特に注意が必要である。また、東京都管理職試験では、政治経済等事情において、法改正の動向を出題することとされており、最新の地方自治制度改革の流れにも気をつけておこう。

　なお、ここ5年間の東京都・特別区の昇任試験の出題項目について別掲しているので、参考にしてほしい。

2 学習法

　地方自治法の学習法も、基本的には他の法律分野と変わらない。条文を参照しながら概説書を読んで、法全体の基本的な知識をまず頭に入れる。その上で、問題集に繰り返し取り組むことによって知識を確認し、定着させるというのが一般的な方法だろう。

　しかし、地方自治法は条文数が多く、内容がかなり広範にわたっている。時間に制約があるなかで、全体を詳細に理解するのは容易なことではない。そのような場合には、簡単な概説書を読んで全体像をつかみ、本書のような問題集を解きながら基本的なポイントを

押さえ、知識を整理していくと効果的だろう。

　問題集に取り組むときは、正誤にこだわるのではなく、選択肢ごとの解説をしっかり理解し、知識を確実に身につけていくことが大切である。その際には、基本書や法令集を手元に置き、該当箇所を必ず参照するようにしよう（特に条文にはきちんとあたってほしい。）。自分が解けなかった選択肢、問題を中心に、1冊の問題集に繰り返し取り組んでみよう。そうすることにより、知識が一層定着して自分のものになっていくはずである。

3　参考文献

　定評のある書籍をいくつか掲げておくが、できるだけ最近の法改正までカバーされているものを選ぶとともに、法令集については、判例や行政実例が掲載されているものを利用する方がいいだろう。

(1)　基本書

『地方自治法の要点』（学陽書房）

(2)　参考書

『新版逐条地方自治法第9次改訂版』（松本英昭著／学陽書房）

『地方自治小六法』（学陽書房　※できるだけ最新版）

『地方自治ポケット六法』（学陽書房　※できるだけ最新版）

　なお、逐条の著者である松本氏による地方自治法の解説書として『要説　地方自治法』（ぎょうせい）も参考になる。また、都政新報社の出版物としては、『1日10分地方自治法』、『東京都主任試験解答集』などが参考になる。

4　凡例

　地方自治法については「法」と、地方自治法施行令については「令」と、判例や行政実例については「最判昭56.6.16」、「行実昭56.6.16」などのように略称している。

　なお、本書には、現行条文と令和6年4月1日からの施行条文を併記している。[　　　]内が令和6年4月1日施行のもの。

地方自治制度　過去５年間の出題（東京都主任試験）

	平成30年度	令和元年度	令和２年度	令和３年度	令和４年度
総則、通則、条例及び規則、直接請求	地方公共団体の名称変更　条例	地方公共団体の規則　区域	直接請求　長・議員の選挙	地方公共団体の区域　条例	地方公共団体の事務　規則
議会	議会の議決	議会	議会の調査権	議会の議員　議会の議長又は副議長	議会の議決
執行機関	長の再議権　行政委員会	長の専決処分　附属機関	長の権限　長の補助機関　長の不信任議決	行政委員会	再議制度　長の権限
給与その他の給付、財務、公の施設	公の施設　分担金、負担金、使用料及び手数料　物品・債権　住民監査請求	予算　基金　職員の賠償責任	決算　現金・有価証券　住民監査請求・住民訴訟	契約　収入　公の施設　住民訴訟	予算　会計年度　基金
国と地方公共団体及び地方公共団体相互間の関係		地方公共団体の協力方式	国と地方公共団体の関係　外部監査		協議会
大都市等に関する特例、外部監査契約に基づく監査、特別地方公共団体	財産区	指定都市・中核市		広域連合	財産区

地方自治制度　過去5年間の出題（特別区管理職試験Ⅰ類）

	平成30年度	令和元年度	令和2年度	令和3年度	令和4年度
総則、通則、条例及び規則、直接請求	地方公共団体の事務　条例又は規則	地方公共団体の名称　事務の監査請求	普通地方公共団体の区域　条例又は規則	地方公共団体の事務　条例又は規則	普通地方公共団体の区域　事務の監査請求
議会	議会の調査権　議長又は副議長　議会の会議　議員の懲罰	議員の兼職又は兼業　議長又は副議長　議会の会議　議会の請願	議会の調査権　議会の委員会　議会の会議　議員の紀律	議会の議決事件　議会の委員会　議会の会議　議員の懲罰	議会の招集又は会期　議長又は副議長　議会の会議　議会の紀律
執行機関	長の権限　会計管理者　長と議会との関係　専門委員	長の担任事務　副知事又は副市町村長　長と議会との関係　監査委員	長の権限　出納員又は会計職員　長と議会との関係　選挙管理委員会	長の公共的団体等の監督　副知事又は副市町村長　長と議会との関係　執行機関の附属機関	長の権限　会計管理者　長と議会との関係　選挙管理委員会
給与その他の給付、財務、公の施設	継続費、債務負担行為又は繰越明許費　基金　公の施設	予算　財産　公の施設	決算　債権　公の施設	予算　財産　公の施設	契約　職員の賠償責任　公の施設
国と地方公共団体及び地方公共団体相互間の関係	自治紛争処理委員			普通地方公共団体相互間の協力	自治紛争処理委員
大都市等に関する特例、外部監査契約に基づく監査、特別地方公共団体		広域連合	特別区		

地方公共団体の事務①

No.1　地方自治法に規定する地方公共団体の事務に関する記述として、妥当なのはどれか。　**(特別区管理職試験出題)**

1　都道府県は、市町村を包括する広域の地方公共団体として、地域における事務のうち、広域にわたるもの、市町村に関する連絡調整に関するもの及び統一的な処理を必要とするものを処理する。

2　都道府県及び市町村は、その事務を処理するに当たっては、住民の福祉の増進に努めなければならないが、相互に競合しないようにする必要はない。

3　国は、法律又はこれに基づく政令により地方公共団体が処理することとされている事務が自治事務である場合において、地方公共団体が地域の特性に応じて当該事務を処理することができるよう特に配慮する必要はない。

4　地方公共団体は、常にその組織及び運営の合理化に努めるとともに、他の地方公共団体に協力を求めてその規模の適正化を図らなければならない。

5　市町村及び特別区は、法令又は当該都道府県の条例に違反してその事務を処理してはならないが、法令に違反して行った市町村及び特別区の行為に限り、無効とする。

Key Point

　都道府県は、広域の地方公共団体として、普通地方公共団体の事務のうち、広域にわたるもの、市町村の連絡調整に関するもの、一般の市町村が処理することが適当でないと認められるものを処理する。市町村は、基礎的な地方公共団体として、都道府県が処理するとされているものを除き、一般的に普通地方公共団体の事務を処理する。

市町村は、**基礎的な地方公共団体**として、法第2条第5項において都道府県が処理するものとされているものを除き、一般的に地域における事務及びその他の事務で法律又はこれに基づく政令により処理することとされているものを処理する（法第2条第3項）。

都道府県は、市町村を包括する広域の地方公共団体として、普通地方公共団体の事務のうち**広域にわたるもの**、市町村に関する**連絡調整に関するもの**及びその規模又は性質において**一般の市町村が処理することが適当でないと認められるもの**を処理する（法第2条第5項）。

1　**誤り**。都道府県は、広域にわたるものの、市町村に関する連絡調整に関するもの及び一般の市町村が処理することが適当でないと認められるものを処理する（法第2条第5項）。

2　**誤り**。都道府県及び市町村は、その事務を処理するに当たっては、相互に競合しないようにしなければならない（法2条第6項）。

3　**誤り**。法律又はこれに基づく政令により地方公共団体が処理することとされている事務が自治事務である場合においては、国は、地方公共団体が地域の特性に応じて当該事務を処理することができるよう特に配慮しなければならない（法第2条第13項）。

4　**正しい**（法第2条第15項）。

5　**誤り**。当該都道府県の条例に違反して行った行為も無効となる（法第2条第17項）。

正答　4

地方公共団体の事務②

No.2　　地方自治法に定める普通地方公共団体の事務に関する記述として、妥当なのはどれか。　　　　　　**（東京都主任試験改題）**

1　自治事務は、法令により普通地方公共団体が処理することとされている事務であり、各大臣は、普通地方公共団体が自治事務を処理するに当たっての基準を定めなければならないとされる。

2　従来の機関委任事務は廃止され、そのうちの約6割が自治事務に、約4割が第1号法定受託事務に整理される一方、従来の団体委任事務は全て第2号法定受託事務になった。

3　普通地方公共団体の議会の調査権は、当該普通地方公共団体の自治事務及び法定受託事務のうち、国の安全を害するおそれのあることには及ばないが、議会の監査請求権は、当該普通地方公共団体の事務の全てに及ぶとされる。

4　第2号法定受託事務とは、法律又はこれに基づく政令により市町村又は特別区が処理することとされる事務のうち、都道府県が本来果たすべき役割に係るものであって、都道府県においてその適正な処理を特に確保する必要があるものとして、法律又はこれに基づく政令に特に定めるものをいう。

5　市町村の自治事務の処理が法令の規定に違反していると認めるときは、各大臣は、直接市町村へ是正の要求及び勧告を行うことはできないが、都道府県に対し、市町村へ是正の要求及び勧告を行うよう指示することはできる。

Key Point

　地方公共団体の事務は、自治事務及び法定受託事務の2種である。地方分権一括法による改正前の地方自治法で、機関委任事務とされてきた事務については、自治事務又は法定受託事務として存続させられることとなったもののほか、国が直接執行する事務となったもの、事務自体が廃止されたものがある。

解説 　平成12年４月の地方分権一括法による地方自治法の改正により、地方公共団体の事務は自治事務と法定受託事務との２種となった。自治事務とは、普通地方公共団体が処理する事務のうち、法定受託事務を除く全ての事務である（法第２条第８項）。法定受託事務には、国が本来果たすべき役割に係る第１号法定受託事務と、都道府県が本来果たすべき役割に係る第２号法定受託事務とがある（法第２条第９項）。第１号法定受託事務は法別表第１及び令別表第１に、第２号法定受託事務は法別表第２及び令別表第２に、それぞれ全て掲げられている。

　この改正による機関委任事務制度の廃止に伴い、従来、機関委任事務とされていたものは、約６割が自治事務に、約４割が法定受託事務に分類されたほか、国が直接執行する事務となったもの、事務自体が廃止されたものがある。自治事務には、従来、公共事務や行政事務とされていたもののほか、いわゆる団体委任事務とされていたものが含まれる。

1　**誤り**。法定受託事務に関する説明である。また、各大臣は、法定受託事務の処理に当たりよるべき基準を定めることができるが、定めなければならないものではない（法第245条の９）。

2　**誤り**。従来の機関委任事務は、そのうちの約６割が自治事務に、約４割が法定受託事務に分類された。団体委任事務は、自治事務に分類された。

3　**誤り**。調査権、監査請求権ともに、自治事務にあっては労働委員会及び収用委員会の権限に属する事務で政令で定めるもの、法定受託事務にあっては国の安全を害するおそれがあること等には及ばない（法第98条、第100条第１項）。

4　**正しい**。

5　**誤り**。自治事務については、緊急を要するときその他特に必要があると認めるときは、各大臣は、直接市町村へ是正の要求をすることができる。後半は要求については正しい。なお、是正の勧告に国の関与は定められていない（法第245条の５、第245条の６）。

正答　4

地方公共団体の事務③

No.3　　地方自治法に定める地方公共団体の事務に関する記述として、妥当なのはどれか。　　　　　　　　**（東京都主任試験出題）**

1　普通地方公共団体は、自治事務及びその他の事務で法律又はこれに基づく政令により処理することとされているものを処理することとされており、自治事務の中には法定受託事務も含まれる。

2　第1号法定受託事務とは、地方自治体が処理する事務のうち、国が本来果たすべき役割に係るものであって、都道府県においてその適正な処理を特に確保する必要があるものとして法律又はこれに基づく政令に特に定めるものをいう。

3　普通地方公共団体は、法令に違反しない限りにおいて条例を制定することができるが、法定受託事務に関しては、条例を制定することができない。

4　各大臣は、所管する法令に係る都道府県の法定受託事務の処理について、都道府県が当該法定受託事務を処理するに当たり、よるべき基準を定めることができる。

5　法定受託事務に係る都道府県の執行機関の処分についての審査請求は、他の法律に特別の定めがある場合を除くほか、当該都道府県の知事又は当該処分に係る事務を規定する法令を所管する各大臣に対してするものとされる。

Key Point

　自治事務と法定受託事務とは、ともに地方公共団体の事務であることに変わりはないが、その事務の性格の相違により、処理の仕方や国の関与等のあり方に差異がある。自治事務は、法定受託事務以外の全ての事務であるので、法定受託事務がどのようなものかを把握しておくことが重要である（No. 2の解説参照）。

地方公共団体は、法第14条第1項に基づき、**地方公共**
団体の事務に関し、条例を制定することができる。これ
については、**自治事務と法定受託事務の区別はされてい**
ない。

　地方公共団体の事務に関し、法令の解釈が必要になるときにも、
自治事務と法定受託事務との区別なく、処理する地方公共団体が自
らの責任において解釈し、執行する責任がある。

　行政不服審査法上の**審査請求**に関しては、法定受託事務も自治事
務もともに地方公共団体の事務とされたことから、特段の法的措置
が講じられない限り国の行政庁等に対する審査請求はあり得ない
が、法定受託事務については、法第255条の2の規定により審査請
求が認められている（肢5の解説参照）。

1　**誤り**。自治事務とは、地方公共団体が処理する事務のうち、法
　定受託事務以外の事務のことをいう（法第2条第8項）。
2　**誤り**。第1号法定受託事務とは、法定受託事務のうち、国にお
　いて適正な処理を特に確保する必要があるものとして法律又は政
　令に特に定めるものである（法第2条第9項第1号）。
3　**誤り**。法定受託事務も地方自治体の事務であるから、法令に違
　反しない限りにおいて条例を制定することができる（法第14条第
　1項）。
4　**正しい**（法第245条の9第1項）。
5　**誤り**。法定受託事務については、法令の適正な執行を確保する
　責務を負う立場にあるものによる審査の機会を確保するという趣
　旨から、審査請求の相手方は当該処分に係る事務を規定する法律
　又はこれに基づく政令を所管する大臣のみである（法第255条の
　2第1項第1号）。

正答　4

地方公共団体の事務④

No.4　　地方自治法に規定する普通地方公共団体の事務に関する記述として、妥当なのはどれか。

1　市町村は、基礎的な地方公共団体として、統一的な処理を必要とするものとして都道府県が処理するものとされているものを除き、普通地方公共団体の事務を処理する。

2　都道府県知事は、規則により、その権限に属する事務の一部を市町村長に委任することができるが、この場合において、都道府県知事は、あらかじめ市町村長に協議しなければならない。

3　都道府県は、市町村の行政事務について、条例で必要な規定を設けることが認められており、この条例に違反した市町村の条例は無効となる。

4　都道府県は、法令に違反してその事務を処理してはならないとされているが、市町村は、法令及び当該都道府県の条例に違反してその事務を処理してはならない。

5　都道府県は、市町村を包括する広域の地方公共団体であるので、地方自治法は、市町村長がその権限に属する自治事務の処理を怠っている場合について、都道府県知事が代執行できる旨定めている。

Key Point

　市町村は、基礎的な地方公共団体であり、法第2条第3項は法律上市町村優先の原則を示したものである。都道府県知事の権限に属する事務についても、地域の実情に応じて、条例の定めるところにより、市町村の事務とすることができる特例制度が設けられている。

解説　法第２条第３項は、市町村は、基礎的な地方公共団体として、都道府県が処理するものを除き、一般的に普通地方公共団体の事務を処理するものと規定している。これは、市町村が住民にもっとも身近な普通地方公共団体であり、住民の日常生活に直結する事務処理を幅広く包括的にその任務とすることを明らかにし、法律上**地方自治における市町村の優先の原則**を示したものである。したがって、市町村と都道府県との間の事務・権能の配分については、市町村優先の原則を踏まえてなされるべきである。

　また、都道府県知事の権限に属する事務についても、地域の実情に応じて柔軟に市町村へ事務・権限の配分ができるようにすることが適切であることから、地方分権一括法による法改正後は、**条例による事務処理の特例制度**が創設された（法第252条の17の２）。

　地方公共団体の事務処理に当たっての基本的原則としては、最小の経費で最大の効果を挙げること（法第２条第14項）、法令（市町村及び特別区については都道府県の条例も含む。）に違反してその事務を処理してはならないこと（法第２条第16項）などがある。

1　**誤り**。広域にわたるもの、市町村に関する連絡調整に関するもの及びその規模又は性質において一般の市町村が処理することが適当でないと認められるものを除き、市町村が処理する（法第２条第３項及び第５項）。
2　**誤り**。そのような規定はない。
3　**誤り**。地方分権一括法による改正前の規定に関する記述（いわゆる「統制条例」）であり、現在は廃止されている。
4　**正しい**（法第２条第16項）。
5　**誤り**。そのような規定はない。なお、市町村長の権限に属する法定受託事務を都道府県知事が代執行できる場合については、法第245条の８第12項に規定されている。

　　　　　　　　　　　　　　　　　　　　　正答　4

地方公共団体の事務⑤

No.5　地方自治法に規定する都道府県の事務所の位置の変更に関する記述として妥当なのは、次のどれか。　**（東京都主任試験改題）**

1　事務所の位置の変更は、規則でこれを定めなければならず、この場合、あらかじめ総務大臣に協議し、その承認を得なければならない。

2　事務所の位置の変更は、条例でこれを定めなければならず、この場合、あらかじめ内閣総理大臣に協議し、その承認を得なければならない。

3　事務所の位置の変更は、法律でこれを定めなければならず、この場合、住民投票において、その過半数の同意がなければならない。

4　事務所の位置の変更は、規則でこれを定めなければならず、この場合、当該都道府県の議会に報告し、その承認を得なければならない。

5　事務所の位置の変更は、条例でこれを定めなければならず、この場合、当該都道府県の議会において、出席議員の3分の2以上の同意がなければならない。

Key Point

　地方公共団体の事務所の位置を定め、又は変更する場合は、条例で定めなければならない。この場合、当該地方公共団体の議会において、出席議員の3分の2以上の者の同意が必要である。

　なお、都道府県と区市町村とで、法の規定上の違いはない。

解説　地方公共団体は、その事務所の位置を定め又はこれを変更しようとするときは、**条例でこれを定めなければならない**（法第4条第1項）。位置の表示は、「東京都新宿区西新宿二丁目」等で足り、**番地まで含めた完全なものである必要はない**。

この条例の制定又は改廃にあたっては、当該地方公共団体の議会において**特別多数決**（出席議員の3分の2以上の者の同意）が必要である（法第4条第3項）。

ここにいう事務所とは、その**主たる事務所**、すなわち、都道府県については都道府県庁、市町村、特別区についてはそれぞれ市役所又は町村役場、区役所である。

なお、地方公共団体の事務所の位置を定め、又はこれを変更するにあたっては、住民の利用に最も便利であるように、交通の事情、他の官公署との関係等について適当な考慮を払わなければならないとされており（法第4条第2項）、まったく無条件に定められるわけではない。

1　**誤り**。事務所の位置の変更は、条例で定めなければならない。総務大臣に協議し、その承認を得る必要はない。
2　**誤り**。内閣総理大臣に協議し、その承認を得る必要はない。
3　**誤り**。事務所の位置の変更は、条例で定めなければならない。住民投票において、過半数の同意を得る必要はない。
4　**誤り**。事務所の位置の変更は、規則ではなく条例で定めなければならない。
5　**正しい**（法第4条第1項及び第3項）。

正答　5

地方公共団体の種類①

No.6　地方自治法に定める特別地方公共団体に関する記述として、妥当なのはどれか。　**（東京都主任試験改題）**

1　特別地方公共団体としては特別区があり、この特別区には都の区と政令指定都市の区がある。

2　地方公共団体の組合は、一部事務組合、広域連合及び財産区の3種である。

3　一部事務組合の設立は、関係地方公共団体の協議によって規約を定め、都道府県が加入する場合は総務大臣、その他の場合は都道府県知事の許可を得て行われる。

4　広域連合は、特別の必要がある場合に、複数の地方公共団体がその事務の全部を共同処理するために設置するものである。

5　財産区は、2つ以上の地方公共団体が、小中学校等の施設の設置や下水道事業の経営などを共同して行うために設置するものである。

Key Point

　特別地方公共団体は大きく3種類に区分されるが、それぞれの特別地方公共団体としての特別な性格は同一ではない。

　設置手続、処理する事務、組織は、特別地方公共団体の種類ごとに異なる。

地方公共団体の組合には、①一部事務組合及び②広域連合の２種がある。

　　　一部事務組合又は広域連合は、都道府県の加入するものにあっては総務大臣、その他のものにあっては都道府県知事の許可を得て設立される（法第284条第２項及び第３項）。

　平成23年の法改正により、**全部事務組合**及び**役場事務組合**並びに**地方開発事業団**は、廃止された。

1　**誤り**。政令指定都市の区は、当該市の権限に属する事務を分掌させるため、条例で置かれるものである（法第252条の20第１項）。特別地方公共団体ではない。

2　**誤り**。財産区は、地方公共団体の組合ではない（法第284条第１項）。

3　**正しい**（法第284条第２項）。

4　**誤り**。その事務の全部ではなく、一部を処理するために設置する（法第284条第３項）。

5　**誤り**。財産区は、市町村又は特別区の一部の区域を区域とする地域団体であるから、２つ以上の市町村にまたがって存在することはできない。

　　　　　　　　　　　　　　　　正答　3

地方公共団体の種類②

No.7　　地方自治法に定める普通地方公共団体及び特別地方公共団体に関する記述として妥当なのは、次のどれか。

1　平成12年4月施行の地方分権一括法による地方自治法の改正により、初めて、市町村は基礎的な地方公共団体として位置付けられた。

2　都道府県は、市町村を包括する広域の地方公共団体であるため、当該都道府県の区域における地方公共団体の事務のうち統一的な処理を必要とするものは、当然都道府県の事務となり、都道府県知事は、一般的に市町村長を指揮監督する。

3　特別地方公共団体のうち、指定都市及び中核市の制度は、大都市行政の特殊性に対応するために設けられたものである。

4　普通地方公共団体、特別区及び財産区は、その事務の一部を共同処理するため、一部事務組合を設けることができる。

5　国は、その行政機関の長の権限に属する事務のうち広域連合の事務に関するものを、法令の定めるところにより、当該広域連合が処理することができることとすることができる。

Key Point

　　地方公共団体には、普通地方公共団体（市町村及び都道府県）と特別地方公共団体（特別区、地方公共団体の組合及び財産区）とがある。一方、大都市制度には、指定都市及び中核市があるが、いずれも大都市行政の特殊性に対応する制度であり、地方公共団体の一種ではない。

市町村及び都道府県は、**普通地方公共団体**である。前者は、**基礎的な地方公共団体**であり（法第2条第3項）、後者は、市町村を包括する**広域の地方公共団体**である（法第2条第5項）。市町村及び都道府県は、その構成、組織、権能等において、多くの点で共通しており、かつ、**全国のいずれの地域も、いずれかの市町村及びこれを包括する都道府県に含まれる**のが原則とされている。

　特別区、地方公共団体の組合及び財産区は、普通地方公共団体に対して、**特別地方公共団体**として区別されている。**特別地方公共団体は、一般的普遍的に存在するものではなく**、それぞれの存立目的をもって存在するものであり、その構成、権能、組織等についてそれぞれ特殊なものである。

　なお、**指定都市及び中核市**の制度は、大都市行政の特殊性に対応する制度であり、地方公共団体の一種ではない。

1　**誤り**。地方分権一括法による改正前から、市町村は基礎的な地方公共団体として位置付けられていた。
2　**誤り**。都道府県知事には、一般的に市町村長を指揮監督する権限はない。前半は正しい。
3　**誤り**。指定都市及び中核市は、特別地方公共団体ではない。
4　**誤り**。財産区は、一部事務組合を構成することはできない（法第284条第2項）。
5　**正しい**（法第291条第1項）。

正答　　5

地方公共団体の休日

No.8　　　地方自治法に定める地方公共団体の休日に関する記述として妥当なのは、次のどれか。

1　地方公共団体の休日は、あらかじめ総務大臣に協議の上、規則で定めなければならない。

2　地方公共団体の休日とは、組織体としての地方公共団体が全体として執務態勢にない日であり、地方公共団体の職員の休日と一致する。

3　地方公共団体の休日は、日曜日、土曜日、国民の祝日に関する法律に規定する休日及び12月29日から翌年1月3日までである。

4　地方公共団体は、住民がこぞって記念することが定着している日で、当該地方公共団体の休日とすることについて広く国民の理解を得られるようなものについて、地方公共団体の休日として定めることができる。

5　都道府県知事に対する申請で、法律で規定する期間をもって定めるものが当該都道府県の休日に当たるときは、年末年始を除き、当該休日の前日をもってその期限とみなす。

Key Point

　　地方公共団体の休日とは、組織体としての地方公共団体が全体として執務態勢にない日をいい、条例で定めることとされている。一方、職員の休日は、個々の職員が職務専念義務から解放される日であり、地方公共団体の休日とは、必ずしも一致しない。

解説 法第４条の２は、地方公共団体の休日について定めている。

まず、地方公共団体の休日は、**条例で定めなければならない**（第１項）。条例で定めるべきこととされているのは、地方公共団体の休日は、住民の経済生活等にも重要な影響を及ぼすものであって、地方公共団体の運営の基本的事項であるからである。この休日は、日曜日及び土曜日、国民の祝日に関する法律に規定する休日並びに年末又は年始における日で条例で定めるもの、について定めるものとされている（第２項）。

また、地方公共団体は、法第４条の２第２項に掲げる日のほか、当該地方公共団体において特別な歴史的、社会的意義を有し、住民がこぞって記念することが定着している日で、当該地方公共団体の休日とすることについて広く国民の理解を得られるようなものについて、当該地方公共団体の休日として定めることができる（第３項）。

1 **誤り**。地方公共団体の休日は、規則ではなく、条例で定める（法第４条の２第１項）。

2 **誤り**。地方公共団体の休日は、職員の休日とは必ずしも一致しない。前半は正しい。

3 **誤り**。地方公共団体の休日は、条例で定める（法第４条の２第１項）。

4 **正しい**（法第４条の２第３項）。

5 **誤り**。この場合は、当該地方公共団体の休日の翌日をもってその期限とみなす（法第４条の２第４項）。

正答 **4**

地方公共団体の区域①

No.9　　地方自治法に定める普通地方公共団体の区域に関する記述として妥当なのは、次のどれか。　　**（東京都主任試験改題）**

1　普通地方公共団体の区域には、陸地だけでなく河川などの水面も含まれるが、上空は含まれない。

2　都道府県の境界は、その境界にわたって市町村の設置又は境界の変更があったときは、自ら変更する。

3　市町村の境界は、その境界に接する関係市町村の協議により、任意に変更することができる。

4　廃置分合は、普通地方公共団体の新設や廃止を伴わない区域の変更のことであり、その例として編入や分立がある。

5　境界変更は、普通地方公共団体の新設や廃止を伴う区域の変更のことであり、その例として合体や分割がある。

Key Point

　　地方公共団体の区域は、地方公共団体の場所的要素であり、人的構成要素としての住民、制度的構成要素としての自治権とともに、地方公共団体の構成要素の一つである。

　　地方公共団体の区域の変更には、法人格の変更を伴う「廃置分合」と、それを伴わない「境界変更」がある。

解説　　地方公共団体の区域は、**地方公共団体の場所的構成要素**であり、人的構成要素としての住民、法制度的構成要素としての自治権とともに、地方公共団体の構成要素の一つである。地方公共団体の区域は、その地域内の河川湖沼の水面はいうまでもなく、その地域に接続する領海及び上空、地下に及ぶと解されており、その限度は自治権の及び得る範囲である。

　地方公共団体の区域の変更には、「廃置分合」及び「境界変更」の2種類がある。**「廃置分合」**とは、法人格の変動を伴う地方公共団体の区域の変更であり、通常、分割、分立、合体及び編入の4種がある。いずれの場合においても、地方公共団体の廃止又は地方公共団体の設置のいずれか一方、あるいは双方を同時に伴うものである。これらの地方公共団体の設置、あるいは廃止を伴わないものが**「境界変更」**である。

1　**誤り**。地方公共団体の区域には、上空、地下も含まれる。

2　**正しい**（法第6条第2項）。

3　**誤り**。市町村の境界変更は、関係市町村の申請に基づき、都道府県知事が当該都道府県の議会の議決を経てこれを定め、総務大臣に届け出る（法第7条第1項）。総務大臣の告示により効力を生じる（法第7条第8項）。

4　**誤り**。廃置分合は、地方公共団体の新設や廃止を伴う区域の変更である。

5　**誤り**。境界変更は、地方公共団体の新設や廃止を伴わない区域の変更である。

正答　2

地方公共団体の区域②

No.10　地方自治法に定める普通地方公共団体の区域の変更に関する記述として妥当なのは、次のどれか。　**（東京都主任試験改題）**

1　都道府県の廃置分合又は境界変更は、関係都道府県の申請に基づき、内閣が国会の承認を経て定める場合を除き、法律でこれを定めるとされており、この法律は憲法で定める地方自治特別法にあたる。

2　市町村の廃置分合は、関係市町村がそれぞれの議会の議決に基づいて協議により決定し、都道府県知事に届け出なければならないと法定されている。

3　市町村の境界変更には、その類型として分割、分立、合体、編入があり、いずれも総務大臣との事前の協議が必要である。

4　市町村の区域の変更が都道府県の区域の変更を伴う場合は、都道府県の区域の変更と同様の手続をとらなければならない。

5　普通地方公共団体の区域の変更のうち、境界変更は法人格の発生又は変更を伴うものであり、廃置分合は法人格の発生又は変更を伴わないものである。

Key Point

　都道府県の廃置分合又は境界変更をしようとするときは、法律で定める。また、関係都道府県からの都道府県の合併の申請に基づき、内閣は国会の承認を経て合併を定めることができる。

　市町村の廃置分合又は境界変更は、関係市町村の申請に基づき、都道府県知事が当該都道府県議会の議決を経て定め、直ちに総務大臣に届け出る。

都道府県の**廃置分合又は境界変更**をしようとするとき
は、法律でこれを定めるとされている（法第6条第1
項）。この法律は、憲法第95条にいう「一の地方公共団
体のみに適用される特別法」となるものと解されている。

　また、二以上の都道府県の廃止及びそれらの区域の全部による一
の都道府県の設置又は都道府県の廃止及びその区域の全部の他の一
の都道府県の区域への編入は、関係都道府県の議会の議決を経た申
請に基づき、内閣が国会の承認を経て定めることができる（法第6
条の2第1項）。

　市町村の廃置分合又は境界変更は、関係市町村の申請に基づき、
都道府県知事が当該都道府県議会の議決を経て定め、直ちに総務大
臣に届け出なければならない（法第7条第1項）。この場合、市の
廃置分合をしようとするときは、都道府県知事は、あらかじめ総務
大臣に協議し、その同意を得なければならない（法第7条第2項）。

　なお、**都道府県の境界にわたる市町村の境界の変更**は、関係のあ
る普通地方公共団体の申請に基づき、総務大臣がこれを定めること
とされている（法第7条第3項）。

1　**正しい。**
2　**誤り。**市町村の廃置分合は、関係市町村の申請に基づき、都道
　　府県知事が当該都道府県議会の議決を経てこれを定める（法第7
　　条第1項）。
3　**誤り。**「廃置分合」には、分割、分立、合体及び編入の4種が
　　ある。
4　**誤り。**都道府県の境界にわたる市町村の設置を伴う市町村の廃
　　置分合又は市町村の境界の変更は、関係のある普通地方公共団体
　　の申請に基づき、総務大臣が定める（法第7条第3項）。
5　**誤り。**境界変更と廃置分合の説明が逆である。

正答　1

地方公共団体の区域③

No.11　地方自治法に定める普通地方公共団体の区域に関する記述として、妥当なのはどれか。　　　　　（東京都管理職試験改題）

1　都道府県の境界変更は、地方自治特別法で定めることとされており、都道府県の境界にわたる市町村の設置を伴う市町村の廃置分合又は市町村の境界の変更により都道府県の境界が変更する場合にも、同様である。

2　市町村の境界が判明しない場合で、その境界に関し争論がないときは、都道府県知事が境界を決定するが、関係市町村はこの決定に不服があるときは当該都道府県知事への異議申立てを経なければ、裁判所に出訴することができない。

3　市町村の境界に争論があるとき、都道府県知事は自治紛争調停委員の調停に付すことができるが、この調停に付すことについては、関係市町村の申請によることなく職権で行うことができる。

4　公有水面のみに係る市町村の境界に関し争論があるとき、都道府県知事は、都道府県知事が裁定することについてすべての関係市町村の同意がある場合は境界を裁定することができ、この境界確定の効力は総務大臣の告示により生じる。

5　市町村の区域内に新たに土地を生じたときは、所属未定地域として総務大臣が区域編入の決定をするが、この決定にあたっては、利害関係を有する都道府県及び市町村の意見を聴かなければならない。

Key Point

　市町村の境界に関し争論があるときは、都道府県知事は、関係市町村の申請に基づき、自治紛争調停委員による調停に付すことができる。この調停により市町村の境界が確定しないときは、都道府県知事が裁定することができる。争論がなければ、市町村の意見を聴き、知事が境界を決定できる。

　市町村の境界に関し争論があるときは、都道府県知事は、関係市町村の申請に基づき、自治紛争調停委員による調停に付することができる（法第9条第1項）。これにより市町村の境界が確定しないとき、又は市町村の境界に関し争論がある場合において全ての関係市町村から裁定を求める旨の申請があるときは、都道府県知事は、関係市町村の境界について裁定することができる（法第9条第2項）。関係市町村がこの裁定に不服がある場合については、裁定書の交付を受けた日から30日以内に裁判所に出訴することができる（法第9条第8項）。

　公有水面のみに係る市町村の境界変更は、関係市町村の同意を得て都道府県知事が議会の議決を経てこれを定め、直ちに総務大臣に届け出なければならない（法第9条の3第1項）。公有水面のみに係る市町村の境界に関し争論があるときは、都道府県知事は、職権により自治紛争調停委員による調停に付することができる。この調停により市町村の境界が確定しないとき、又は全ての関係市町村の裁定することについての同意があるときは、都道府県知事が裁定することができる（法第9条の3第3項）。

1　誤り。市町村の設置を伴う市町村の廃置分合又は市町村の境界変更により都道府県の境界が変更する場合は、関係のある普通地方公共団体の申請に基づき、総務大臣が定める（法第7条第3項）。

2　誤り。都道府県知事の決定に不服があるときは、裁定書の交付を受けた日から30日以内に裁判所に出訴することができる（法第9条の2第4項）。前半は正しい。

3　誤り。関係市町村の申請に基づき、調停に付すことができる。職権ではできない（法第9条第1項）。

4　正しい（法第9条の3第3項及び第6項）。

5　誤り。市町村の区域内に新たに生じた土地は、市町村長は、当該市町村の議会の議決を経てその旨を確認し、都道府県知事に届け出なければならない（法第9条の5第1項）。

正答　4

地方公共団体の住民①

No.12　地方自治法における選挙に関する記述として妥当なのは、次のどれか。　　　　　　　　　　　　　　　**（東京都主任試験改題）**

1　日本国民は、年齢満18年以上であり、引き続き3か月以上同一市町村の区域内に住所を有していれば、原則としてその属する普通地方公共団体の議会の議員及び長の選挙権を有する。

2　日本国民は、年齢満25年以上であれば、当該市町村の区域内に住所を有していなくても、原則としてその属する普通地方公共団体の議会の議員の被選挙権を有する。

3　日本国民は、年齢満30年以上であっても、引き続き3か月以上同一市町村の区域内に住所を有していない限り、原則としてその属する普通地方公共団体の市町村長の被選挙権を有しない。

4　普通地方公共団体の議会の議員は、その属する議会の議長を選挙することができるが、副議長に関しては議長が議員の中から選任することとされているので、議員が選挙することはできない。

5　普通地方公共団体の議会の議員は、その属する普通地方公共団体の選挙管理委員会の委員を選挙することはできないが、教育委員会の委員を選挙することができる。

Key Point

　普通地方公共団体の議会の議員及び長の選挙権を有するためには、引き続き3か月以上同一市町村に住所を有していることが必要である。

　被選挙権を有するための要件は、議員と長とで異なる。

解説 　衆議院議員及び参議院議員の選挙権と異なり、**地方公共団体の議会の議員及び長の選挙権**を有するためには、年齢満18年以上の日本国民であることのほか、引き続き３か月以上同一市町村の区域内に住所を有することが必要である（公職選挙法第９条第２項）。

　地方公共団体の議員の被選挙権を有するためには、当該地方公共団体の議員及び長の選挙権を有することが必要であるが（公職選挙法第10条第１項第３号及び第５号）、**都道府県知事又は市町村長の被選挙権**を有するためには、都道府県知事又は市町村長の選挙権を有している必要はなく、それぞれ年齢満30年以上又は年齢満25年以上の日本国民であれば足りる。

　議会の議長及び副議長の選挙については肢４の解説参照、選挙管理委員会及び教育委員会の委員については肢５の解説参照。

1　**正しい**（公職選挙法第９条第２項）。
2　**誤り**。都道府県議会の議員又は市町村議会の議員の被選挙権を有するためには、選挙権を有している必要がある（公職選挙法第10条第１項第３号及び第５号）。
3　**誤り**。市町村長の被選挙権は、年齢満25年以上の者が有する。選挙権を有している必要はない（公職選挙法第10条第１項第６号）。
4　**誤り**。普通地方公共団体の議会は、議員の中から議長及び副議長一人を選挙しなければならない（法第103条第１項）。
5　**誤り**。選挙管理委員は、選挙権を有する者で一定の要件を満たすもののうちから、議会で選挙する（法第182条第１項）。教育委員会の委員は、当該地方公共団体の長の選挙権を有する者のうちから、長が議会の同意を得て任命する（地方教育行政の組織及び運営に関する法律第４条第２項）。

地方公共団体の住民

正答　1

地方公共団体の住民②

No.13　地方公共団体の選挙に関する記述として妥当なのは、次のどれか。　　　　　　　　　　　　　　　　　　**（東京都主任試験改題）**

1　住民は、地方公共団体の長、その議会の議員及び法律に定めるその他の職員を直接選挙すると地方自治法で定められており、かつて選挙管理委員会の委員について直接選挙が実施されたことがある。

2　住民は、年齢満18年以上であれば選挙権を有することとされているが、地方選挙において選挙権を行使するためには、引き続き1年以上当該地方公共団体の区域内に住所を有するという要件を満たさなければならない。

3　地方公共団体の長の候補者は、一定の期日までに、選挙管理委員会に本人が理由を添えて他の選挙における公職に立候補する旨の届出をすれば、同時に二つの選挙の候補者となることができる。

4　地方公共団体の長の候補者は、都道府県知事選挙においては年齢満30年以上、区市町村長選挙においては年齢満25年以上の年齢要件を必要とされているが、地方公共団体の議会の議員の候補者と異なり、住所要件を必要とされていない。

5　地方公共団体の議会の議員の定数は、公職選挙法の規定に従い、10年ごとに行われる国勢調査の人口に基づき定められることになっているため、条例によってその定数を変更することはできない。

Key Point

　地方公共団体においては、長及びその議会の議員及び法律に定めるその他の職員が、住民により直接選挙される。一の選挙において公職の候補者となった者は、同時に、他の選挙における公職の候補者となることができない。地方公共団体の議会の議員の定数は、条例で定める。

解説　公職選挙法の規定により、一の選挙において公職の候補者となった者は、同時に他の選挙における公職の候補者となることができない（公職選挙法第87条第1項）。

　都道府県及び市町村の議会の議員の定数は、条例で定めることとされている（法第90条第1項及び第91条第1項）。なお、平成23年の法改正により、議会の定数の人口区分に応じた上限に係る規定は廃止された。

　選挙権及び被選挙権については、No.12の解説参照。

地方公共団体の住民

1　**誤り**。選挙管理委員は、選挙権を有する者のうちから、普通地方公共団体の議会において選挙される（法第182条第1項）。

2　**誤り**。引き続き3か月以上市町村の区域内に住所を有する者は、その属する地方公共団体の議会及び長の選挙権を有する（公職選挙法第9条第2項）。

3　**誤り**。一の選挙において公職の候補者となった者は、同時に、他の選挙における公職の候補者となることができない（公職選挙法第87条第1項）。

4　**正しい**（法第19条第2項及び第3項、公職選挙法第10条第1項第4号及び第6号）。

5　**誤り**。都道府県及び市町村の議会の議員の定数は、条例で定める（法第90条第1項及び第91条第1項）。

正答　4

条例及び規則①

No.14　地方自治法に規定する条例又は規則に関する記述として、妥当なのはどれか。　　　　　　　**（特別区管理職試験出題）**

1　普通地方公共団体の条例は、条例に特別の定めがあるものを除くほか、公布の日から起算して10日を経過した日からこれを施行するが、条例の公布に関して必要な事項は規則で定めなければならない。

2　普通地方公共団体の条例は、施行のみによって条例として効力が生じるが、条例を施行するに当たっては、当該普通地方公共団体の長が署名することとされている。

3　普通地方公共団体の条例は、当該普通地方公共団体の区域内に限りその効力を有するものであり、区域外において当該普通地方公共団体の住民以外の者に対して適用されることはない。

4　普通地方公共団体の長は、法令に特別の定めがあるものを除くほか、当該普通地方公共団体の規則中に、規則に違反した者に対し、罰金又は拘留を科する旨の規定を設けることができる。

5　普通地方公共団体の議会の議長は、条例の制定又は改廃の議決があったときは、その日から3日以内にこれを当該普通地方公共団体の長に送付しなければならない。

Key Point

　条例は、憲法で認められた自治立法であり、特段の法律の授権を要することなく制定でき、罰則を設けることができる。条例の効力は、地方公共団体の区域に属地的に生じ、当該区域内の滞在者にも及ぶ。「施行」とは、法規の規定の効力を現実に発動させることをいい、「適用」とは、個別の規定を具体の事象に対して働かせることをいう。

解説 　普通地方公共団体は、法令に違反しない限りにおいて、条例を制定することができる（法第14条第1項）こととされ、法令に特別の定めがある場合を除き、条例により、義務を課し、又は権利を制限することができる（法第14条第2項）。

　また、条例に違反した者に対し、2年以下の懲役若しくは禁錮、100万円以下の罰金、拘留、科料若しくは没収の刑又は5万円以下の過料を科する（法第14条第3項）ことができ、規則に違反した者に対し、5万円以下の過料を科する（法第15条第2項）ことができる。

1　**誤り**。公布についても法に定めがある。普通地方公共団体の長は、条例の送付を受けた場合は、その日から20日以内にこれを公布しなければならない。（法第16条第2項）。
2　**誤り**。条例は、公布によって条例としての効力を生ずる（最判昭25.10.10）。なお、条例の公布に当たっては、長が署名することとされている（法第16条第4項）。
3　**誤り**。最高裁判例では、当該地方公共団体の区域内であれば原則として、住民であると否とを問わず、効力を及ぼす（属地主義の原則）とされている（最判昭29.11.24）。
4　**誤り**。普通地方公共団体の規則中に、規則に違反した者に対し、5万円以下の過料を科する旨の規定を設けることができる（法第15条第2項）。罰金及び拘留について定められるのは条例である（法第14条第3項）。
5　**正しい**。普通地方公共団体の議会の議長は、条例の制定又は改廃の議決があったときは、その日から3日以内にこれを当該普通地方公共団体の長に送付しなければならない。（法第16条第1項）

正答　5

条例及び規則②

No.15　条例に関する記述として妥当なのは、次のどれか。

（東京都主任試験改題）

1　条例は、法令に違反しない限りにおいて制定することができ、その形式的効力は法律及び政令と同等である。

2　条例は、自治事務に関して制定することができるのみならず、法定受託事務に関しても制定することができる。

3　条例には、その実効性を担保するために罰金を科する旨の規定を設けることができるが、懲役を科する旨の規定を設けることはできない。

4　条例案の提出権は、長のみに与えられており、議員や住民は条例案を提出することができない。

5　条例案の議決には、その条例が住民の権利又は自由を制限するものである場合、出席議員の4分の3以上の賛成が必要である。

Key Point

　条例は、法令に違反しない限度において、自治事務及び法定受託事務について制定できる。条例には、罰則として2年以下の懲役・禁錮、100万円以下の罰金等を規定でき、また、5万円以下の過料を設けることもできる。条例案の議決は、原則として出席議員の過半数で決する。

解説 　条例は、地域における事務又はその他の事務で法律若しくはこれに基づく政令で処理することとされたものについて、法令に違反しない限度において、制定できる（法第14条第1項）。すなわち、①対象となる事務は**自治事務と法定受託事務**であり、②条例の規定と法令の規定とが実質的に矛盾抵触する場合には、当該条例の規定は無効となる（**形式的効力において、法令に劣る**。）。

　条例には、その実効性を確保するため、罰則として2年以下の懲役・禁錮、100万円以下の罰金、拘留、科料、没収及び5万円以下の過料を科す旨の規定を設けることができる（法第14条第3項）。

　条例案の提出権は、**議会の議員**（法第112条第1項）及び**長**（法第149条第1号）にあるが、対象事項によっては、いずれか一方に発案権が専属する場合もある。

　条例の制定又は改廃は議会の議決事件であり（法第96条第1項第1号）、**条例の議決は、特別の定めがある場合を除き、出席議員の過半数で決する**（法第116条第1項）。

1　**誤り**。形式的効力は法律及び政令に劣る。
2　**正しい**。条例は、法第2条第2項の事務について制定でき（法第14条第1項）、自治事務と法定受託事務が対象となる。
3　**誤り**。条例には、罰則として2年以下の懲役を科す旨を規定することもできる。なお、本記述前半は正しい（法第14条第3項）。
4　**誤り**。条例案の提出権は議員にも認められているが（法第112条第1項）、住民には、提出権そのものは認められていない。
5　**誤り**。特別の定めがない限り、出席議員の過半数で決するが（法第116条第1項）、設問のような規定はない。

　　　　　　　　　　　　　　　　　　　　　　　正答　2

条例及び規則③

No.16　地方自治法に定める条例に関する記述として妥当なのは、次のどれか。　　　　　　　　　　　　　　**（東京都管理職試験改題）**

1　条例は、普通地方公共団体が制定できる唯一の自主法であり、普通地方公共団体はその他の法形式で、住民の権利義務に関する事項を定め、又は罰則を設けることはできない。

2　普通地方公共団体の条例中には、法令に特別の定めがあるものを除くほか、刑罰を科する旨の規定を設けることができるが、過料を科する旨の規定を設けることはできない。

3　地方公共団体の議会の議員及び長は、いずれも条例案の提出権を有しているが、市町村の議会事務局の設置に関する条例案については、議会の議員のみが提出することができる。

4　普通地方公共団体の長は、専決処分により条例を制定することができるが、この措置は臨時のものであって、次の会議において議会の承認が得られない場合には、その効力を失う。

5　住民は、条例の制定を請求する場合、当該地方公共団体の選挙権を有する者の総数の3分の1以上の連署をもって、その代表者から議会に直接これを行うこととされており、議会は他の案件に先立ってこれを審議しなければならない。

Key Point

憲法第94条の「条例」とは自治立法の意味で、議会が制定する条例のほか、長その他の執行機関が制定する規則を含むと解されている。長が定める規則には法規の性質を持つものもあり、罰則として過料を規定できる。条例も専決処分の対象となり、議会の承認が得られなくても効力に影響しない。

憲法第94条の「条例」の法形式には、議会が制定する条例のほか、長その他の執行機関が制定する規則を含むと解されている。長が制定する規則には、住民の権利義務に関するもの（**法規たる性質を持つ規則**）もあり、罰則として5万円以下の過料を規定できる（法第15条第2項）。

　なお、条例には、2年以下の懲役若しくは禁錮、100万円以下の罰金、拘留、科料若しくは没収の刑又は5万円以下の過料を科す規定を設けることができる旨の明文規定が置かれた（法第14条第3項）。

　長において議会の議決すべき事件について特に緊急を要するため議会を招集する時間的余裕がないことが明らかであるとき、長は、議会が議決すべき事件を処分することができる（法第179条第1項による**専決処分**）。条例案もこの専決処分の対象となり、専決処分がなされた場合、事後の議会の**承認が得られなくても、法律上その処分の効力には影響がない**（行実昭26.8.15）。

　専決処分については、No.43、No.74及びNo.75の解説を参照のこと。

1　**誤り**。条例のほか、長その他の執行機関が定める規則がある。長は、その権限に属する事務について、法令や条例の授権を待たずに住民の権利義務に関する法規たる性質を有するものを規則で定めることができる。規則には、罰則として5万円以下の過料を科する旨を規定できる（法第15条第2項）。

2　**誤り**。条例で5万円以下の過料を科する規定を設けることができる（法第14条第3項）。

3　**正しい**。市町村の議会事務局の設置に関する条例の発案権は、議員に専属する（行実昭53.3.22）。

4　**誤り**。承認が得られなくても、処分の効力に影響はない。

5　**誤り**。選挙権を有する者の総数の50分の1以上の連署をもって、その代表者から長に対して請求をする（法第74条第1項）。また、他の案件に先立って審議を行う旨の規定はない。

正答　3

条例及び規則

条例及び規則④

No.17　　地方自治法に定める規則に関する記述として妥当なのは、次のどれか。　　　　　　　　　　　　　　　　**（東京都主任試験改題）**

1　規則は、普通地方公共団体の事務の処理に関する一般的な基準を定めるものであり、長はその実効性を担保するため罰金を科すことができる。

2　規則は、普通地方公共団体の長が従来の機関委任事務から法定受託事務に位置付けられたものについて制定するものであり、長は実効性を担保するため罰金を科すことができる。

3　規則は、普通地方公共団体の事務に関して議会がその議決によって制定するものであり、長はその実効性を担保するため罰金を科すことができる。

4　規則は、普通地方公共団体の自治事務に関する基本的事項を定めるものであり、長はその実効性を担保するため罰金を科すことができる。

5　規則は、普通地方公共団体の長がその権限に属する事務に関して制定するものであり、長はその実効性を担保するため過料を科すことができる。

Key Point

　　規則は、普通地方公共団体の長がその権限に属する事務に関して制定する法形式であり、条例とともに普通地方公共団体が制定する自主法である。規則には、その実効性を担保するため5万円以下の過料を科す旨の規定を設けることができる。過料は行政上の秩序罰であり、長が執行する。

規則は、普通地方公共団体の**長がその権限に属する事務に関して制定**する法形式であり（法第15条第１項）、条例とともに普通地方公共団体が制定する自主法である。

　従前の機関委任事務は、地方公共団体の事務ではなく、長その他の執行機関に委任された国等の事務と位置付けられていたことから、条例制定権は及ばず、専ら規則等により規律されていた。しかし、平成12年の地方分権一括法施行に伴い、機関委任事務の制度は廃止され、普通地方公共団体の執行機関が担任する事務は全て普通地方公共団体の事務となり、**従来の機関委任事務であったものが法定受託事務として存続しても、当該事務について条例制定権が及ぶ**ことになった。したがって、法定受託事務について規則で規定しなければならないということはなくなった。

　規則には、その実効性を担保するため**５万円以下の過料**を科す旨の規定を設けることができる（法第15条第２項）。**過料は行政上の秩序罰**であり、長が執行する。相手方が納付しなければ、督促の上、地方税の滞納処分の例により、強制徴収することができる（法第231条の３）。過料は、当該普通地方公共団体の歳入となる。

　なお、規則で罰金等の刑罰を設けることはできない。罰金は刑事手続によって裁判所が被告人に宣告し、国庫の歳入となる。

1　**誤り**。前段については、そのような規定はない。また、規則には罰金は規定できない（法第15条第２項）。
2　**誤り**。規則は、長の権限に属する事務について制定されるものである（法第15条第１項）。
3　**誤り**。規則は、長が制定する（法第15条第１項）。
4　**誤り**。規則は、長の権限に属する事務について制定され、罰金は規定できない（法第15条第１項、第２項）。
5　**正しい**（法第15条第１項、第２項）。

正答　　5

条例及び規則⑤

No.18　普通地方公共団体の長の定める規則に関する記述として妥当なのは、次のどれか。　**（東京都主任試験改題）**

1　規則は、条例とは異なり憲法で定められた自治立法には属さないこととされており、地方自治法にその根拠を有するものである。

2　規則は、単なる普通地方公共団体の内部的規則の性質を有するもののほかに、住民の権利義務に関する法規の性質を有するものがある。

3　規則は、条例を施行するために必要な場合に制定されるものであり、条例に根拠をもたない事務については制定することができない。

4　規則は、法定受託事務について制定されるものであり、自治事務については長の権限に属する事務であっても、条例で定めなければならない。

5　規則は、刑罰はもとより行政上の秩序罰としての過料を科する旨の規定を設けることができない。

Key Point

　規則は自治立法であり、長が、その権限に属する事務について、法令に違反しない限度で制定し、5万円以下の過料を科す旨の罰則を設けることができる。規則には、権利義務に関する法規たる性格を持つもの（法規命令）と、法規たる性格を有しない内部事務に関する定め等（行政規則）がある。

解説 規則は、長が、その権限に属する事務について、法令に違反しない限度で制定する法形式であり（法第15条第1項）、5万円以下の過料を科す旨の罰則を設けることができる（同条第2項）。**憲法第94条の「条例」とは、形式を問わず、地方公共団体の自主法を意味するもの**とされており、規則もこれに含まれると解されている。

　長が定める**規則は行政立法であり、(1) 権利義務に関する法規たる性格を持つもの（法規命令）と、(2) それ以外のもの（行政規則）とに分けられる。**(1) は、①法令や条例から委任された事項を規定するもの（委任命令）、②条例の規定を施行するため、書式等の細目的事項を定めるもの（執行命令）に分かれる。②は、条例の委任は不要である。さらに、③長の管理権限等に基づき私人に対する行為制限が認められる場合などでは、条例によらず規則において住民の権利義務に関する事項について規定できる場合もある。

1　**誤り**。憲法第94条の「条例」の法形式には、条例のほか、長その他の執行機関が制定する規則も含まれると解されている。
2　**正しい**。
3　**誤り**。条例に規定のない事務でも、長の権限に属する限り、その管理執行に必要な規定を規則で定めることができる。
4　**誤り**。条例で定めなければならないとされている条例専管事項を除き、長の権限に属する限り、自治事務、法定受託事務とを問わず、規則を制定できる。
5　**誤り**。法令に特別の定めがある場合を除き、規則には刑罰を設けることはできないが、5万円以下の過料という行政上の秩序罰は設けることができる（法第15条第2項）。また、条例の規定による委任があっても、規則に刑罰規定を設けることはできない（行実昭25.7.31）。

条例及び規則

正答　2

条例及び規則⑥

No.19　普通地方公共団体の長の定める規則に関する記述として妥当なのは、次のどれか。　**(東京都主任試験改題)**

1　普通地方公共団体の長は、普通地方公共団体の条例の規定による委任があれば、規則中に刑罰を科する旨の規定を設けることができる。

2　規則は、普通地方公共団体の長により制定され、都道府県知事は総務大臣に、市町村長は知事に、この規則の制定について報告しなければならない。

3　規則は、法定受託事務について制定されるもので、自治事務については、長の権限に属する事項であっても条例で定めなければならない。

4　規則では、普通地方公共団体内部の事務処理及び住民の権利義務に関する事項について定めることができる。

5　規則では、その実効性を確保するために、規則に違反した者に対し、行政上の秩序罰として過料を科す旨の規定を設けることができない。

Key Point

　規則は、長がその権限に属する事務に関して制定するもので、過料を科す旨の規定を設けることができる。規則には、住民の権利義務に関する法規たる性質を持つものもある。法令に特別の定めがある場合を除き、規則には刑罰規定を設けることはできず、条例による委任があっても同様である。

（No.18の解説参照）

解説　規則は、長がその権限に属する事務に関して制定する自主法である。**長は事務の管理執行権を有し、議決機関である議会が条例で定めない事項については、それが条例専管事項でない限り、必要な事項について規則で定め、管理執行することができる。**規則の制定範囲は、普通地方公共団体内部の事務処理に限定されない。長の管理権限等に基づく私人の行為制限等、条例によらず規則において住民の権利義務に関する事項について規定できる場合もある（No.18の解説参照）。

もっとも、法第14条第2項においては、原則的な立法機関は議会であることから、①新たに義務を課し、権利を制限する場合は、長その他の執行機関の専権に属するものを除き、条例専管事項となること、②法令によって規則制定権を執行機関に付与する場合には、新たに義務を課し、権利を制限するような性質のものを除くべきであることが示されている。

規則には、その実効性を担保するため、違反者に対し、5万円以下の過料（行政上の秩序罰）を科す旨の罰則を設けることができる。

しかし、**条例の規定による委任があっても、規則に刑罰規定を設けることはできない**（行実昭25.7.31）。

1　誤り。条例の規定による委任があっても、規則に刑罰規定を設けることはできない。

2　誤り。規則を制定したときに報告を要求する規定はない。

3　誤り。長の権限に属する事務であれば、規則を制定できる。また、法定受託事務も条例制定権の対象であり、規則の専管事項ではない。

4　**正しい。**義務を課し、又は権利を制限するには、原則として条例によらなければならないが（法第14条第2項）、長その他の執行機関の専権に属する事項には条例制定権が及ばず、執行機関の定める規則等によって定められることになる。

5　誤り。規則には罰則として5万円以下の過料を科す旨の規定を設けることができる。

条例及び規則

正答　4

条例及び規則⑦

No.20　　地方自治法に定める規則に関する記述として、妥当なのはどれか。　　　　　　　　　　　　　　　**（東京都主任試験出題）**

1　普通地方公共団体の委員会は、法律の根拠にかかわらず、法令又は普通地方公共団体の条例若しくは規則に違反しない限りにおいて、その権限に属する事務に関し、規則その他の規程を定めることができる。

2　普通地方公共団体が義務を課し、又は権利を制限するには、法令の特別の定めがある場合を除いて、規則によらなければならない。

3　普通地方公共団体の長は、当該団体の委員会の権限に属する事項について、法令に特別の定めがある場合を除いて、規則を定めることができる。

4　普通地方公共団体の長は、当該団体の規則中に、規則に違反した者に対し、5万円以下の罰金を課する旨の規定を設けることができる。

5　条例は、条例に特別の定めがあるものを除くほか、公布の日から起算して10日を経過した日から施行されるが、これは、規則においても、法令又は条例に特別の定めがある場合を除いて、準用される。

Key Point

　　長は、その権限に属する事務について規則を制定でき、過料を科する旨の規定を設けることができる。委員会もその権限に属する事務について規則その他の規程を制定できるが、条例又は長の制定する規則に反することはできない。

解説 地方公共団体が制定する自治立法には、条例、長が制定する規則、委員会等その他の執行機関が制定する規則その他の規程等があるが、いずれも法令に反してはならない。

地方公共団体の運営の基本に関わる事項や住民の権利に及ぼす影響が大きい事項については、法が個別的に**条例専管事項**であることを示している。地方公共団体の休日を定めること（法第4条の2第1項）、権利を制限し、又は義務を課すこと（法第14条第2項）、特別会計の設置（法第209条第2項）、分担金、使用料、加入金及び手数料に関する事項（法第228条第1項）、基金の設置（法第241条第1項）、公の施設の設置及び管理に関する事項（法第244条の2第1項）等である。

なお、長その他の執行機関の専権に属する事項については、条例を制定することができない。

長は、その権限に属する事務について規則を制定できる（法第15条第1項）。委員会もその権限に属する事務について規則その他の規程を制定できるが、条例又は**長の制定する規則に反することはできない**（法第138条の4第2項）。

1　**誤り**。普通地方公共団体の委員会は、法律の定めるところにより、法令又は普通地方公共団体の条例若しくは規則に違反しない限りにおいて、その権限に属する事務に関し、規則その他の規程を定めることができる（法第138条の4第2項）。

2　**誤り**。原則として条例によらなければならない（法第14条第2項）。

3　**誤り**。普通地方公共団体の長は、法令に違反しない限りにおいて、その権限に属する事務に関し、規則を制定することができる（法第15条第1項）。

4　**誤り**。規則で、罰金等の刑罰を設けることはできない。なお、規則には、その実効性を担保するために5万円以下の過料を科する旨の規定を設けることができる（法第15条第2項）。過料は行政上の秩序罰であり、長が執行する（法第231条の3）。

5　**正しい**（法第16条第3項、第5項）。　　　　　**正答　5**

直接請求①

No.21　地方自治法に定める直接請求に関する記述として、妥当なのはどれか。　**(東京都管理職試験出題)**

1　条例の制定又は改廃の請求は、住民がその総数の50分の1以上の連署をもって行うものであり、この住民には、当該普通地方公共団体の区域に住所を有する者であれば、未成年者も含まれる。

2　事務の監査請求の制度においては、住民監査請求の制度とは異なり、監査委員の監査に代えて、外部監査人の監査によることを求めることは認められていない。

3　議会の解散請求は、普通地方公共団体の選挙管理委員会に対して行われ、当該議会の議員の一般選挙のあった日又は解散請求に基づく投票のあった日から1年間は、行うことができない。

4　長の解職請求は、普通地方公共団体の議会の議長に対して行われ、この請求があったときは、議長は、請求の要旨を公表するとともに、議会に付議しなければならない。

5　主要公務員の解職請求は、普通地方公共団体の長に対して行われ、この請求があったときは、長は、意見を附けて議会に付議しなければならず、議員の過半数の同意により、当該公務員は失職する。

Key Point

　直接請求は代表民主制の例外であるから、濫用を防止するため、有権者総数に対する一定の割合の者の連署が要求されるとともに、請求についての期間制限等が設けられる。主要公務員の解職請求の議会の同意は、特別決議である。事務の監査請求では、条例に規定があれば、外部監査人の監査を請求できる。

解説　地方自治制度では、間接民主制を補完するために直接民主制的な手法が採用され、その一つとして直接請求の制度が設けられている（法第74条〜第88条）。**直接請求権は、選挙権、被選挙権とともに地方における住民の参政権として、住民自治の理念を徹底するものである。**

　直接請求権の行使は、間接民主制の例外として住民自治の徹底を期するものであるため、**有権者総数に対する一定の割合を満たすことが必要**とされ、特に解職を伴うもの（議会の解散を含む。）については、有権者総数の３分の１以上の連署が要求されている。

　解職請求の中でも、住民の直接選挙によらずにその職を占める主要公務員の解職請求は、住民の直接投票によらず、議会においてその可否を決するが、**失職の同意については特別多数による議決が必**要とされる（法第87条第１項）。

　また、住民の直接選挙によってその職を占める者の解職を伴う請求は、選挙のあった日（解散請求以外では就職の日）から１年間及び前回の解散（解職）の投票のあった日から１年間は行うことができない（法第79条、第84条）。

1　**誤り。**「議会の議員及び長の選挙権を有する者」であり、未成年者等の選挙権を有しない者は含まない（法第74条第１項）。
2　**誤り。**事務の監査請求、住民監査請求とも、条例で監査委員の監査に代えて個別外部監査契約に基づく外部監査人の監査を求めることができる旨を規定できる（法第252条の39第１項、第252条の43第１項）。この場合も、請求先は監査委員である。
3　**正しい**（法第79条）。
4　**誤り。**請求先は、選挙管理委員会である（法第81条第１項）。
5　**誤り。**議会の議員の３分の２以上が出席し、その４分の３以上の同意があったときに失職する（法第87条第１項）。

　　　　　　　　　　　　　　　　　　　　　正答　3

直接請求②

No.22　地方自治法に定める直接請求に関する記述として妥当なのは、次のどれか。　　　　　　　　　　　　　　（**東京都主任試験出題**）

1　直接請求は、間接民主制を補完し、住民自治の理念を実現する手段として保障されている、住民の参政権である。

2　住民が直接請求をすることができる事項は、条例の制定又は改廃の請求、事務の監査の請求、議会の解散の請求に限定される。

3　条例の制定又は改廃の請求とは、個々の条例案に対して、直接、住民が投票により賛否の意思表示を行う制度である。

4　事務の監査の請求は、有権者総数の一定割合以上の連署により、特定の事務の執行の適否について、その代表者が普通地方公共団体の長に対して行う請求である。

5　議会の解散の請求は、有権者総数の一定割合以上の連署により、その代表者が議会の議長に対して行う請求であり、請求が成立したときは、有権者の投票に付される。

Key Point

　直接請求は、選挙権、被選挙権とともに参政権としての性格を持ち、条例の制定改廃、事務の監査、議会の解散、議員・長・その他の主要公務員の解職の請求がある。住民の選挙による職の解職を伴うものは選挙管理委員会、事務の監査請求は監査委員、その他のものは長が請求先とされている。

解説　**直接請求**は、間接民主制を補完するもので、**選挙権、被選挙権とともに参政権としての性格**を持つ。直接請求には、条例の制定改廃の請求、事務監査請求、議会の解散請求、議員・長・その他の主要公務員の解職の請求がある。

条例の制定又は改廃の請求は、議会の議員及び長の選挙権を有する者の総数の50分の1以上の者の連署をもって、その代表者から長に対して条例案を添付して行い、当該発案に係る**条例案は、議会に付議され、その可否が決定される**こととされている（法第74条第1項・第3項）。地方税の賦課徴収並びに分担金、使用料及び手数料の徴収に関するものは、請求の対象とならない（法第74条第1項）。

事務の監査の請求は、議会の議員及び長の選挙権を有する者の総数の50分の1以上の者の連署をもって、その代表者から監査委員に対して特定の事務の執行についての監査を求める請求である。住民監査請求は、**機関又は職員の違法・不当な財務会計上の行為**の是正を目的とする住民（選挙権は不要）の権利であるのに対し、事務の監査請求は**地方公共団体の事務の執行全般を対象**とし、監査の公表によって問題の所在及びその適否を明らかにすることを目的とする住民（選挙権が必要）の権利である。

1　正しい。
2　**誤り**。議員、長、主要公務員の解職請求（法第80条第1項、第81条第1項、第86条第1項）がある。
3　**誤り**。条例の制定又は改廃の請求は、長に対して行う（法第74条第1項）。
4　**誤り**。事務の監査の請求は、監査委員に対して行う（法第75条第1項）。監査委員の監査に代えて個別外部監査契約に基づく外部監査人の監査を求める場合も、請求先は監査委員である（法第252条の39第1項）。
5　**誤り**。議会の解散の請求は、選挙管理委員会に対して行う（法第76条第1項）。

正答　1

直接請求③

No.23　地方自治法に定める普通地方公共団体における直接請求に関する記述として妥当なのは、次のどれか。

（東京都管理職試験出題）

1　条例の制定改廃の請求は、署名簿の確認後に請求代表者が当該普通地方公共団体の長に請求するが、署名の効力に関し他の関係人が争訟手続をとった場合、長はその請求に係る手続を争訟が終了するまで中断しなければならない。

2　事務の監査請求は、普通地方公共団体の機関又は職員の財務会計上の行為に限定して請求することができるが、この監査の結果について不服のあるときは、訴訟を提起することができる。

3　議会の解散請求は、市町村の選挙管理委員会で署名簿の署名の審査の上で請求代表者が選挙管理委員会に請求するが、選挙管理委員会は署名の効力の決定の際に必要と認めるとき、職権で関係人の出頭及び証言を求めることができる。

4　議員の解職請求は、当該議員の選挙区の選挙権を有する者の連署をもって請求代表者が当該普通地方公共団体の議会の議長に請求し、請求後の選挙人の投票で同意が得られない場合、同一任期中に同一議員に対し解職請求ができない。

5　監査委員の解職請求は、請求代表者が連署をもって当該普通地方公共団体の議会の議長に請求し、議長は直ちに請求の趣旨を公表して議会で解職について同意を得た場合は、監査委員はその職を失う。

Key Point

　条例の制定・改廃における署名に関する規定は、他の直接請求に準用され、選挙管理委員会は、署名の効力の決定に必要と認めるときは、職権で関係人の出頭及び証言を求めることができる。議員、長の解職請求の制限期間は、その就職の日から1年間及び解職の投票の日から1年間である。

解説　　　直接請求における請求代表者の署名の収集及びその効力の決定については、条例の制定又は改廃の請求に関する部分に一般的な規定が置かれ（法第74条の2から第74条の4まで）、これが他の直接請求にも準用されている。

請求代表者は、署名簿を市町村の選挙管理委員会に提出し、署名した者が選挙人名簿に登録されたものであることの証明を求めなければならない（法第74条の2第1項）。市町村の選挙管理委員会は、署名の効力を決定する場合において必要があると認めるときは、**関係人の出頭及び証言**を求めることができる（法第74条の3第3項）。

1　**誤り**。請求代表者以外の者による争訟手続の開始や訴訟の提起があっても、執行停止の決定がない以上、手続は当然には中断しない（行服法第25条第1項及び行訴法第25条第1項）。
2　**誤り**。事務の監査請求は、住民監査請求と異なり、財務会計上の行為に限定されず、地方公共団体の事務の執行全般に及ぶ（法第75条第1項）。監査結果に対する争訟はできないと解されている。
3　**正しい**（法第74条の2第1項、第74条の3第3項並びに法第76条第1項及び第4項）。
4　**誤り**。議員の解職請求は、当該議員の選挙区の選挙権を有する者の3分の1（有権者総数40万人超の場合は緩和規定あり。）以上の者の連署をもって、その代表者から当該普通地方公共団体の選挙管理委員会に請求する（法第80条第1項）。請求後の選挙人の投票で過半数の同意があれば、当該議員は失職する（法第83条）。議員の解職請求は、就職の日から1年間及び解職の投票の日から1年間は行うことができない（法第84条）。
5　**誤り**。監査委員の解職の請求は、選挙権を有する者の3分の1（有権者総数40万人超の場合は緩和規定あり。）以上の者の連署をもって長に対し行う（法第86条第1項）。

正答　3

直接請求④

No.24　地方自治法に定める直接請求に関する記述として妥当なのは、次のどれか。　**（東京都管理職試験改題）**

1　事務の監査請求は、選挙権を有する者の総数の50分の1以上の者の連署をもって、その代表者から監査委員に対して行われるが、監査請求の対象となるのは当該普通地方公共団体の自治事務についてであり、法定受託事務は含まれない。

2　条例の制定改廃請求は、選挙権を有する者の総数の50分の1以上の者の連署をもって、その代表者から議会に対して行われるが、議会は、請求された条例案を可決又は否決することはできるが、修正して可決することはできない。

3　議会の解散請求は、選挙権を有する者の総数の4分の1以上（一部緩和規定あり。）の者の連署をもって、その代表者から選挙管理委員会に対して行われ、解散の請求に基づく住民投票で3分の2以上の者の同意があったときに議会は解散する。

4　長の解職請求は、選挙権を有する者の総数の3分の1以上（一部緩和規定あり。）の者の連署をもって、その代表者から議会に対して行われるが、解職の請求に基づく住民投票で否決されたときは、その長の同一任期中は解職請求を行うことはできない。

5　副知事の解職請求は、選挙権を有する者の総数の3分の1以上（一部緩和規定あり。）の者の連署をもって、その代表者から長に対して行われ、議会の議員の3分の2以上の者が出席しその4分の3以上の者の同意があったときに、副知事はその職を失う。

Key Point

　事務の監査請求は、地方公共団体の事務全般に及ぶ。直接請求の要件は、解職を伴うものが3分の1（一部緩和規定あり。）、それ以外が50分の1である。条例の制定・改廃の請求では、発案された条例案について、議会は、修正し可決することもできる。主要公務員の解職の議会の同意は、定足数3分の2、議決要件4分の3である。

直接請求には、条例の制定改廃の請求、事務監査請求、議会の解散請求、議員・長・その他の主要公務員の解職の請求がある。

　条例の制定又は改廃の請求は、議会の議員及び長の選挙権を有する者の総数の50分の1以上の者の連署をもって、その代表者から長に対して条例案を添付して行うが（法第74条第1項）、当該発案に係る条例案は、長から議会に付議されることとされ（同条第3項）、一般の条例案と同様に議会はこれを修正することができる。

　議会の解散請求は、**議員の一般選挙があった日から1年間及び解散の投票のあった日から1年間**（法第79条）、議員・長の解職請求は、**就職の日から1年間及び解職の投票の日から1年間**は行うことができない（法第84条）。

　なお、**解職を伴う直接請求（議会の解散請求を含む。）の要件である3分の1以上について法改正があり、算定の基礎となる有権者総数に応じ、(1) 又は (2) 以上の連署**とされた（法第76条第1項・第4項、第80条第1項・第4項、第81条、第86条第1項・第4項）。

　(1) 40万超80万以下（算定の基礎となる有権者総数 − 40万）× 1／6 + 40万 × 1／3

　(2) 80万超（算定の基礎となる有権者総数 − 80万）× 1／8 + 40万 × 1／6 + 40万 × 1／3

1　**誤り**。対象は、地方公共団体の事務の執行全般であり（法第75条第1項）、法定受託事務にも及ぶ。

2　**誤り**。請求は長に対して行う（法第74条第1項）。また、議会は、住民の発案に係る条例案を修正できる。

3　**誤り**。議会の解散請求は、選挙権を有する者の総数の3分の1以上（有権者総数40万人超の場合は緩和規定あり。）の者の連署をもって、その代表者から選挙管理委員会に対して行われ、解散の請求に基づく住民投票で過半数の者の同意があったときに議会は解散する（法第76条第1項、第78条）。

4　**誤り**。請求先は、選挙管理委員会である。また、長の解職請求は、その就職の日から1年間及び解職の投票の日から1年間は行うことができない（法第84条）。

5　**正しい**（法第86条第1項、第87条第1項）。　　　　**正答　5**

直接請求⑤

No.25　普通地方公共団体の議会の解散の請求に関する記述として、地方自治法上、妥当なのはどれか。　**(特別区管理職試験改題)**

1　選挙権を有する者は、政令の定めるところにより、その総数の３分の１以上（一部緩和規定あり。）の者の連署をもって、その代表者から、普通地方公共団体の長に対し、当該普通地方公共団体の議会の解散を請求することができる。

2　普通地方公共団体の議会の解散の請求があったときは、当該普通地方公共団体の長は、直ちに請求の要旨を公表するとともに、都道府県にあっては総務大臣、市町村にあっては都道府県知事に報告しなければならない。

3　普通地方公共団体の議会の解散の請求に関し、政令で定める署名を求めることができる期間外の時期に署名を求めた者は、10万円以下の罰金に処せられる。

4　普通地方公共団体の議会は、選挙人による当該普通地方公共団体の議会の解散の投票において、有効投票率が投票総数の100分の50を超え、かつ、有効投票の過半数の同意があったときでなければ解散しない。

5　普通地方公共団体の議会の解散の請求は、当該普通地方公共団体の区域内で、当該普通地方公共団体の議会の議員の一般選挙及び衆議院議員又は参議院議員の選挙のあった日から１年間は行うことができない。

Key Point

　議会の解散、議員・長の解職請求における請求先は、選挙管理委員会である。直接請求では、署名の収集期間は都道府県では２か月、市町村では１か月と限定され、この期間以外に行われた署名は無効となり、期間外の時期に署名を求めた者には罰則（10万円以下の罰金）が適用される。

議会の解散、議員・長の解職請求という**住民の直接選挙**によって占める職の解職を伴う請求は、請求先が**選挙管理委員会**とされる（法第76条第1項、第80条第1項、第81条第1項）。

　直接請求における署名の収集とその効力については、条例の制定又は改廃の請求の部分に規定があり、他の請求にも準用される。**署名の収集期間は都道府県では2か月、市町村では1か月**と限定され（令第92条第3項）、この期間以外に行われた署名は**無効**となり（法第74条の3第1項第1号）、期間外の時期に署名を求めた者には**罰則（10万円以下の罰金）**が適用される（法第74条の4第6項）。

　地方公共団体の区域内で衆議院議員、参議院議員又は地方公共団体の議会の議員若しくは長の選挙が行われることとなるときは、政令で定める期間、署名を求めることができない（法第74条第7項）。

1　**誤り**。議会の解散請求は、選挙管理委員会に対して行う（法第76条第1項）。

2　**誤り**。選挙管理委員会は、解散の請求があったときはその要旨を公表し（法第76条第2項）、解散の投票の結果が判明したときは、請求代表者と議会の議長に通知し、公表するとともに、都道府県にあっては都道府県知事に、市町村にあっては市町村長に報告しなければならない（法第77条）。

3　**正しい**（法第74条の4第6項）。

4　**誤り**。議会が解散するのは、解散の投票において過半数の同意があったときであり、有効投票率の要件はない（法第78条）。

5　**誤り**。議会の解散請求は、議員の一般選挙があった日から1年間及び解散の投票のあった日から1年間は行うことができない（法第79条）。衆議院議員等の選挙があるときは、一定期間、署名収集ができなくなるだけである（法第74条第7項）。

正答　3

直接請求⑥

No.26　地方自治法に規定する直接請求に関する記述として妥当なのは、次のどれか。　　　　　　　　　**（東京都主任試験出題）**

1　普通地方公共団体の長は、条例の制定の請求を受理したときは、受理した日から20日以内に議会を招集し、これを議会に付議しなければならない。

2　普通地方公共団体の長の選挙権を有する者は、その総数の50分の1以上の者の連署をもって、長に対し、議会の解散の請求をすることができる。

3　普通地方公共団体の長は、条例の廃止の請求を受理したときは、受理した日から30日以内にこれを住民の投票に付さなければならない。

4　普通地方公共団体の長の選挙権を有する者は、その総数の50分の1以上の者の連署をもって、議会の議長に対し、長の解職の請求をすることができる。

5　普通地方公共団体の長は、選挙管理委員の解職の請求を受理したときは、受理した日から10日以内にこれを選挙管理委員会に付議しなければならない。

Key Point

　直接請求の有権者総数に対する割合的要件は、①解職を伴うものは3分の1（一部緩和規定あり。）、②それ以外のものは50分の1であり、請求先は、①住民の直接選挙による職の解職を伴うものは選挙管理委員会、②事務の監査請求は監査委員、③その他のものは長である。条例の制定・改廃請求では、住民の投票は行われない。

直接請求制度は、間接民主主義の欠陥を補強し、住民自治の徹底を期するため、直接民主主義の原則に基づく直接請求の権利を住民の基本権として認めているもの。

直接請求では、有権者総数に対する割合的要件、請求先、請求を受けた場合の手続、請求が禁止される期間が重要である。

有権者総数に対する割合的要件については、①**解職を伴うものは３分の１以上（有権者総数が40万人超の場合には緩和規定あり。）**とされ（法第76条第１項、第80条第１項、第81条第１項、第86条第１項）、②**それ以外のものは50分の１以上**とされる（法第74条第１項、法第75条第１項）。

請求先については、①**住民の直接選挙**によってその職についた者の解職を伴うものは**選挙管理委員会**（法第76条第１項、第80条第１項、第81条第１項）、②**事務の監査請求は監査委員**（法第75条第１項）、③**その他のものは長**とされている（法第74条第１項、第86条第１項）。

1　**正しい**（法第74条第３項）。
2　**誤り**。普通地方公共団体の長の選挙権を有する者は、その総数の３分の１以上（一部緩和規定あり。）の者の連署をもって、選挙管理委員会に対し、議会の解散の請求をすることができる（法第76条第１項）。
3　**誤り**。普通地方公共団体の長は、条例の廃止の請求を受理したときは、受理した日から20日以内に議会を招集し、意見を付けて議会に付議しなければならない（法第74条第３項）。
4　**誤り**。普通地方公共団体の議会の議員及び長の選挙権を有する者は、その総数の３分の１以上（一部緩和規定あり。）の者の連署をもって、選挙管理委員会に対し、長の解職の請求をすることができる（第81条第１項）。
5　**誤り**。普通地方公共団体の長は、選挙管理委員の解職の請求を受理したときは、議会に付議しなければならない（法第86条第３項）。

正答　　1

直接請求⑦

No.27　地方自治法に定める条例の制定改廃の直接請求に関する記述として妥当なのは、次のどれか。　　**(東京都管理職試験改題)**

1　条例の制定改廃の請求権者は、当該地方公共団体の年齢満18歳以上の住民であり、その総数の3分の1以上（一部緩和規定あり。）の者の連署をもってその代表者から条例の制定改廃の請求をすることが必要である。

2　条例の制定改廃の請求代表者は、請求の要旨及びその他必要な事項を記載した条例制定又は改廃請求書をもって、当該地方公共団体の選挙管理委員会に対して条例の制定改廃を請求しなければならない。

3　条例の制定改廃の請求は、当該地方公共団体のすべての条例について認められているものではなく、地方税の賦課徴収並びに分担金、使用料及び手数料の徴収に関する条例の制定改廃を請求することはできない。

4　条例の制定改廃の請求に係る条例案は、送付を受けた日から10日以内に当該地方公共団体の長から議会に付議されなければならないが、長がこの条例案に対して意見を付けることは認められていない。

5　条例の制定改廃の請求に係る条例案の審議は、当該地方公共団体の議会の議長が招集する臨時会において行われなければならず、その議決に当たっては、出席議員の4分の3以上の者の同意がなければならない。

Key Point

　条例の制定・改廃の請求は、選挙権を有する者の総数の50分の1以上の者の連署をもって、その代表者から長に対して行うが、その対象から地方税の賦課徴収並びに分担金、使用料及び手数料の徴収に関するものは除かれる。条例案は、住民投票には付されず、議会に付議され、出席議員の過半数で決する。

条例の制定又は改廃の請求は、議会の議員及び長の選挙権を有する者の総数の50分の1以上の者の連署をもって、その代表者から長に対して条例案を添付して行うが、**地方税の賦課徴収並びに分担金、使用料及び手数料の徴収に関するものは対象とならない**（法第74条第1項）。

　請求を受理した長は、請求の要旨を直ちに公表するとともに、受理した日から**20日以内**に**議会を招集**し、**意見を付して議会に付議**しなければならない（法第74条第2項、第3項）。招集した議会が定足数を満たさず、条例案を審議できなかった場合には、長は再び議会を招集しなければならないと解されている。

　議会は、通常の議事手続により条例案を審議し、**出席議員の過半数**による議決でその可否を決する。**条例案の修正も可能**である。

1　**誤り**。議会の議員及び長の選挙権を有する者の総数の50分の1以上の者の連署をもって、その代表者から長に対して行う（法第74条第1項）。

2　**誤り**。条例の制定・改廃の請求先は、長である（法第74条第1項）。

3　**正しい**（法第74条第1項）。

4　**誤り**。長は、条例の制定改廃の請求を受理した日から20日以内に議会を招集し、意見を付けて条例案を議会に付議しなければならない（法第74条第3項）。

5　**誤り**。条例の制定改廃の請求に係る条例案の審議は、原則として長が招集する臨時会で行われるが（法第74条第3項は臨時会の招集義務を規定）、定例会が開かれていればそこに付議して差し支えない。条例案の議決は、出席議員の過半数である。

正答　**3**

直接請求⑧

No.28　地方自治法に規定する直接請求に基づく普通地方公共団体の議会の議員、長又は主要公務員の解職の請求に関する記述として、妥当なのはどれか。　**（特別区管理職試験改題）**

1　普通地方公共団体の長の解職の請求は、当該普通地方公共団体の議会の議長に対して行われ、議会において出席議員の3分の2以上の同意があったときは、長はその職を失う。

2　普通地方公共団体の議会の議員の解職の請求は、当該普通地方公共団体の議会の議長に対して行われるが、議員の就職の日から1年間は、これをすることができない。

3　普通地方公共団体の副知事又は副市町村長の解職の請求は、当該普通地方公共団体の議会の長に対して行われ、この請求があったときは、長は当該普通地方公共団体の議会に付議するに当たって意見を付さなければならない。

4　普通地方公共団体の選挙管理委員の解職の請求は、当該普通地方公共団体の長に対して行われるが、選挙管理委員の就職の日から6か月間は、これをすることができない。

5　普通地方公共団体の会計管理者の解職の請求は、当該普通地方公共団体の議会の長に対して行われ、当該普通地方公共団体の議会において出席議員の過半数の同意があったときは、会計管理者はその職を失う。

Key Point

　副知事・副市町村長の解職請求は、選挙権を有する者の3分の1以上（有権者総数40万人超の場合は緩和規定あり。）の者の連署をもって長に対し行われ、議会の議員が3分の2以上出席し、4分の3以上の同意があると失職。長又は議員の解職請求は、選挙区の選挙権を有する者の3分の1の者の連署をもって選挙管理委員会に対し行われ、解職の投票で過半数の同意で失職。

解説　副知事又は副市町村長の解職請求は、議会の議員及び長の選挙権を有する者の総数３分の１以上（一部緩和規定あり。）の者の連署をもって、その代表者から長に対して行われる（法第86条第１項）。長は、請求の要旨を直ちに公表し（同条第２項）、副知事又は副市町村長の解職について議会に付議しなければならない（同条第３項）。**議会の議員が３分の２以上出席し、その４分の３以上の同意があると、副知事又は副市町村長は失職する**（法第87条）。

長又は議員の解職請求は、**所属の選挙区における選挙権を有する者の総数の３分の１以上（有権者総数40万人超の場合は緩和規定あり。）の者の連署**（選挙区がない場合には、選挙権を有する者の総数の３分の１以上の者の連署）をもって、その代表者から選挙管理委員会に対し行われる（法第80条及び第81条）。委員会は、請求の要旨を直ちに関係区域内に公表し（法第80条第２項及び第81条第２項）、当該選挙区の選挙人の投票（選挙区がない場合には全ての投票人の投票）に付さなければならない（法第80条第３項及び第81条第２項）。**解職の投票において過半数の同意があった場合には、長又は議員は失職する**（法第83条）。

なお、平成24年の法改正により、算定の基礎となる有権者総数が40万人超の場合の割合的要件が改正されている（No.24の解説参照）。

1　**誤り**。長の解職請求は選挙管理委員会に対して行う（法第81条第１項）。
2　**誤り**。議員の解職請求は選挙管理委員会に対して行う（法第80条第１項）。
3　**誤り**。議会に付議するに当たり意見を付する必要はない（法第86条第３項）。
4　**正しい**（法第88条第２項）。
5　**誤り**。一般職であるため直接請求の対象とならない。

正答　4

議会の組織①

No.29　地方自治法に定める普通地方公共団体の議会の会議に関する記述として、妥当なのはどれか。

（東京都主任試験出題）

1　議員の定数の4分の1以上の者は、議会運営委員会の議決を経て、長に対し、会議に付議すべき事件を示して臨時会の招集を請求することができる。

2　通年を会期とする議会の場合、長は、議長に対し、会議に付議すべき事件を示して定例日以外の日において会議を開くことを請求することができない。

3　議会は、原則として、議員の定数の半数以上の議員が出席しなければ、会議を開くことができないとされており、半数以上の議員の中には議長も含まれる。

4　議会の議事は、原則として、出席議員の過半数でこれを決し、可否同数のときは、議長と副議長の合議で決する。

5　会期中に議決に至らなかった事件は、原則として後会に継続し、閉会中も、委員会において審査することができる。

Key Point

　　地方公共団体には、議事機関として議会が設置される（憲法第93条第1項、法第89条）。ただし、法第94条による例外（町村総会）がある。

　　議会の議員の定数は、条例で定められ（法第90条、第91条）、その任期は4年となっている（法第93条第1項）。

議会とは、地方公共団体の議事機関であり、住民から直接選挙された議員で構成される。

　　議員の定数は、条例で定められ（法第90条、第91条）、議会は、選挙により議員の中から議長及び副議長を選出する必要がある（法第103条）。

議長は、議会運営委員会の議決を経て、当該普通地方公共団体の長に対し、会議に付議すべき事件を示して臨時会の招集を請求することができる（法第101条第２項）。

　なお、会期中に議決に至らなかった事件は、後会に継続しないこととされている（法第119条）。

1　**誤り**。議員の定数の４分の１以上の者は、当該普通地方公共団体の長に対し、会議に付議すべき事件を示して臨時会の招集を請求することができる（法第101条第３項）。

2　**誤り**。長は議長に対し、定例日以外の日において会議を開くことを請求することができるが、この場合は、会議に付議すべき事件を示さなければならない（法第102条の２第７項）。

3　**正しい**（法第113条）。本条の議員定足数中には議員たる議長をも参入すべきものである（昭4.6.15行裁判）。

4　**誤り**。議会の議事は、出席議員の過半数でこれを決し、可否同数のときは、議長が決する（法第116条）。

5　**誤り**。議会は、会期中に限り、活動能力を有する。また、議会は会期ごとに独立した存在であり、前の会期の意思は、後の会期には継続しない（法第119条）。

　　　　　　　　　　　　　　　　　　　正答　3

議会の組織②

No.30 普通地方公共団体の議員の兼職・兼業に関する記述として、妥当なのはどれか。 **（東京都管理職試験出題）**

1 普通地方公共団体の議員は、衆議院議員、参議院議員、他の地方公共団体の議員との兼職を禁止されているが、教育委員会の委員、人事委員会の委員との兼職は許される。

2 議員の兼職禁止は、同時に２つの身分を有することを禁じるものであることから、２つの職に就任したときは、直ちに両方の身分を失う。

3 議員の兼業禁止は、請負禁止ともよばれ、普通地方公共団体の議員は、当該普通地方公共団体に対して請負をするものとなることはできないが、請負をする法人の監査役となることは許される。

4 議員の兼業禁止における請負は、民法上の請負を意味し、これには、広く営業として行われる経済的、営利的な取引契約は該当しない。

5 議員が兼業禁止の規定に該当するときは、その職を失うが、この規定に該当するかどうかは議会が決定する。

Key Point

　普通地方公共団体の議会の議員は、安定した議会活動のため身分が保証されている反面で、公職選挙法による在職中の国会議員への立候補制限のほかその職務の妨げとなる職を兼ねることを禁止している。さらに、公平で適正な事務執行の妨げとなる請負関係を持つ兼業を禁止している。

普通地方公共団体の議員は、その職務を完全に果たすため、その妨げとなるような職を兼ねることを禁止されている（**議員の兼職禁止**。法第92条）。

　また、議会運営の公平を保障し、事務執行の適正を確保するため、当該地方公共団体との間に請負関係を持つことを禁止している（**議員の兼業禁止**。法第92条の2）。

　兼職を禁止される職は、①衆議院議員又は参議院議員（法第92条第1項）、②他の地方公共団体の議員（同条第2項。ただし、当該地方公共団体が組織する一部事務組合又は広域連合の議員との兼職は可能。）、③地方公共団体の常勤の職員（再任用短時間勤務職員を含む。法第92条第2項）、④普通地方公共団体の長や副知事又は副市町村長（法第141条第2項、166条第2項）、このほか、個別の法律により⑤他の行政委員会委員（選挙管理委員会、教育委員会、都道府県公安委員会、人事委員会又は公平委員会の委員、収用委員会の委員及び予備委員等）、⑥裁判官などである。

　兼業の禁止は、一定期間の継続的な取引関係に立つものの無限責任社員、取締役、執行役、監査役、支配人、清算人等になることを禁止していることであり、民法上の請負のみならず、広く業務として行われる経済的ないし営利的な取引契約すべてを含むと解されている。この規定に該当する場合には失職することになるが、その決定は議会による（法127条第1項）。

1　**誤り**。教育委員会の委員は地教行法により、人事委員会については地方公務員法により禁止されている。
2　**誤り**。法92条の兼職は、他の職に新たに就任できない趣旨であり、2つの職を兼ねる状態を想定していない。
3　**誤り**。議員は「監査役若しくはこれらに準ずべき者」になれない（法第92条の2）。
4　**誤り**。民法上の請負に限らない。
5　**正しい**（法第127条第1項）。

正答　5

議
会

議会の組織③

No.31　　普通地方公共団体の議会の議長又は副議長に関する記述として、妥当なのはどれか。　　　　　　　　**（東京都主任試験出題）**

1　普通地方公共団体の議会は、原則として副議長1人を置くが、条例で定めた場合には、これを置かないことができる。

2　議長の任期は当該地方公共団体の条例により、副議長の任期は当該議会の会議則により、それぞれ定められている。

3　議会又は議長の処分又は裁決に係る普通地方公共団体を被告とする訴訟については、議長が当該普通地方公共団体を代表する。

4　議長及び副議長にともに事故があるときは、臨時議長を選挙し、議長の職務を行わせる。

5　議長及び副議長を選挙する場合において、議長の職務を行う者がいないときは、出席議員の中で年長の議員が議長の職務を行い、これを仮議長という。

Key Point

　　議長及び副議長にともに事故があるときは、仮議長を選挙し、議長の職務を行わせる（法第106条第2項）。仮議長の選挙が行われる場合は、あくまで議長及び副議長にともに「事故があるとき」に限られ、「欠けたとき」は含まれない。「事故があるとき」とは、会議において議長及び副議長が欠席その他の理由でその職をとることができないときをいい、「欠けたとき」とは、議長及び副議長の職にある者がないときをいう。

解説　　一般選挙後の初めての議会において行われる議長及び副議長の選挙は、議会運営に必要不可欠のものである。

　　このことから、他の全ての案件に先行して選出しなければならない。出席議員中の年長議員が臨時に議長の職務を行うが、議長及び副議長の選挙は、この臨時議長の下で行われる（法第107条）。まず新議長を選挙し、新議長就任の後、新議長により副議長の選挙が行われる。

　議長及び副議長の任期は、議員の任期による（法第103条第2項）。すなわち、一度議長又は副議長に当選したものは、本人の辞職（法第108条）によるほかは、本人が議員である間、議長又は副議長の職にある。本条の規定がある以上、議長及び副議長を1年交替にすることなどを会議規則に規定することはできない。

　副議長は、議長に事故があるとき、又は議長が欠けたときは、議長の行う権限の全てを行う。

1　**誤り**。普通地方公共団体の議会は、議員の中から議長及び副議長一人を選挙しなければならない（法第103条第1項）。

2　**誤り**。議長及び副議長の任期は地方自治法で定められている。議長及び副議長の任期は、議員の任期による（法103条第2項）。

3　**正しい**（法第105条の2）。

4　**誤り**。議長及び副議長にともに事故があるときは、仮議長を選挙し、議長の職務を行わせる（法第106条第2項）。

5　**誤り**。法第103条第1項及び法第106条第2項の規定による選挙を行う場合において、議長の職務を行う者がないときは、年長の議員が臨時に議長の職務を行う（法第107条）。このとおり、本肢は仮議長ではなく臨時議長の説明である。

正答　3

議会の組織④

No.32　地方自治法上、普通地方公共団体の議会の議長に関する
記述として妥当なのは、次のどれか。　**（東京都管理職試験出題）**

1　議長は、所属していない委員会に必要に応じて出席し発言で
　き、その発言内容などについて制限を受けず、またこの委員会の
　採決に加わることができる。

2　議長は、議会閉会中に辞職する場合は副議長に通知して辞職し
　なければならず、また辞職したときは、当該地方公共団体の長に
　通知しなければならない。

3　議長は、病気のため一定期間その職務を遂行できないときは、
　直ちに議会の許可を得て臨時議長を選任し、その職務を代行させ
　なければならない。

4　議長は、議会において一定数以上の議員により不信任の議決を
　受けたときは、この議決によってその職を失うが、再び議長にな
　る資格まで失うものではない。

5　議長は、議場の秩序を保持し、議事を整理し、及び議会の意見
　書の提出や議会に対する請願の受理などにおいて議会を代表する
　等の権限を有している。

Key Point

　　臨時議長は、①一般選挙後の最初の議会において議長及び副
　議長の選挙を行う場合、②議長及び副議長にともに事故がある
　ときに仮議長を選挙する場合において、議長の職務を行う者が
　いないときに、年長の議員が臨時に議長の職務を行うものであ
　る。

解説　　議長は、①**議場の秩序の保持**、②**議事の整理**、③**議会の事務の統理**、④**議会代表権**及び⑤**委員会に出席し、発言する権限**を有する（法第104条及び第105条）。

委員会での議長の発言事項については何ら制限がないので、単に議長としての議事整理権、議会事務統理権等の立場からのみでなく、議事の内容に立ち入って質疑し、意見を陳述することも差し支えない（行実昭27.6.21）。

議長及び副議長にともに事故があるときは、仮議長を選挙し、議長の職務を行わせる（法第106条第2項）。また、議会は、仮議長の選任を議長に委任することができる（法第106条第3項）。

「事故」について「海外旅行で長期間不在の場合、長期間病気療養のため転地又は入院した場合、危篤又は精神障害等のため判断能力を失った場合は、一般的には事故がある場合に該当する。」とする行政実例（昭39.9.18）がある。また、欠けたときとは、死亡、辞職、失職等により、議長が欠員となった場合である。

議長及び副議長は、議会の許可を得て辞職ができる（法第108条）。閉会中に、副議長は、議長の許可を得て辞職ができる（同条）。

1　**誤り**。上記行政実例（昭27.6.21）のとおり。この場合、議長は、議決権を有しない（法第116条第2項）。

2　**誤り**。議長は、議会閉会中に議員を辞職する場合は副議長の許可を受けるべきである（行実昭23.6.21）とされており、副議長への通知ではない。また、長への通知義務はない。

3　**誤り**。議長及び副議長にともに事故があるときは、仮議長を選挙し、議長の職務を行わせる（法第106条第2項）。

4　**誤り**。地方自治法中には、議長又は副議長に対する不信任議決に対して法律上の効果を付与した規定はないので、自己の意思によって辞職する場合は別として、不信任議決によってその職を失うものではない（行実昭23.8.7）。

5　**正しい**（法第104条、第129条及び第130条）。

正答　5

議会の組織⑤

No.33　　地方自治法に定める普通地方公共団体の議会の委員会に関する記述として、妥当なのはどれか。　**（東京都管理職試験改題）**

1　議会は、常任委員会を設置することが義務付けられており、その数については、地方自治法に地方公共団体の種類別、人口段階別の上限が定められ、この範囲内で条例により規定しなければならない。

2　常任委員会を組織する委員の数は条例で定められ、議員は必ず一つの常任委員会の委員にならなければならないが、複数の常任委員になることはできない。

3　常任委員会は、その部門に属する当該地方公共団体の事務に関する調査を行い、議案、請願等を審査するが、重要な議案、請願等については、公聴会を開き、真に利害関係を有する者又は学識経験を有する者等から意見を聴くことができる。

4　議会運営委員会は、議会の運営に関する事項、議会の会議規則、委員会に関する条例等に関する事項、議長の諮問に関する事項について調査を行い、議案、請願等の審査をするが、公聴会を開くことはできない。

5　特別委員会は、会期中に限り、議会の議決により付議された事件を審査することができるとされ、常任委員会とは異なり、閉会中に継続審査をすることはできない。

Key Point

議会は、条例で常任委員会、議会運営委員会又は特別委員会を設置することができる。

常任委員会は、その部門に属する普通地方公共団体の事務に関する調査を行い、議案、請願等の審査を行う権限を有する。

常任委員会制度は、議会の内部的な機関として構成され、その機能は議会の予備審査的な性質をもつものであるが、必置の制度ではなく、この制度を採用するか否か、及び設置する数については、**普通地方公共団体の状況に応じて条例で定める**（法第109条第1項）。

常任委員会の活動は、議会の開会中に限られるが、議会の議決により付議された特定の事件については、閉会中も審査できる（法第109条第8項）。

常任委員会は、その部門に属する地方公共団体の事務に関する調査を行い、議会の付託により、議案、請願等の審査を行う（法第109条第2項）。

重要な議案、請願等については、公聴会を開き、利害関係人又は学識経験を有する者等から意見を聴くことができ（法第109条第5項及び第115条の2第1項）、普通地方公共団体の事務に関する調査又は審査のため必要があると認めるときは、参考人の出頭を求め、その意見を聴くことができる（法第109条第5項及び第115条の2第2項）。

1　**誤り**。常任委員会は、条例によって設置するが、その数は地方公共団体がその必要に応じて定める（法第109条第1項）。

2　**誤り**。そのような規定はない。

3　**正しい**。公聴会の制度は、常任委員会、議会運営委員会及び特別委員会に共通である（法第109条第5項及び第115条の2第1項）。なお、公聴会に加え、参考人の意見聴取もすべての委員会が行うことができる（法第109条第5項及び第115条の2第2項）。

4　**誤り**。議会運営委員会の権限、運営等は、原則として常任委員会と同じであり、公聴会を開くことも可能である（法第109条第5項及び第115条の2第2項）。

5　**誤り**。議会の議決により付議された特定の事件については、閉会中も継続審査をすることができる（法第109条第8項）。

正答　3

議会の組織⑥

No.34　　地方自治法に定める議会の委員会に関する記述として妥当なのは、次のどれか。　　　　　　　　　　**（東京都管理職試験改題）**

1　都道府県は、市町村と同様に常任委員会の設置については任意であり、また、常任委員会の数に制限はなく、必要に応じて条例で定めることとされている。

2　常任委員会を組織する委員の数は、議会の会議規則で定められ、議員は必ず一つの常任委員会の委員にならなければならないとされている。

3　常任委員会又は特別委員会は、全ての議案について提出することができる。

4　常任委員会は、自らの意思によってその所管に属する当該普通地方公共団体の事務に関する調査を行う権能を有しており、100条調査権と同様に、関係人の出頭、証言、記録の提出を要求することができる。

5　特別委員会は、常任委員会の所管に属さない特定の事件を審査するものであり、議会閉会中においては、継続審査についての議会の特別の議決がなくても当然に継続審査を行うことができる。

Key Point

　　委員会が議会の閉会中に審査を行うためには、継続審査に付す旨の議会の議決が必要である。

　　議会閉会中の継続審査に付された案件は、後会に継続するものであり、改めて提案する必要はない（行実昭25.6.2）。

平成24年の法改正により、議員の常任委員会への所属制限は廃止された。

　　　　常任委員会の活動は、開会中に限られるが、議決により、付議された特定の案件は閉会時も審査できる。この場合、この案件は当然に次の会期に継続する。常任委員会の運営について注意すべき点として、次のようなものがある。

①　2以上の常任委員会に関係する案件については、分割して付託することはできないとされる。この場合において、関係する常任委員会が合同して審査する手法等がある。

②　懲罰については、品位の保持（法第132条）、侮辱に対する処置（法第133条）及び懲罰（法第134条）以外の懲罰事由は、常任委員会については当然には適用されないとされる。

③　常任委員会には、当然には会議公開の原則（法第115条）の適用はないとされる。

1　**正しい**（法第109条第1項）。

2　**誤り**。平成24年の法改正により、所属制限は廃止された。なお、常任委員の定数は、条例中に明確に規定すべきであるとされる（行実昭31.9.28）。

3　**誤り**。委員会も議案が提案できるが、その部門に属する事務に関するものに限られる（法第109条第6項）。

4　**誤り**。常任委員会は、参考人の出頭を求め、その意見を聴くことができるが、100条調査権のような証言、記録の提出を要求することはできない（法第109条第5項）。

5　**誤り**。特別委員会も議会の議決により付議された事件でなければ、閉会中これを審査することができない（法第109条第8項）。

正答　1

議会の組織⑦

No.35　地方自治法に定める議会の常任委員会に関する記述として妥当なのは、次のどれか。　　　**（東京都管理職試験改題）**

1　常任委員会は、専門的な立場から議案の審査を行うことを目的とするものであり、普通地方公共団体の事務の部門ごとに設けなければならない。

2　会期不継続の原則は、常任委員会にも適用されるため、継続審査に付された事件を次の会期で議決するには、改めて議案提出の手続を要する。

3　議長は、いずれの常任委員会にも出席し発言する権能が与えられているため、特定の常任委員会の委員となることはできない。

4　都道府県は、市町村と異なり常任委員会を必置制としているが、常任委員会の数に制限はなく、必要に応じて条例で定めることとされている。

5　常任委員会は、その部門に属する当該地方公共団体の事務に関して調査することができるが、書面検査や実施監査にわたることはできない。

Key Point

　原則として議会で審議する案件は、まず、その所管の委員会で実質的な審議を行い、委員会の審議結果を踏まえて本会議で最終的な可否を決定するのが通常である。

　法的な位置づけとしては、議会は、委員会の審議結果に何ら拘束されるものではなく、可否を決定する上での参考にするにとどまる。

解説　　委員会に対する議案の付託は、１議案を１委員会に付託しなければならず、議案が２以上の委員会の所管にまたがるときであっても、１議案を分割付託すること又は２以上の委員会に付託することはできないとされている（**議案不可分の原則**。行実昭28.4.6）。

　議会から議案を付託された委員会は、その案件について独自の審査又は調査の権限を有する（**委員会審査独立の原則**）。

　複数の委員会の所管事項にまたがる内容の議案については、議案を付託された委員会が、その議案と関係のある他の委員会の委員を招いて、その意見を聞くことが必要となる場合がある。このような場合に、その議案と関係のある他の委員会と協議の上、連合してその議案を審査するのがいわゆる**合同（連合）審査会**である。

　合同（連合）審査会は、関連のある他の委員会の委員に質疑の機会を与えるにとどまり、討論及び表決は、議案の付託を受けた委員会が行う。

1　**誤り**。常任委員会は、「事務に関する部門ごとにこれを設ける」とされていたが、昭和31年法改正で廃止され、縦割り、横割りのいずれの方式も採用できることとなった。

2　**誤り**。会期不継続の原則（法第119条）の例外として、常任委員会は議会の議決により付議された特定の事件については、閉会中もなお審査することができ（法第109条第８項）、この場合、次の会期に改めて議案提出の手続を要しない。

3　**誤り**。議長は委員会に出席し、発言することができる（法第105条）。委員の選任その他委員会に関し必要な事項は、条例で定めるとしている（法第109条第９項）。

4　**誤り**。都道府県も市町村も、常任委員会を設置するか否かは任意であり、数にも制限がない（法第109条第１項）。

5　**正しい**（法第109条第２項、行実昭26.10.10）。

正答　5

議会の組織⑧

No.36　地方自治法に定める議会の委員会制度に関する記述として妥当なのは、次のどれか。　**（東京都主任試験改題）**

1　常任委員会は、当該普通地方公共団体の事務に関する調査について公聴会を開くことはできるが、参考人の出頭を求め、その意見を聞くことはできない。

2　常任委員会は、その固有の権能として、当該普通地方公共団体の事務の調査のため、強制的に選挙人その他の関係者の出頭及び証言を求めることができる。

3　特別委員会は、条例により設置され、議会の議決によって付議された事件を審査するが、その委員の選任に関し必要な事項は、条例で定めることとされている。

4　議会運営委員会は、特定の事件を審査するために設置されるが、その委員は会期の始めに議長により選任され、特別委員会の委員を兼ねることはできない。

5　議会運営委員会は、議会の運営又は議長の諮問に関する事項について調査を行うことができるが、議案、請願等を審査することはできない。

Key Point

議会運営委員会は、次に掲げる事項に関する調査を行い、議案、請願等を審査する（法第109条第3項）。

①　議会の運営に関する事項

②　議会の会議規則、委員会に関する条例等に関する事項

③　議長の諮問に関する事項

解説　　委員会は、重要な議案、請願等について公聴会を開くことができる（法第109条第5項）。この公聴会は、非公開とすることができず、公聴会の開催方法は、条例で定めるべきであるとされている（行実昭22.8.8）。

　また、当該普通地方公共団体の事務に関する調査又は審査のため必要があると認めるときは、参考人の出頭を求め、その意見を聴くことができる（法第109条第5項、第115条の2）。

　この場合、出頭を求められた参考人は、これに応ずる義務はあるが、職務上の守秘義務があること、健康上の理由、業務多忙である等、正当な理由がある場合には、出頭を拒むことができる。なお、参考人が正当な理由なく出頭に応じない場合であっても、いわゆる100条調査権の場合における証人と異なり、罰則がなく、これを強制することはできない。

　公聴会に参加した者及び出頭した参考人に対しては、要した実費を弁償しなければならない（法第207条）。

　議会運営を円滑に行うため、条例で議会運営委員会を設置できる。その場合には議会の運営等に関する事項は専管事項となる。また、議案、請願等の審査も行う（法第109条の2）。

1　**誤り**。法第109条第5項において準用する法第115条の2により、参考人の出頭を求め、その意見を聴くことは可能である。

2　**誤り**。設問のような権限は、付与されていない（法第109条）。

3　**正しい**（法第109条第1項、第4項及び第9項）。

4　**誤り**。特定の事件を審査するために設置されるのは、特別委員会である（法第109条第4項）。また、委員の選任に関し必要な事項は、条例で定めるとしている（法第109条第9項）。

5　**誤り**。議会運営委員会は、議案や請願等の審査を行うことができる（法第109条第3項）。

正答　3

議会の組織⑨

No.37　　地方自治法に規定する普通地方公共団体の議会の委員会に関する記述として、妥当なのはどれか。

(特別区管理職試験出題)

1　普通地方公共団体の議会の特別委員会は、議会の議決により付議された特定の事件については、議会の閉会中にこれを審査することができないが、常任委員会は、必置機関であるため、議会の閉会中にこれを審査することができる。

2　普通地方公共団体の議会の常任委員会は、議会の議決すべき事件のうちその部門に属する当該普通地方公共団体の事務に関するものにつき、議会に議案を提出することができるが、予算については、この限りでない。

3　普通地方公共団体の議会の常任委員会は、その部門に属する当該普通地方公共団体の事務に関する調査を行い、特に必要があると認めるときは、選挙人その他の関係人の出頭及び証言並びに記録の提出を請求することができる。

4　普通地方公共団体の議会の議員は、少なくとも一の常任委員会の委員になるものとし、当該委員は会期の始めに議会において選任し、議員の任期中在任することとされており、委員の選任に関し、条例で定める必要はない。

5　普通地方公共団体の委員会制度は、普通地方公共団体の組織に関する事項であり、委員会に関する条例の提案権は議長に専属するため、当該普通地方公共団体の長は、条例で常任委員会又は特別委員会を置くことができる。

Key Point

　議会において審議されていない事件についても、議会の議決により付議された特定の事件については、特別委員会を設置しうる（行実昭26.10.10）。

解説　　普通地方公共団体の議会の委員会には、①**常任委員会、②特別委員会、③議会運営委員会**がある（法第109条第1項）。

委員会は、議会の議決により付議された特定の事件について、閉会中においても、これを審査することができる（法第109条第8項）。

常任委員会は、**一般的な地方公共団体の事務に関する審査を行う**もので、法第109条第2項は、その部門に属する当該普通地方公共団体の事務に関する調査を行い、議案、請願等の審査を行うと定めている。

特別委員会は、**議会の議決により付議された特定の事件を審査する**（法第109条第4項）が、法第98条第1項及び第100条第1項の職務を行うための常設の特別委員会の設置はできないとされている（行実昭26.9.10）。

1　**誤り**。委員会は、議会の議決により付議された特定の事件について、閉会中も審査することができる（法第109条第4項、第8項）。

2　**正しい**（法第109条第6項）。予算は、普通地方公共団体の長が調製し、議会に提出する（法第211条第1項）。

3　**誤り**。委員会は、当該普通地方公共団体の事務に関する調査又は審査のため必要があると認めるときは、参考人の出頭を求め、意見を聴くことができる（法第109条第5項、第115条の2第2項）。

4　**誤り**。委員の選任その他委員会に関し必要な事項は、条例で定める（法第109条第9項）。

5　**誤り**。常任委員会に関する条例の発案権は、議員に専属する（行実昭22.8.8）。

正答　2

議会の組織⑩

No.38　地方自治法に定める議会の特別委員会に関する記述として妥当なのは、次のどれか。　**（東京都主任試験出題）**

1　特別委員会は、議会が規則により設置するもので、議会の運営に関する事項及び議会の議決により付議された事件を審査する。

2　特別委員会は、原則として、議会の会期中に限り議会の議決により付議された事件を審査するが、閉会中の継続審査に付された事件は、閉会中も審査することができる。

3　特別委員会は、特別の個々の事件を審査するために設けられるが、複数の常任委員会にまたがる事件については、審査することができない。

4　特別委員会は、議会の議決により付議された事件について、関係人の出頭又は記録の提出を要求するなど必要な調査を行うことはできるが、公聴会を開くことはできない。

5　特別委員会は、議会及び長において選任された委員により構成されるが、その委員は常任委員会の委員と兼ねることができない。

Key Point

　特別委員会は、常任委員会の所管すべき事件であっても、審査する必要があると議会が認める場合には設置できる。特別委員は、当然、常任委員と兼ねることになる。

　重要な議案、陳情等についての公聴会の開催、普通地方公共団体の事務に関する調査・審査のための参考人の出頭要請及び継続審査については、常任委員会と同様に可能である。

常任委員会制度を採用している普通地方公共団体の議会においては、2以上の常任委員会に共通する事件又は特に重要な案件のため特別の構成員により審査する必要がある場合に、特別委員会が設置される。1つの常任委員会のみの所管に属するような事件であっても必要があると認める場合には、特別委員会を設置できる（行実昭24.4.11）。

　特別委員会は、特に期限を付さない限り、次の会期まで存続するものであるから、次の会期中にさらに審査を終わらない場合は、再度審査に付する方法をとるべきであるとされている（行実昭27.10.31）。また、審査終了まで審査期限を延長する旨の議決がされた場合には、審査終了まで継続して審査できる（横浜地判昭56.12.23）。

　公聴会等については、各肢の解説を参照のこと。

1　**誤り**。特別委員会は、議会が条例により設置するものであり（法第109条第1項）、議会の議決により付議された事件を審査する（法第109条第4項）。

2　**正しい**（法第109条第8項）。

3　**誤り**。複数の常任委員会にまたがる事件についても設置できる。例として、予算特別委員会、決算特別委員会等がある。

4　**誤り**。常任委員会と同様、公聴会を開くことができる（法第109条第5項、第115条の2）。

5　**誤り**。委員の選任その他委員会に関し必要な事項は、条例で定めるとしている（法第109条第9項）。

　　　　　　　　　　　　　　　　　　　　　正答　2

議会の権限①

No.39 　地方自治法に定める普通地方公共団体の議会の権限に関する記述として妥当なのは、次のどれか。　**（東京都主任試験出題）**

1　議会は、議長及び副議長の選挙を行う権限を有し、その選挙の方法は、指名推選の方法を用いることはできず単記無記名投票によることと定められている。

2　議会は、当該普通地方公共団体の事務に関する書類及び計算書を検閲し、長その他の執行機関の報告を請求して、事務の管理、議決の執行及び出納を検査することができる。

3　議会は、当該普通地方公共団体の事務に関する調査のため、関係人の出頭及び証言を請求できるが、関係人が正当な理由なくこれを拒んだ場合でも罰則を科すことはできない。

4　議会は、当該普通地方公共団体の事務に関する調査のため、当該普通地方公共団体の長及び執行機関に限って照会又は記録の送付を求めることができる。

5　議会は、地方自治法においてその議決事件が制限列挙されており、条例で議決範囲を広げることはできない。

Key Point

　議会の基本的任務は、議決案件につき議決権を行使して地方公共団体の意思を形成することである。しかし議会の権限は、これに限られず、この他にもさまざまな権限が存在する。

議会の基本的任務は、議決案件につき議決権を行使して地方公共団体の意思を形成することである（法第96条）。

しかし、議会の権限はこれに限られず、この他にもさまざまな権限が存在する。

議会の権限を分類すると、

①議決権（法第96条）　②調査権（法第100条）

③選挙権（法第97条第１項等）　④同意権（法第162条等）

⑤決定権（法第127条第１項等）　⑥承認権（法第179条第３項等）

⑦検査権（法第98条第１項）　⑧監査請求権（法第98条第２項）

⑨意見提出権（法第99条）　⑩請願受理権（法第124条）

⑪報告・書類の受理権（法第122条）　⑫懲罰権（法第134条等）

⑬規則の制定権（法第120条等）など、きわめて多岐にわたっている。「議決」には、団体意思の決定である「議決」（法第96条）のほかに、同意や懲罰の決定などの機関意思の決定としての議決もある。一方で、議員の資格の「決定」などは、一種の審判作用とされる。

1　**誤り**。議会は、議員中に異議がないときは、議長及び副議長の選挙について、指名推選の方法を用いることができる（法第118条第２項）。

2　**正しい**（法第98条第１項）。

3　**誤り**。関係人が正当な理由なく拒んだ場合は、６か月以下の禁錮又は10万円以下の罰金を科すことができる（法第100条第３項）。

4　**誤り**。議会は、当該普通地方公共団体の事務に関する調査のため、長及び執行機関のほかにも、当該普通地方公共団体の区域内の団体等に対しても、照会又は記録の送付を求めることができる（法第100条第10項）。

5　**誤り**。法第96条第１項で議会の議決事件が制限列挙されているが、法第96条第２項では条例で議会の議決事件を定めることができることとされている。

正答　2

議会の権限②

No.40　　地方自治法に定める普通地方公共団体の議会の権限に関する記述として妥当なのは、次のどれか。**（東京都管理職試験改題）**

1　適正な対価なくして財産を譲渡する場合は議決を経る必要があるが、価額が等しい同一種類の財産の交換をする場合には議決を経る必要はない。

2　議会は、契約の締結を議決する権限を有するが、議決対象となる契約の予定価格の下限は、都道府県、指定都市、指定都市を除く市、町村の段階ごとに異なる。

3　議会は、地方公共団体の義務に属する損害賠償の額を議決により決定する権限を有するが、これには地方公共団体が民法上の損害賠償責任を負う場合は含まれない。

4　議会は、法律又はこれに基づく政令により選挙を行う権限を有するが、これには仮議長や選挙管理委員の選挙は含まれない。

5　議会は、長の予算の提出権を侵さない限度で予算を減額する権限を有するが、増額修正については制限されていない。

Key Point

　　議会の権限の中で、最も重要なのは議決権である。議会は、法第96条第1項に列挙された事項及び条例で指定された事項（法第96条第2項）について、議決権を行使し、地方公共団体の団体意思を決定する。議会の議決権は、上記事項に限定されており、任意に拡大することはできない。

解説　　　議会は、**法第96条第１項に列挙された事項及び条例で定められた事項**（ただし、法定受託事務に係るもののうち、国の安全に関することその他の事由により議会の議決すべきものとすることが適当でないものとして政令で定めるものは、条例で議決事項に加えることはできない。法第96条第２項）について、**議決権を行使**し、地方公共団体としての団体意思を決定する。これ以外の事項については、長その他の執行機関が「自らの判断と責任において」地方公共団体の事務を誠実に管理及び執行し（法第138条の２）、議会の議決権は及ばないことになる。

1　**誤り**。前段は正しいが、交換については条例で定める場合を除いて、議会の議決が必要である（法第96条第１項第６号）。価額や種類については関係がない。

2　**正しい**。議会は、契約の締結を議決する権限を持っている（法第96条第１項第５号）。施行令第121条の２第１項及び施行令別表第３に、都道府県、指定都市、指定都市を除く市、及び町村の段階ごとに予定価格の最低基準が定められている。

3　**誤り**。法第96条第１項第13号に定める「法律上その義務に属する損害賠償」は、国家賠償法により、損害賠償責任を負う場合のほかに、私法上の関係において、民法上の損害賠償責任を負う場合等も含まれる。

4　**誤り**。議会は、法律又はこれに基づく政令により選挙を行う権限を有する（法第97条第１項）。仮議長の選挙（法第106条第２項）、選挙管理委員及び補充員の選挙（法第182条）は、地方自治法に規定がある。他に、議長及び副議長の選挙（法第103条第１項）がある。

5　**誤り**。議会は、予算について増額修正することができるが、長の予算の提出の権限を侵さない範囲内である（法第97条第２項）。

正答　2

議会の権限③

No.41　　地方自治法に定める普通地方公共団体の議会の権限に関する記述として、妥当なのはどれか。　　　**（東京都主任試験出題）**

1　議会は、地方自治法においてその議決事件が制限列挙されており、条例でその範囲を広げることはできない。

2　普通地方公共団体が設置する公の施設を、長期かつ独占的に使用させる場合には議会の議決を経なければならない。

3　議会の議決が必要な契約については、政令で契約の種類及び金額が定められているため、議会が条例によって定めることはできない。

4　議会は、当該普通地方公共団体の事務に関する調査を行い、関係人の出頭及び証言並びに記録の提出を請求することができる。議会の請求を受けた者が、正当の理由なくこれに応じない場合は、罰則が科される。

5　議会は、外部監査人の監査に対し、外部監査人に対して意見を述べることはできないが、必要があると認めるときは、外部監査人の説明を求めることができる。

Key Point

　　議会の議決事件については、法第96条に規定されている。

　　これらの事件は制限列挙であり、議会の議決権は、上記事件と条例で定めた事項に限定されていることに留意が必要である。

議会は、**法第96条第１項に制限列挙された事項、及びこれに加えて条例で定められた事項**（ただし、法定受託事務に係る事項については、政令で定めるものを除く。法第96条第２項）について、**議決権を行使し、地方公共団体としての団体意思を決定する。**

法に列挙されている事項は、次のとおりである。

①条例の制定・改廃　②予算を定めること　③決算の認定

④地方税・手数料等の徴収　⑤重要な契約の締結

⑥財産の交換、適正な対価なしの譲渡貸付け等

⑦不動産の信託　⑧重要な財産の取得・処分

⑨負担付き寄附・贈与の受入れ　⑩権利の放棄

⑪重要な公の施設の独占的利用権の供与

⑫訴えの提起・和解等　⑬損害賠償額の決定

⑭公共的団体等の活動の総合調整

⑮その他法令（これらに基づく条例を含む。）により議会の権限に属する事項

1　**誤り**。議会の議決事件については、制限列挙されている。しかし、法定受託事務であって政令で定めるものを除き、条例で議決事件の範囲を広げることができる（法第96条第２項）。

2　**誤り**。条例で定める重要な公の施設についてのみ議決が必要となる（法第96条第１項第11号）。

3　**誤り**。議会の議決が必要な契約は、その種類及び金額について政令で定める基準に従い条例で定める（法第96条第１項第５号）。

4　**正しい**。法第100条第１項、第３項のとおり。この権限は100条調査権と呼ばれ、議会が議決権その他の権限を有効適切に行使するための重要な権限である。

5　**誤り**。議会は、外部監査人の監査に関し、外部監査人に対して意見を述べることができる（法第252条の34第２項）。

正答　4

議会の権限④

No.42　地方自治法に定める地方公共団体の議会の議決に関する記述として、妥当なのはどれか。　**（東京都主任試験出題）**

1　議会は、予算案について増額修正することができるが、増額とは全体として増額しないでも各款項を増額する場合をいい、予算全体を増額する場合は含まない。

2　条例で指定する重要な契約の締結については、個々の契約ごとに議会の議決を要するが、地方公営企業の業務に関する契約の締結については、金額が政令で定める基準を超えた場合に限り、議会の議決を要する。

3　不動産の信託について、条例により一般的取扱基準を定めた場合には、改めて個々の行為について、議会による個別議決を要しない。

4　地方公共団体の有する権利を放棄するには議会の議決が必要であるが、権利の放棄には権利者の意思行為により権利を消滅させる場合だけではなく、単に権利を行使しない場合も含まれる。

5　地方公共団体が民事上又は行政上の争訟及びこれに準ずべきものの当事者となる場合は、議会の議決が必要であるが、地方公共団体が被告となって応訴する場合は、議会の議決を要しない。

Key Point

　議会の議決は、法第96条第1項に列挙された事項及び条例で指定された事項（法第96条第2項）に限定されている。

　予算の議決については、増額して議決することができる（法第97条第2項）。

解説 議会の議決事項については、法第96条第1項において制限列挙したうえで、第2項により、条例をもって、その議決すべき事項を追加して定めることができることとされている。

議会は、予算について、増額して議決することができる。ただし、長が提案した予算の趣旨を損なうような増額修正をすることはできない（法第96条第1項第2号、第97条第2項）。

契約締結の議決と財産の取得・処分等に関する議決については、地方公営企業の業務の用に関するものは、本法の適用はない（地方公営企業法第40条第1項、法第96条第1項第5号から第8号まで）。

不動産の信託は、普通財産である土地（その土地の定着物も含む。）を対象とし、当該普通地方公共団体を受益者とする場合に限り、議会の議決によって信託することができる（法第96条第1項第7号、第238条の5第2項、昭61.5.30通知）。

「訴えの提起」は議決を要するが、被告となって応訴する場合は該当しない（法第96条第12項）。

1　**誤り**。議会は、長の予算の提出権を侵さない範囲であれば、予算全体の増額修正が可能である（法第97条第2項）。

2　**誤り**。その種類及び金額について政令で定める基準に従い条例で定める契約の締結については、議会の議決が必要である（法第96条第1項第5号）が、地方公営企業の業務に関する契約の締結については、条例又は議会の議決によることを要しない（地方公営企業法第40条第1項）。

3　**誤り**。不動産の信託については、議会の議決が必要である（法第96条第1項第7号）。

4　**誤り**。単に権利を行使しない場合は、ここにいう権利の放棄には含まれない。

5　**正しい**（法第96条第1項第12号）。

正答　5

議会の権限⑤

No.43　　普通地方公共団体の長の専決処分に関する記述として妥当なのは、次のどれか。　　　　　　**（東京都管理職試験出題）**

1　長は、議会が不成立の場合、議決すべき事件を専決処分にすることができるが、次の会議において議会の承認が得られなかったときにおいても、この専決処分の法律上の効力には影響がない。

2　長は、議会が議決すべき事件を議決しないとき専決処分にすることができるが、その事件には法令上又は事実上議決が必要とされるもののほか、議会において行われる選挙も含まれる。

3　長は、議会が法令により負担する経費又はその他の普通地方公共団体の義務に属する経費にかかる予算を否決したときには、専決処分によって当該経費を支出することができる。

4　長は、議会の議決により特に指定された軽易な事項について専決処分ができるが、議会はいったん指定した事項については、将来に向かってその指定を廃止する旨の議決をすることはできない。

5　長は、議会の議決により特に指定された事項について専決処分を行い、次の会議においてその専決処分を議会に報告しなかったときには、この専決処分は撤回されたものとみなされる。

Key Point

地方公共団体の長は、議会の議決すべき案件（法第96条）については、議会の議決を経て執行しなければならないのが原則である。しかし、例外として長が専決処分をすることができる場合について、法第179条及び第180条に定められている。

議会で議決すべき事件又は決定すべき事件に関して、
必要な議決又は決定が得られない場合の補充的手段とし
て、長に専決処分の権限が認められている（法第179条
第１項）。専決処分ができる場合は、**①議会が成立しないとき、②
法第113条ただし書の場合においてなお会議を開くことができない
とき、③議会の議決すべき事件について特に緊急を要するため議会
を召集する時間的余裕がないことが明らかであるとき、④議会が議
決すべき事件を議決しないとき、**である。

専決処分は、条例の制定、予算の議決などを含め、**議会の議決事
項すべてに及ぶが**、議会において行う選挙はこれに含まれない。ま
た、**議会の議決事項のうち軽易な案件で議会が議決して長の専決処
分とする旨を指定した事項**についても、長が専決で処分することが
できる（法第180条第１項）。

長が法第179条に基づき専決で処分したときは、その旨を次の会
議において議会に報告し、軽易な議決案件以外については、議会の
承認を得なければならない（法第179条第３項）。承認が得られない
場合、当該処分の効力には影響はないが（行実昭26.8.15）、長の政
治上の責任が残る。法第180条に基づく専決処分については、議会
への報告で足りる（法第180条第２項）。

なお、議会と長との関係については、No.68以降を参照のこと。

1　**正しい**。法律上の効力には影響はない（行実昭26.8.15）。

2　**誤り**。選挙、不信任議決、意見書の提出のような事務執行と関
　係のない事項については対象とならない。

3　**誤り**。長は、理由を示して再議に付さなければならない（法第
　177条第１項）。

4　**誤り**。専決処分指定事項につき、議会は、将来に向かって指定
　を廃止する旨の議決をすることができる（行実昭35.7.8）。

5　**誤り**。報告の時期について明文の規定はなく（法第179条の場
　合との相違に注意を要する。）、次の会議において議会に報告しな
　かった場合でも、処分の効力には影響がない。

　　　　　　　　　　　　　　　　　　　　　　正答　　1

議会の権限⑥

No.44　地方自治法に定める普通地方公共団体の議会の検査権に関する記述として妥当なのは、次のどれか。

（東京都管理職試験改題）

1　議会は、当該普通地方公共団体の長の権限に属する事務に関して、書類及び計算書を検閲して議決の執行を検査することができ、違法又は不当な事実が判明したときは、その是正を命ずることができる。

2　議会は、当該普通地方公共団体の長の権限に属する事務に関して、長の報告を請求して事務の管理を検査することができるが、この検査を、その付託により常任委員会又は特別委員会に行わせることはできない。

3　議会は、当該普通地方公共団体の事務に関して、長その他の執行機関の報告を請求して議決の執行を検査することができるが、実地に検査を行うことはできない。

4　議会は、当該普通地方公共団体の事務に関して、関係人の出頭を求めて出納を検査することができ、必要な場合は、その議決により実地に検査を行うことができる。

5　議会は、当該普通地方公共団体の事務に関して、書類及び計算書を検閲して出納を検査することができ、この権限は、その議決により会計管理者に委任することができる。

Key Point

　議会の権限の一つとして、当該地方公共団体の事務の執行状況についての検査及び監査委員に対する監査の請求を行う権限（検査権及び監査請求権。法第98条）がある。

議会は、普通地方公共団体の事務に関する書類及び計算書を検閲し、普通地方公共団体の長又は各行政委員会若しくは委員の報告を請求して、事務の管理、議決の執行及び出納を検査することができる（**検査権**。法第98条第１項）。検査の対象は、**自治事務及び法定受託事務**（政令で定めるものを除く。）である。検査はもっぱら**書面による検査であり、実地検査は許されない**ものと解されている。検査には議会の**議決が必要**とされる。

　また、議会は、監査委員に対し、普通地方公共団体の事務に関する監査を求め、監査の結果に関する報告を請求することができる（**監査請求権**。法第98条第２項）。

1　**誤り**。議会が書類及び計算書を検閲できる事務は、「当該普通地方公共団体の事務」であり、長の権限に属する事務ではない。また、違法等の事実が判明しても議会は、是正を命ずる権限はない（法第98条第１項）。

2　**誤り**。前段については、肢１の解説参照。検査実施の方法としては、委員会に委任する議決を経て、常任委員会又は特別委員会に委任して行わせることができる（行実昭24.4.11）。

3　**正しい**。議会は、実地検査を行うことはできず、必要がある場合には、監査委員に検査を行わせるべきであるとされる（行実昭28.4.1）。

4　**誤り**。議会の検査権の行使は、書類及び計算書の検閲や長等からの報告を請求することにとどまり、関係人の出頭を求めることまではできない（法第98条第１項）。また、議会は、実地に検査できない（肢３の解説参照）。

5　**誤り**。前段は正しい。議会が検査権を委任できるのは、議決により、常任委員会又は特別委員会に行わせる場合のみであり（肢２の解説参照）、会計管理者には委任できない。

正答　3

議会の権限⑦

No.45　　地方自治法における普通地方公共団体の議会の意見表明権に関する記述として妥当なのは、次のどれか。

（東京都主任試験改題）

1　議会は、当該普通地方公共団体の長に意見を述べることができ、これを受けた長はこの意見の内容に法的に拘束される。

2　議会は、当該普通地方公共団体の公益に関する事件につき、意見書を関係行政庁に提出することができる。

3　議会は、国の事務については、国の権限を侵害するおそれがあるので、国の行政機関に意見を述べることはできない。

4　議会の意見書については、当該普通地方公共団体の意思とされ、当該普通地方公共団体の長の名で関係行政庁に提出すると規定されている。

5　議会の意見書については、意見書の提出を受けた関係行政庁は受理するかどうかの選択権を有すると規定されている。

Key Point

　　議会は、当該普通地方公共団体の公益に関する事件について、国会又は関係行政庁に意見書を提出することができる（法第99条）。

解説 議会は、当該普通地方公共団体の公益に関する事件につき**意見書を国会又は関係行政庁に提出することができる**（**議会の意見書提出権**。法第99条）。

普通地方公共団体の事務に属するものに限らず、当該普通地方公共団体の**公益に関係するすべての事項**が対象となる。

意見の提出先は、国会又は関係行政庁である。「関係行政庁」とは、国、地方の機関を問わず、意見書の内容に関係のある行政機関という意味である。当該普通地方公共団体の行政機関も含まれる。行政庁に限られるため、裁判所等は含まれない。なお、「国会」が、地方議会の活性化という観点から、平成12年の法改正により追加された。

意見書の提出及びその意見の内容は、議会自身が決定すべき権限であるから、その**議決は機関意思の決定としての議決**である。したがって、発案権は、議員に専属し、議長名によるべきである（行実昭25.7.20）。

意見書の提出を受けた国会及び関係行政庁は、**少なくとも受理の義務はある**ものと解されているが、意見書に対して回答その他積極的な行為をする義務まではないとされる。なお、いわゆる地方六団体が内閣に意見を申し出る際には、内閣は遅滞なく回答するよう努めることとされ、当該意見が地方公共団体に新たな事務又は負担を義務づけると認められる国の施策に関するものであるときは、内閣は回答する義務がある（法第263条の3）。

1 **誤り**。意見書の提出を受けた長は、受理の義務はあるが、これに拘束されるものではないと解されている。

2 **正しい**（法第99条）。

3 **誤り**。地方公共団体の公益に関係するすべての事項が対象となり、国の機関にも提出できる。

4 **誤り**。意見書は、機関たる議会の意思であるから、それを外部に提出する場合は議長名を用いる（行実昭25.7.20）。

5 **誤り**。少なくとも受理の義務はあるものと解されている。

正答　2

議会の権限⑧

No.46　地方自治法第100条に規定する普通地方公共団体の議会の
調査権に関する記述として、妥当なのはどれか。

（特別区管理職試験改題）

1　普通地方公共団体の議会は、当該普通地方公共団体の法定受託
事務について、国の安全を害するおそれがあることその他の事由
により議会調査の対象とすることが適当でないものとして政令で
定めるものを除き、調査を行うことができる。

2　普通地方公共団体の議会は、選挙人その他の関係人が公務員たる地
位において知り得た事実については、その者から職務上の秘密に属す
るものである旨の申立を受けたときは、当該官公署の承認がなくて
も、当該事実に関する証言又は記録の提出を請求することができる。

3　普通地方公共団体の議会が、当該普通地方公共団体の事務に関
する調査を行うため、当該普通地方公共団体の区域内の団体等に
対し照会をし又は記録の送付を求めたときは、当該団体等（国の
行政機関を含む）は、その求めに応じなければならない。

4　普通地方公共団体は、その議会の議員の調査研究に資するため
必要な経費の一部として、その議会の会派又は議員に対し、政務
活動費を交付することができ、交付の対象、額及び交付の方法
は、規則で定めなければならない。

5　普通地方公共団体の議会は、議員の調査研究に資するため、図
書室を付置し、官報及び政府が市町村に特に関係があると認める
政府の刊行物を保管して置かなければならないが、一般にこれを
利用させることはできない。

Key Point

　調査の対象となる事務は、当該普通地方公共団体の事務であ
り、「自治事務」か「法定受託事務」かを問わないが、事務の
性質上、議会の調査の対象としないことが適当であると考えら
れるものは政令で除かれている。

解説　議会は、**普通地方公共団体の事務**（自治事務のうち政令で定めるものを除き、法定受託事務のうち国の安全を害するおそれがあることその他の事由により議会の調査の対象とすることが適当でないものとして政令で定めるものを除く。）**に関する調査**を行い、関係人の出頭及び証言並びに記録の提出を求めることができ（法第100条第1項）、当該普通地方公共団体の区域内の団体等に対しても、照会又は記録の送付を求めることができる（同第10項）。関係人が正当な理由なく要請に応じないときは、6か月以下の禁錮又は10万円以下の罰金（同第3項）、虚偽の陳述をしたときは、3か月以上5年以下の禁錮が科せられる（同第7項）。議会には、このような**強制力を伴った調査権**が認められている。

議会は、関係人が公務員たる地位において知り得た事実については、その者から職務上の秘密に属するものである旨の申立を受けたときは、当該官公署の承認がなければ、当該事実に関する証言又は記録の提出を請求することができない（同第4項）。

普通地方公共団体は、条例で定めるところにより、議員の調査研究その他の活動に資するため必要な経費の一部として、政務活動費をその議会における会派又は議員に交付することができ、交付の対象、額及び交付の方法並びに経費の範囲は、条例で定めなければならない（同第14項）。

令和5年の法改正により、政務活動費の交付を受けた会派又は議員は、条例の定めるところにより、当該政務活動費に係る収入及び支出の状況を書面又は電磁的記録をもって議長に報告するものとされた（同第15項）。

1　**正しい**（法第100条第1項）。

2　**誤り**。当該官公署の承認がなければ、当該事実に関する証言又は記録の提出を請求することができない（法第100条第4項）。

3　**誤り**。団体等には国の行政機関は含まない（行実昭23.3.23）。

4　**誤り**。条例で定めなければならない（法第100条第14項）。

5　**誤り**。図書室は、一般にこれを利用させることができる（法第100条第19項、第20項）。

正答　1

議会

議会の権限⑨

No.47　地方自治法第100条に規定する普通地方公共団体の議会の調査権に関する記述として、妥当なものはどれか。

（特別区管理職試験改題）

1　普通地方公共団体の議会は、当該普通地方公共団体の事務に関する調査を行うことができ、この場合において、特に必要があると認めるときは、一般的包括的に当該普通地方公共団体の事務の全般について調査する旨の議決をなすことができる。

2　普通地方公共団体の議会は、当該普通地方公共団体が負担金を支出している団体に対し、当該負担金が町村会の団体の収入として適確に受け入れられているかどうかを調査することはできるが、特定の目的のための財政的援助の性質を持つ負担金が適切に使用されているかどうかを調査することはできない。

3　普通地方公共団体の議会は、関係人が公務員たる地位において知り得た事実について、職務上の秘密に属する旨の申立を受けたときは、当該官公署の承認がなければ当該事実に関する記録の提出を請求することができないが、この場合において当該官公署は、理由を疎明することなく承認を拒むことができる。

4　普通地方公共団体の議会が、当該普通地方公共団体の事務に関する調査を行うため、当該普通地方公共団体の区域内の団体等に対し照会をし又は記録の送付を求めたときは、当該団体等は、その求めに応じなければならないが、この団体等には国の行政機関も含まれる。

5　普通地方公共団体の議会は、当該普通地方公共団体の事務に関する調査を行う場合においては、あらかじめ、予算の定額の範囲内において、当該調査のため要する経費の額を定めて置かなければならず、その額を超えて経費の支出を必要とするときは、更に議決を経なければならない。

Key Point

　議会は、当該普通地方公共団体の事務に関する調査を行う場合においては、予め、予算の定額の範囲内において、当該調査のため要する経費の額を定めて置かなければならない。その額を超えて経費の支出を必要とするときは、更に議決を経なければならない。

| 解説 |

　議会の調査権の行使において、関係人の証言を請求する場合には、特別な場合を除いて、民事訴訟に関する法令の規定中証人の尋問に関する規定が準用される（法第100条第2項）。ただし、過料、罰金、拘留又は勾引に関する規定は、この限りでない（同項ただし書）。

　なお、議会は、議案の審査又は当該普通地方公共団体の事務に関する調査のためその他議会において必要があると認めるときは、会議規則の定めるところにより、議員を派遣することができる（法第100条第13項）。

1　誤り。一般包括的に事務全般について調査する旨の議決はなしえない（行実昭29.9.15）。
2　誤り。当該負担金が特定の目的のために適切に使用されているかという点までが調査の対象となるものと解する（行実昭44.12.10）。
3　誤り。当該官公署が承認を拒むときは、その理由を疏明しなければならない。（法第100条第4項）。
4　誤り。普通地方公共団体の議会は、当該普通地方公共団体の区域内の団体等に対し照会をし又は記録の送付を求めることができるが、国の行政機関は含まれない（法第100条第10項）。
5　正しい（法第100条第11項）。

正答　5

議会の権限⑩

No.48　地方自治法に定める請願に関する記述として妥当なのは、次のどれか。　　　　　　　　　　　　　　　　　**（東京都管理職試験出題）**

1　請願は、憲法で保障されている権利であり、権利能力なき社団や普通地方公共団体の機関としての教育委員会も当該普通地方公共団体に対して請願することができるとされている。

2　請願は、参政権としての性格を有するものであり、個人が請願する場合には、当該普通地方公共団体の長の選挙権を有している者に限って認められるが、選挙権を有しない者には認められないとされている。

3　請願は、普通地方公共団体の議会の開会中であると閉会中であるとを問わず、所定の様式が整っている請願が議長に提出された場合には、議長はこれを受理することができるとされている。

4　請願は、民主主義の要請により認められた権利であるが、請願書が提出された普通地方公共団体の事務に関係がなく当該普通地方公共団体において措置できない事項の請願書について、議長は受理を拒むことができるとされている。

5　請願は、一定の事項について適当な措置を講じるよう普通地方公共団体に対して訴えることであり、請願権者は議員の紹介を必要とせずに請願書を提出することができるとされている。

Key Point

　請願は、憲法（第16条）及び法律（請願法等）で保障された国民の権利である。地方自治法では、普通地方公共団体の議会に請願しようとする者は、議員の紹介により請願書を提出しなければならない（法第124条）と規定されている。

解説 　請願とは、国又は地方公共団体の機関に対し、その職務上のあらゆる事項について希望を述べることをいう（憲法第16条参照）。ただし、その権限の行使に伴い具体的な法的効果が生じるものではないものとされている。請願に関する一般法として請願法があるが、地方公共団体の議会に対する請願については地方自治法に定められている。

　議会に請願するためには、議員の紹介を必要とする（法第124条）。請願できる者については、日本国民、外国人を問わず（行実昭23.6.16）、当該普通地方公共団体の住民であることを問わず（行実昭25.3.16）、権利能力のない社団の代表者も認められる（行実昭38.4.11）。ただし、市町村の議会が都道府県の議会に請願したり、普通地方公共団体の機関が、一機関として当該地方公共団体の議会に請願することはできないものと解されている。

　請願はその形式、手続が整っていれば必ず受理しなければならず、この点で陳情とは異なっている。提出された請願を採択するかどうかは議会の自由であるが、採択した請願については地方公共団体の長等の機関に送付し、その処理の経過及び結果の報告を請求することができる（法第125条）。

1 　誤り。普通地方公共団体の機関が、一機関として当該普通地方公共団体の議会に請願することはできない。
2 　誤り。「請願しようとする者」とは、当該普通地方公共団体の住民のみならず、他のすべての住民（自然人たると法人たるとを問わない。）を指す（行実昭25.3.16）。
3 　正しい（行実昭48.9.25）。
4 　誤り。請願は、憲法、法律に規定された国民の権利であるから、法定の形式を具備していれば、議長において受理を拒む権限はない（行実昭26.10.8）。
5 　誤り。請願しようとする者は、議員の紹介により請願書を提出しなければならない（法第124条）。

正答　3

議会の権限⑪

No.49　地方自治法に規定する普通地方公共団体の議会の議員の懲罰に関する記述として、妥当なのはどれか。

（特別区管理職試験出題）

1　普通地方公共団体の議会の議員に対する懲罰処分の発生の時期は、本人に対しその旨の通知がなされたときであり、議決のときではない。

2　普通地方公共団体の議会は、除名された議員で再び当選した議員を拒むことができる。

3　普通地方公共団体の議会は、地方自治法及び会議規則に違反した議員に対し、議決により懲罰を科することができるが、委員会に関する条例に違反した議員に対し、議決により懲罰を科することはできない。

4　普通地方公共団体の議会の議員が正当な理由がなくて会議に欠席したため、議長が、特に招状を発しても、なお故なく出席しない者は、議長において、議会の議決を経て、これに懲罰を科することができる。

5　普通地方公共団体の議会の議員が会議規則に違反して秘密会の議事をもらした場合、その秘密性が継続しているとしても、次の会期において懲罰を科することはできない。

Key Point

　懲罰の動議を議題にするには、議員定数の8分の1以上の者の発議が必要である。除名については、在職議員の3分の2以上の者が出席し、その4分の3以上の者の同意が必要である。なお、除名以外の懲罰は、過半数議決で足りる。

会議体としての議会の規律と品位を保つために、議会には、議員に対する懲罰権が認められている。懲罰の対象になるのは、地方自治法、会議規則及び委員会に関する条例に違反する議会内における議員の行為に限られる（法第134条）。この場合の地方自治法の規定としては、議場の秩序維持（法第129条）、品位の保持（法第132条）、欠席議員の懲罰（法第137条）などがある。

　懲罰の理由となるのは、議会の運営において、議会の品位をけがし、その権威を失墜する言動又は議会の円滑な運営を阻害する言動に限られる。議会の運営と全く関係のない議員の議場外における個人的行為は、懲罰事由とすることはできないとされている（最判昭28.11.20）。

　懲罰の種類は、①公開の議場における戒告、②公開の議場における陳謝、③一定期間の出席停止及び④除名の4種である（法第135条）。

　①から③までの懲罰は、議会の内部規律に属するもので、一般の行政庁の処分と同様に解すべきものではないから、不服申立ての対象とならない。除名処分のみ対象となる（自治大臣審決昭39.10.19）。③及び④の効力は、議会の議決により直ちに生じ、別に通知行為を要しない（行実昭25.10.9）。

1　**誤り**。議決のときであり、本人に対しその旨の通知がなされたときではない（行実昭25.10.9）。
2　**誤り**。拒むことができない（法第136条）。
3　**誤り**。委員会に関する条例に違反した議員に対しても、議決により懲罰を科することができる（法第134条第1項）。
4　**正しい**（法第137条）。
5　**誤り**。その秘密性が継続する限り次の会期において懲罰を科し得る（行実昭25.3.18）。

正答　4

議会の運営①

No.50　　地方自治法に定める議会の定例会又は臨時会に関する記述として妥当なのは、次のどれか。　　**（東京都主任試験改題）**

1　定例会は、毎年度条例で定める回数を招集しなければならず、その会期は議長がそのつど決定する。

2　定例会は、会議に付議すべき事件がない場合でも招集されなければならず、その会期を延長することができない。

3　臨時会は、必要がある場合において、特定の事件を審議するために、普通地方公共団体の長がこれを招集する。

4　臨時会は、定数の10分の1以上の議員が招集の請求を議長に対して行ったときは、必ず開かれなければならない。

5　臨時会は、会議に付議すべき事件の告示をすることなしに招集され、議員は会期中いかなる案件でも提出することができる。

Key Point

　　議会は定例会と臨時会に区分され、定例会の招集回数は条例事項とされている。議会は長が招集するが、議長が議会運営委員会の議決を経て、臨時会の招集の請求をした場合又は議員定数の4分の1以上のものから臨時会の招集の請求があった場合には、長はこれを招集しなければならない。

　　招集の告示は、長が都道府県及び市にあっては開会の日前7日までに、町村にあっては3日までに行わなければならない。ただし、急施を要する場合は、この限りでない。

　　議会の会期、延長及び開閉に関する事項は、議会が定める。

　　なお、条例で定めるところにより、定例会及び臨時会とせず、通年の会期とすることができる。

解説 普通地方公共団体の議会は、定例会と臨時会に区分され、**定例会は、条例で定める回数招集しなければならない**（法第102条第2項）。なお、条例で規定することにより、定例会及び臨時会とせず、会期を通年とすることができる（法第102条の2第1項）。

議会は長が招集するが、議長が議会運営委員会の議決を経て、臨時会の招集の請求をした場合又は議員定数の4分の1以上のものから臨時会の招集の請求があった場合には、長は請求のあった日から20日以内にこれを招集しなければならない（法第101条第3項及び第4項）。なお、臨時会の招集請求に対して長が招集しないときは、議長が招集する場合がある（法第101条第5項及び第6項）。

臨時会は、必要がある場合において、その事件に限り招集される（法第102条第3項）。長は、あらかじめ臨時会に付議すべき事件を告示しなければならない（法第102条第4項）。なお、**急施を要する事件がある場合には、直ちに会議に付議することができる**（法102条第6項）。

1 **誤り**。定例会は、毎年条例で定める回数招集しなければならない（法第102条第2項）。「毎年」とは、暦年であり会計年度の意ではない（行実昭27.9.19）。また会期は、議会が定める（法第102条第7項）。

2 **誤り**。定例会は、付議事件の有無を問わず招集されるが、招集後の会期の延長等、議会の運営は議会が定める（法第102条第7項）。

3 **正しい**（法第102条第3項及び法第101条第1項）。

4 **誤り**。議員定数の4分の1以上のものから臨時会の招集の請求があった場合には、長は請求のあった日から20日以内にこれを招集しなければならない（法第101条第3項及び第4項）。

5 **誤り**。急施を要する事件については、直ちに会議に付すことができるが、これ以外の事件については、あらかじめ告示しなければならない（法第102条第4項から第6項まで）。

正答 3

議会の運営②

No.51　地方自治法に定める通年の会期に関する記述として、妥当なのはどれか。　　　　　　　　　　　　　　（東京都主任試験出題）

1　通年の会期の場合、始期として条例で定める日の到来をもって、長が当該日に議会を招集したものとみなす。

2　通年の会期の場合、会議規則により、毎月１日以上定期的に会議を開く日を定めなければならない。

3　会期中に議員の任期が満了した日又は議会が解散した日をもって会期が終了した場合、議長は一般選挙により選出された議員の任期が始まる日から20日以内に議会を招集しなければならない。

4　長は、議長に対し、会議に付議すべき事件を示して、定例日以外の日において会議を開くことを請求できない。

5　長は、議会の審議に必要な説明のため議長から出席を求められた場合、議場に出席できないことについて正当な理由があるときは、その旨を議長に届け出ることなく出席義務が解除される。

Key Point

　　地方公共団体の議会について、条例により、定例会・臨時会の区分を設けず、通年の会期とすることができる。通年の会期とは、条例で定める日から翌年の当該日の前日までを会期とすることである（法第102条の２第１項。いわゆる「通年議会」又は「通年会期制」）。

　　通年の会期を選択した場合、定期的に会議を開く日（定例日）を条例で定めなければならない（法第102条の２第６項）。

解説 普通地方公共団体の議会は、条例で定めるところにより定例会及び臨時会とせず、会期を通年とすることができる。

その場合、条例で定める日から翌年の当該日の前日までが会期となり、当該条例で定める日の到来をもって、長が議会を招集したものとみなす（法第102条の2第1項及び第2項）。

また、会期中において、議員の任期が満了したとき、議会が解散されたとき又は議員が全てなくなったときは、その日をもって、会期は終了し、長は、一般選挙により選出された議員の任期が始まる日から30日以内に議会を招集しなければならない（法第102条の2第3項及び第4項）。

会期を通年とする場合、住民にとって予見可能性のある形で会議が開かれるようにするために、定期的に会議を開く日（以下「定例日」という。）を条例で定めなければならない（法第102条の2第6項）。

定例日以外の日においても、長は、議長に対し、会議に付議すべき事件を示して会議を開くことを請求することができる。

当該請求のあった場合、都道府県及び市にあっては7日以内、町村にあっては3日以内に、議長は、会議を開かなければならない（法第102条の2第7項）。

1 **正しい**（法第102条の2第2項）。

2 **誤り**。会議の日については必ずしも毎月1日以上とする必要はない。

3 **誤り**。議会を招集するのは、議長ではなく長である。また、20日以内ではなく30日以内である。

4 **誤り**。長は、議長に対し、会議に付議すべき事件を示して定例日以外の日において会議を開くことを請求することができる。

5 **誤り**。長（その他に教育長、選挙管理委員会の委員長等）は、議場に出席できないことについて正当な理由があるときは、その旨を議長に届け出ることにより出席義務が解除される。

正答　1

議会の運営③

No.52　地方自治法に規定する普通地方公共団体の議会の会議に関する記述として、妥当なのはどれか。

（特別区管理職試験出題）

1　普通地方公共団体の議会の議員は、予算について議会に議案を提出するに当たっては、議員の定数の12分の1以上の者の賛成がなければならないが、この12分の1以上の者には、議案の提出者は含まない。

2　普通地方公共団体の議会は、議長又は議員3人以上の発議により、出席議員の3分の2以上の多数で議決したときは、秘密会を開くことができるが、当該議長又は議員の発議は、討論を行わないでその可否を決しなければならない。

3　普通地方公共団体の議会の議事は、地方自治法に特別の定めがある場合を除いて、出席議員の過半数でこれを決し、可否同数のときは、議員として議決に加わる権利を有する議長の決するところによる。

4　普通地方公共団体の議会において、会期中に議決に至らなかった事件は、当然に後会に継続し、議会の議決により閉会中の審査に付された議案は、次の会期に新たに提案することを要しない。

5　普通地方公共団体の議員は、自己又は父母若しくは兄弟姉妹の一身上に関する事件については、その議事に参与することができないが、当該地方公共団体の長の同意があったときは、会議に出席し、発言することができる。

Key Point

　議案の提出権は長と議員の双方が有しており、提出権が長に専属するものを除き、議員は議案を提出することができる。議員による議案の提出に当たっては、議員の一定数以上の者の賛成がなければならない（法第112条）。

解説 普通地方公共団体の議会の議員は、議会の議決すべき
事件について、議会に議案を提出することができる（**議
員の議案提出権**）。ただし、予算についてはこの限りで
なく（法第112条第1項ただし書）、また、**議案を提出する際は、議
員定数の12分の1以上の者の賛成を得ること**が要件とされる（法
第112条第2項）。なお、議員定数の「12分の1」以上には議案の提
出者を含めて計算する。また、12分の1以上の者の賛成は、議案の
提出の際の要件であって、審議継続の要件ではない（行実昭
31.9.28）。

　議長及び議員は、自己若しくは父母、祖父母、配偶者、子、孫若
しくは兄弟姉妹の一身上に関する事件又は自己若しくはこれらの者
の従事する業務に直接の利害関係のある事件については、その議事
に参与することができない。ただし、議会の同意があったときは、
会議に出席し、発言することができる（法第117条）。なお、法第
117条ただし書の場合において、発言を目的としない議場への出席
は、法の予想するところでない（行実昭34.12.21）。

1　**誤り**。予算案は提出権が長に専属しており、議員は提出できな
　い（法第112条第1項）。
2　**正しい**（法第115条）。
3　**誤り**。議長は、議員として議決に加わる権利を有しない（法第
　116条）。
4　**誤り**。会期中に議決に至らなかった事件は、原則として後会に
　継続しない（法第119条。会議不継続の原則）。
5　**誤り**。議会の同意があったときは、会議に出席し、発言するこ
　とができる（法第117条）。

正答　2

議会の運営④

No.53　地方自治法に定める普通地方公共団体の議会の定足数に関する記述として妥当なのは、次のどれか。

（東京都管理職試験出題）

1　議会は、原則として議員の定数の半数以上の議員が出席しなければ会議を開くことができないが、同一の事件につき再度招集してもなお半数に達しないときは会議を開くことができる。

2　議会は、原則として議員の定数の半数以上の議員が出席しなければ会議を開くことができないが、在職議員数が定数の半数に満たない場合は、在職議員数の半数以上の議員が出席すれば会議を開くことができる。

3　議会は、原則として議員の定数の半数以上の議員が出席しなければ会議を開くことはできないが、議長は、この議員の定数から除外され、出席議員数にも含まれない。

4　議会は、原則として在職議員数の半数以上の議員が出席しなければ会議を開くことができないが、この定足数は会議を継続するための要件ではないので、会議の途中で定足数を欠いてもそのまま会議を継続することができる。

5　議会は、原則として在職議員数の半数以上の議員が出席しなければ会議を開くことができないが、長の不信任の議決に関しては、在職議員数の4分の3以上の議員が出席しなければ会議を開くことができない。

Key Point

　地方自治法第113条に規定する定足数は、会議を開き、議事を行うための継続要件である。

　議会の定足数は、議員定数の半数以上の議員の出席が原則とされるが、特に重要な議決の定足数については、厳格な要件が定められている。

解説 議会の定足数とは、会議を開き、議決、決定、選挙等すべての議事を行うに当たって必要とされる最小限度の出席者の数をいう。議会は、**原則として議員定数の半数以上**の議員が出席しなければ、会議を開くことができない（法第113条）。この議員の中には、議長も含まれる。

法第113条に定める議会の定足数は、議会開会の定足数だけにとどまらず**会議を継続するための要件（議事の定足数）**であると同時に、**議決、決定の採決及び選挙等を行うための要件**（議決の定足数）でもあると解されている。

議会の定足数は、議員定数の半数以上の議員の出席が原則とされるが、特に重要な議決の定足数については、**厳格な要件が定められている。**

(1) **在職議員の3分の2以上**の出席を定足数とするもの

ア　議員の除名議決（法第135条第3項）

イ　直接請求による副知事・副市町村長等の解職（法第87条第1項）

ウ　長の不信任の議決（法第178条第3項）

(2) **在職議員の4分の3以上**の出席を定足数とするもの

議会の自主解散の議決（地方公共団体の議会の解散に関する特例法第2条第2項）

1　**正しい**（法第113条）。

2　**誤り**。議員定数の半数以上の議員が出席しうるためには、それ以上の議員が在職していなければならない。

3　**誤り**。議長は議員定数、出席議員数に参入される。

4　**誤り**。在職議員数の半数以上ではなく、議員定数の半数以上である。また、定足数は会議を継続するための要件である。

5　**誤り**。在職議員数の半数以上ではなく、議員定数の半数以上である。長の不信任議決に関しては、在職議員数の3分の2以上の議員の出席が必要である（法第178条第3項）。

正答　1

議会の運営⑤

No.54　普通地方公共団体の議会の議員に関する記述として、地方自治法上、妥当なのはどれか。　　**(特別区管理職試験出題)**

1　普通地方公共団体の議会の議員は、自己、父母又は配偶者の一身上に関する事件については、その議事に参与することができない。

2　普通地方公共団体の議会の議員は、議員の定数の8分の1以上の者の賛成があれば、議会に対し、予算案を提出することができる。

3　普通地方公共団体の議会に陳情しようとする者は、議員の紹介により陳情書を提出しなければならない。

4　普通地方公共団体の議会の議員は、議会が閉会している場合を除き、議会の議員定数の3分の2以上の者が出席し、その過半数の同意がなければ、議員を辞職することができない。

5　普通地方公共団体の議会の議員は、会議規則や委員会に関する条例に違反した場合であっても、そのことを理由として、議会の議決によって懲罰を科せられることがない。

Key Point

　定足数の原則の例外として、①法第117条の除斥、②同一事件の再度招集、③出席の催告の3つがあり、これらを行った場合に、なお議員定数の半数に達しないときには、会議を開くことができる。

解説 定足数の原則（議員定数の半数以上の出席）の例外として、会議を開ける場合として次のものがある（法第113条ただし書）。

(1) 除斥の場合

議長及び議員が自己若しくは父母、祖父母、配偶者、子、孫若しくは兄弟姉妹の一身上に関する事件又は自己若しくはこれらの者の従事する業務に直接の利害関係のある事件につき、その議事に参与できない（法第117条）ため、議員定数の半数に達しないとき。なお、除斥されるのは、当該議員にとって直接的かつ具体的な利害関係がある事件であり、議員の報酬条例のような一般的な事項で議員全員に関わるもの、利害が間接的なもの又は反射的なものは当たらない。

(2) 再度招集の場合

同一事件について、再度招集してもなお議員定数の半数に達しないとき（臨時会に限られる。）。

(3) 出席催告の場合

招集に応じても出席議員が定数を欠き議長が出席を催告してもなお半数に達しないとき、又は半数に達してもその後半数に達しなくなったとき。

1 **正しい**（法第117条）。
2 **誤り**。予算案の提出権は長の権限であり、議員はできない（法第112条第1項）。
3 **誤り**。問題文は請願についての記述である（法第124条）。
4 **誤り**。議員は、議会の許可を得て辞職することができるが、特別多数による議決の規定は設けられていない（法第126条）。
5 **誤り**。議会は、地方自治法並びに会議規則及び委員会に関する条例に違反した議員に対し、議決によって懲罰を科することができる（法第134条）。

正答 **1**

議会の運営⑥

No.55　地方自治法に定める普通地方公共団体の議会の会議に関する記述として妥当なのは、次のどれか。

（東京都管理職試験出題）

1　議会は、会期中に限って活動能力を有するが、その会期中に議決に至らなかった事件については、後会に継続することが原則である。

2　議会の議員は、議会の議決すべき事件につき、出席議員の10分の１以上の者の賛成があれば、議案を提出することができる。

3　議会の議長は、議場が騒然として整理することが困難であると認める場合は、その日の会議を閉じることはできないが、中止することはできる。

4　議会の会議は、議長又は議員３人以上の発議により、出席議員の３分の２以上の多数で議決したときは、秘密会として開くことができる。

5　議会の議事は、議会が行う選挙を含み、原則として議長を含む出席議員の過半数でこれを決するが、可否同数のときは、議長が決する。

Key Point

議会の議事は、特別の定めがある場合を除き、出席議員の過半数で決する（議事多数決の原則）。この場合、議長は議員として議決に加わる権利を有しない。可否同数のときは、議長が決する（法第116条）。なお、特別多数決及び選挙の場合は、議長に裁決権はなく、議長も議員として議決及び投票に加わることができる。

会議公開の原則（法第115条第１項）は、議会の会議を公開することにより、議会の活動状況や議員の行動を広く住民一般に知らせ、住民の批判監視の下に公正な議会運営が行われることを目的とするものであり、①傍聴の自由、②報道の自由、③会議録の公表をその内容とする（最判昭50.4.15参照）。

「**議会の会議**」とは、いわゆる本会議を指し、常任委員会、議会運営委員会及び特別委員会の会議は含まれない。

会議公開の原則の例外として**秘密会**があるが、濫用を防止する趣旨から**議長又は議員３人以上の発議により、出席議員の３分の２以上の多数での議決が必要**である（法第115条第１項ただし書）。なお、秘密会を解く場合は、原則に返り過半数議決で足りるとされている（行実昭25.6.8）。秘密会の議事は、秘密性が存続する限り公表すべきではないとされる（行実昭28.6.23）。

議会の議事は、特別の定めがある場合を除き、出席議員の過半数で決する（議事多数決の原則）。この場合、議長は議員として議決に加わる権利を有しない。可否同数のときは、議長が決する（法第116条）。

1 **誤り**。会期中に議決に至らなかった事件については、原則として後会に継続しないとされている（法第119条。会期不継続の原則）。
2 **誤り**。議員の議案提出には、議員定数の12分の１以上の賛成が必要である（法第112条第２項）。
3 **誤り**。議長は、議場が騒然として整理することが困難であると認めるときは、その日の会議を閉じ、又は中止することができる（法第129条第２項）。
4 **正しい**（法第115条第１項ただし書）。
5 **誤り**。原則として議長は表決権を有さず、可否同数のときの裁決権を有する（法第116条）。

正答　4

議会の運営⑦

No.56 　普通地方公共団体の議会における会議の原則のうち、会議公開の原則又は会期不継続の原則に関する記述として妥当なのは、次のどれか。　　　　　　　　　　　　**（東京都管理職試験改題）**

1　会議公開の原則は、住民の意思が議会に反映しているか否か知らせることを目的としており、その内容は、会議録の公表及び報道の自由であって、傍聴の自由は含まれない。

2　会期不継続の原則は、会期中に議決に至らなかった事件は、会期終了とともに消滅し、次の会期には継続しないことをいい、この原則の唯一の例外として、議会閉会中における常任委員会又は特別委員会の継続審査があげられる。

3　会議公開の原則は、住民に広く会議を公開することを目的としているが、長又は議員2人以上の発議により、出席議員の4分の3以上の多数で議決したときは、会議を秘密会とすることができる。

4　会期不継続の原則は、会議運営の基本原則の一つであり、この原則の唯一の例外として、長が必要と認める事件については、長の発議により、出席議員の4分の3以上の多数で議決したとき、後会に継続することがあげられる。

5　会議公開の原則は、公正な議会運営がなされているか否かを、住民が批判監視することを目的としており、普通地方公共団体の秘密に属する事項や住民の一身上の事件を審議する会議であっても、これを秘密会とすることはできない。

Key Point

　　会期不継続の原則とは、会期中に議決に至らなかった事件は、会期終了とともに消滅し、後会に継続しないとする原則である。この原則の例外として、議会閉会中における常任委員会、議会運営委員会又は特別委員会の継続審査がある。

「**会期**」とは、議会が活動する一定の期間のことである。議会は、常時活動しているのではなく、定例会は条例で定める回数、臨時会は必要がある場合にその事件に限り招集され、一定の期間が過ぎると閉会する。この活動能力を有する期間を「会期」という。

　会期は、会期の初めに議会が定めるものとされている。会議規則で議会の議決を要しない旨規定することはできない（行実昭26.4.14）。

　あらかじめ定められた会期内に審議が終了しない見込みのときは、**議会の議決により**、会期を延長することができ、会期内に審議を終了した場合は、閉会することができる（法第102条第7項）。

　議会は会期中に限って活動能力を持つものとされるから、**議会は会期ごとに独立の存在**であり、したがって、その意思も会期ごとに独立するものであって、前の会期において議決に至らなかった事件は、会期終了とともに消滅し、原則として後会に継続しない（法第119条。**会期不継続の原則**）。

　なお、この原則の例外として、議会閉会中における常任委員会、議会運営委員会又は特別委員会の継続審査がある。

1　**誤り**。「公開」とは、傍聴（参観）を認めることであると同時に、法第123条の規定に基づいて調製された会議録の閲覧をも認める趣旨である（最判昭50.4.15）。
2　**正しい**（法第119条及び第109条第8項）。
3　**誤り**。秘密会は、議長又は議員3人以上の発議により、出席議員の3分の2以上の多数で議決したときに開くことができる（法第115条第1項ただし書）。
4　**誤り**。長の発議ではない。また、継続審査は、議会の過半数議決で足りる。
5　**誤り**。秘密会の審議内容を制限する規定はない（法第115条第1項ただし書）。

　　　　　　　　　　　　　　　　　　　　　　　正答　2

地方公共団体の長①

No.57　地方自治法に定める普通地方公共団体の長に関する記述
として、妥当なのはどれか。　　　　　　　　　　**（東京都主任試験改題）**

1　長は、地方公共団体の議会の議員を兼ねることはできないが、
　国の独立行政法人の役員を兼ねることはできる。

2　長は、議会が長に対して不信任の議決をした場合において、不
　信任の議決の通知を受けた日から20日以内に議会を解散しない
　ときは失職する。

3　長は、予算を執行する権限を有しており、契約の締結などの支
　出負担行為や、現金の出納及び保管を行う。

4　長は、当該普通地方公共団体の行政委員会に対して、その事務
　局の組織や職員の定数について、必要な措置を講ずべきことを勧
　告することができる。

5　長は、その担任する全ての事務の管理及び執行が法令に適合
　し、かつ、適正に行われることを確保するための方針を定めなけ
　ればならない。

Key Point

　地方公共団体の長は、国会議員、地方公共団体の議会の議員
及び常勤の職員等を兼ねることができない。都道府県知事及び
指定都市の市長は、内部統制に関する方針を定め、これに基づ
き必要な体制を整備しなければならない（その他の市町村長は
努力義務）。

解説　地方公共団体の長は、国会議員や地方公共団体の議会の議員、常勤の職員等を兼ねることは許されず（**兼職禁止**。法第141条）、当該地方公共団体に対し請負をする者や主として請負と同一の行為をする法人（当該地方公共団体が２分の１以上出資する法人を除く。）の取締役等になることもできない（**兼業禁止**。法第142条）。

また、兼業禁止に抵触するとき、不信任の議決後一定期間内に議会を解散しないときなどは**失職**する（法第143条第１項、第178条第２項）。

長は、対内的には議会・住民も含めて、当該地方公共団体の事務を統御し、対外的には当該地方公共団体としての行為を行う権限をもっている（**統轄代表権**。法第147条）。更に、その地方公共団体の事務処理について広く管理権限を与えられている（**事務の管理・執行権**。法148条）。具体的な長の担任事務は法第149条に列挙されている。都道府県知事及び指定都市の市長は、担任する事務で法に掲げるもの（財務に関する事務等）の管理及び執行を、適法・適正に行うための方針を定め、体制を整備しなければならない。その他の市町村長は努力義務（法第150条）。

1　**誤り**。法第141条第２項には、国の独立行政法人の役員との兼職禁止は定められていない。しかし、独立行政法人通則法第22条が地方公共団体の職員（非常勤の者を除く。）が役員に就くことを禁じている。なお本記述前半は正しい（法第141条第１項）。

2　**誤り**。長は、不信任の議決の通知を受けた日から10日以内に議会を解散することができ、この期間内に議会を解散しないときは、同期間が経過した日において、その職を失う（法第178条第１項及び第２項）。

3　**誤り**。現金の出納及び保管を行うことは、会計管理者の職務である（法第170条第２項第１号）。

4　**正しい**（法第180条の４第１項）。

5　**誤り**。指定都市以外の市長・町村長については、努力義務。また、担任する事務の全てについてではない（法第150条）。

正答　4

地方公共団体の長②

No.58 地方自治法に規定する普通地方公共団体の長の担任事務に関するA～Eの記述のうち、妥当なものを選んだ組合せはどれか。 **（特別区管理職試験出題）**

A 普通地方公共団体の公益に関する事件につき、当該普通地方公共団体の議会から関係行政庁に提出する意見書の議案を議会に提出すること。

B 予算を調整し、及びこれを執行すること。

C 地方税を賦課徴収し、分担金、使用料、加入金又は手数料を徴収し、及び過料を科すること。

D 現金の出納及び保管を行い、並びに決算を調製すること。

E 会計を監督すること。

1　A　B　D

2　A　C　D

3　A　C　E

4　B　C　E

5　B　D　E

Key Point

　地方公共団体の長の担任事務は、①議案の提出、②予算の調製・執行、③地方税の賦課徴収、使用料等の徴収、過料を科すこと、④決算を議会の認定に付すこと、⑤会計の監督、⑥財産の取得・管理・処分、⑦公の施設の設置・管理・廃止、⑧証書・公文書類の保管、⑨その他の地方公共団体の事務の執行である。

地方公共団体の長は、当該地方公共団体の事務を管理
し、及び執行する権限を有し（**事務の管理・執行権**。法
第148条）、その権限の主要なものを、**長の担任事務**とし
て、法第149条において、次のとおり**概括的に例示**している。
① 　議会の議決を経るべき事件につき議案を提出すること。
② 　予算を調製し、及び執行すること。
③ 　地方税を賦課徴収し、分担金、使用料、手数料等を徴収し、及
び過料を科すること。
④ 　決算を議会の認定に付すること。
⑤ 　会計を監督すること。
⑥ 　財産の取得、管理及び処分
⑦ 　公の施設の設置、管理及び廃止
⑧ 　証書及び公文書類の保管
⑨ 　これらのほか、当該地方公共団体の事務を執行すること。

A 　**誤り**。地方公共団体の公益に関する事件につき、意見書を国会
又は関係行政庁に提出することができるのは、議会の権限（法第
99条）
B 　**正しい**。長の事務（法第149条第2号）
C 　**正しい**。長の事務（法第149条第3号）
D 　**誤り**。会計管理者の事務（法第170条第2項第1号及び第7号）
E 　**正しい**。長の事務（法第149条第5号）
よって、B、C及びEが長の担任事務であり、4が正しい。

　　　　　　　　　　　　　　　　　　　　　　正答　4

地方公共団体の長③

No.59　　地方自治法に定める普通地方公共団体の長の事務の委任、臨時代理又は補助執行に関する記述として妥当なのは、次のどれか。

（東京都管理職試験改題）

1　普通地方公共団体の長が、その権限に属する事務の一部をその補助機関である職員に委任した場合、長は委任の範囲内において自らこれを処理する権限を失う。

2　普通地方公共団体の長は、その権限に属する事務の一部を当該地方公共団体の委員会又は委員に委任することができ、この委任が行われた場合、委任を受けた者は長の名と責任においてその職務を行わなければならない。

3　普通地方公共団体の長は、その権限に属する事務の一部をその補助機関である職員に臨時に代理させることができ、この措置がとられた場合、代理者は自らの名と責任においてその職務を行わなければならない。

4　普通地方公共団体の長は、その権限に属する事務の一部を当該地方公共団体の委員会又は委員に臨時に代理させることができるが、この措置がとられた場合、長は代理者に対して指揮監督する権限を失う。

5　普通地方公共団体の長は、その権限に属する事務のうち軽易なものを当該地方公共団体の職員に補助執行させることができ、都道府県知事はその権限に属する事務の一部を市町村の職員に補助執行させることができる。

Key Point

地方公共団体の長の事務の委任と代理の違いは、委任の場合、当該事務が受任者の職務権限となり、受任者の名と責任において事務が行われ、長は自らこれを処理する権限を失う。一方、代理の場合、当該事務は依然として長の職務権限に属し、代理者はその長の職務権限を代わって行使するにとどまる。

解説　普通地方公共団体の長は、その権限に属する事務の一部をその補助機関である職員等に委任し、又は臨時に代理させることができる（法第153条）。

委任と代理との相違は、次のとおりである。

委任	当該事務が受任者の職務権限となり、その事務については受任者がもっぱら自己の責任において処理する。委任をした普通地方公共団体の長においては自らこれを処理する権限を失う。
代理	当該事務は依然として代理される普通地方公共団体の長の職務権限に属し、代理者はその長の職務権限を代わって行使するにとどまる。

また、長は、その権限に属する事務をその補助機関である職員に当然に**補助執行**させることができる。このほか、長はその権限に属する事務の一部を委員会又は委員と協議して、委員会、委員長、委員、これらの執行機関の補助職員等に委任し、又はこれらの執行機関の補助職員等に補助執行させることができる（法第180条の2）。

1　**正しい**。普通地方公共団体の長が、その権限に属する事務の一部を当該地方公共団体の職員に委任したときは、その事務の範囲において自ら処理する権限を失う。
2　**誤り**。委任を受けた者は、自らの名と責任において委任を受けた事務を行わなければならない。
3　**誤り**。代理者は、長の職務権限を代わって行使するにとどまり、長の名と責任において職務を行う。
4　**誤り**。普通地方公共団体の長が、その権限に属する事務の一部を委員会又は委員に臨時に代理させることはできない。また、代理の場合、代理者への指揮監督権は失わない。
5　**誤り**。地方公共団体の長は、その権限に属する事務の一部を市町村の職員に補助執行させることはできない。

正答　1

地方公共団体の長④

No.60　地方自治法に定める都道府県の知事の権限に関する記述として妥当なのは、次のどれか。　　　**（東京都管理職試験改題）**

1　知事は、当該都道府県が出資している法人に対する予算執行の調整権を有しており、出資している法人への出資割合にかかわらず、予算執行に関し報告徴収及び状況実地調査を実施できる。

2　知事は、公有財産に関する総合調整権を有しており、行政委員会が公有財産を取得する場合には知事への事前の協議が必要であり、行政財産の用途を変更する場合には、知事への事前の協議は不要であるが知事への通知が必要である。

3　知事は、当該都道府県を統轄する立場にあり、管理者の置かれた地方公営企業について、その経営を代表する権限を有するが、その業務執行に関しては、管理者が代表する権限を有し、知事の権限に属するものはない。

4　知事は、当該都道府県の区域内の公共的団体の活動の総合調整を図るため、これを指揮監督する権限を有しており、このため監督上必要な処分をし又は当該公共的団体の監督官庁の措置を申請することができる。

5　知事は、規則によってその権限に属する事務を分掌させるために都道府県の支庁を設置することができるが、その支庁の設置及び名称変更は遅滞なく総務大臣に届け出なければならない。

Key Point

　地方公共団体の長の権限は、主要な担任事務を概括的に例示している法第149条の事務のほか、規則制定権、職員の指揮監督権、行政組織権、他の執行機関に関する調整権等があり、法に定められている。なお、その他の事務も法令により他の執行機関の権限とされていない限り、長が処理する権限を有する。

地方公共団体の長の担任事務については、法第149条において、概括的に例示（No.58の解説参照）をしているが、このほかにも長の権限として定められている主要なものとしては、次のものがあげられる。

　①規則制定権（法第15条第1項）、②職員の指揮監督権（法第154条）、③支庁、地方事務所、支所、出張所及び保健所、警察署その他の行政機関の設置（法第155条、第156条第1項）、④公共的団体等の監督権（法第157条）、⑤普通地方公共団体の内部組織の設置（No.63の解説参照。法第158条）、⑥組織等に関する総合調整権（法第180条の4）、⑦予算執行に関する調査権等（法第221条、令第152条）、⑧公有財産に関する総合調整権（法第238条の2）

1　誤り。当該地方公共団体が設立した地方住宅供給公社、地方道路公社、土地開発公社及び地方独立行政法人並びに当該地方公共団体が資本金等の2分の1以上を出資している一般社団法人及び一般財団法人並びに株式会社などの場合に実施できる（法第221条第3項、令第152条）。

2　誤り。行政財産の用途変更等で当該地方公共団体の長が指定しようとするときは、長への事前協議が必要である（法第238条の2第2項）。

3　誤り。地方公営企業の業務に関しては、①予算の調製、②議会への議案の提出、③決算を監査委員の審査及び議会の認定に付すること及び④過料を科することを除き、地方公営企業の管理者が当該業務を執行し、当該業務に関し地方公共団体を代表する（地方公営企業法第8条）。

4　正しい（法第157条第1項及び第3項）。

5　誤り。地方公共団体の長は、その権限に属する事務を分掌させるため、条例で、支庁等を設置することができる（法第155条第1項）。

　　　　　　　　　　　　　　　　　　　正答　4

地方公共団体の長⑤

No.61　普通地方公共団体の長の権限に関する記述として、地方自治法上、妥当なのはどれか。　　　　　　**(特別区管理職試験出題)**

1　普通地方公共団体の長は、当該普通地方公共団体の公益に関する事件につき、当該普通地方公共団体の議会から関係行政庁に意見書を提出する旨の議案を議会に提出することができる。

2　普通地方公共団体の長は、歳計現金、有価証券及び物品を除き、財産を取得、管理及び処分することができるが、当該普通地方公共団体の教育機関の用に供する教育財産を取得、管理及び処分することができない。

3　普通地方公共団体の長は、その補助機関たる職員を指揮監督することができるが、その補助機関たる職員には、普通地方公共団体の長からの独立の執行権を持つ当該普通地方公共団体の教育委員会の補助職員が含まれる。

4　普通地方公共団体の長は、当該普通地方公共団体の議会の議決に基づかなければ、当該普通地方公共団体の区域内の公共的団体等の活動の総合調整を図るため、これを指揮監督することができない。

5　普通地方公共団体の長は、当該普通地方公共団体の委員会に対し、その運営の合理化を図るため必要があると認めるときは、当該普通地方公共団体の委員会の事務局の組織について、必要な措置を講じるよう命じることができる。

Key Point

普通地方公共団体の長、議会及び会計管理者の権限の関係については、長は、議員に発案権があるものを議案として提出できないこと、地方公共団体区域内の公共的団体等の活動の総合調整に係る長の指揮監督は議会の議決が必要なこと、現金の出納保管は会計管理者の権限などを理解する必要がある。

解説 　議案の提出は普通地方公共団体の長の担任事務であるとされているが（法第149条第1号）、関係行政庁等への意見書の提出（法第99条）、議員の懲罰（法第134条第1項）など議員に発案権が専属する事件について長は議案を提出できない（行実昭25.7.20）。

　財産の取得、管理及び処分（法第149条第6号）については、会計管理者の職務権限である現金、有価証券及び物品の出納・保管などは、長の権限から除かれる。

　また、議事堂の管理権（行実昭37.3.27）など他の執行機関の事務の執行に供されている財産の管理も、長の権限に属するが、法に特別の定め（教育財産の管理は教育委員会、地方公営企業の資産の取得、管理、処分は管理者）があるときは長の権限が制約される。

1　誤り。関係行政庁等への意見書の提出（法第99条）など発案権が議員に専属するものは、議案を提出できない。

2　誤り。長が取得、管理及び処分する財産には、有価証券や物品を含むが（法第237条第1項）、歳計現金の管理行為は会計管理者の職務権限である。また、教育財産の管理を除き、その取得及び処分は長の権限である（地方教育行政の組織及び運営に関する法律第22条第4号）。

3　誤り。長の補助機関たる職員には、長から独立の執行権を持つ教育委員会等の補助職員は含まれない。

4　正しい。普通地方公共団体の区域内の公共的団体等の活動に係る長の指揮監督権は、議会の議決に基づくか（法第96条第1項第14号）、議会の議決による委任によって長の裁量で行う必要がある（行実昭22.5.29）。

5　誤り。長は、委員会又は委員に対し、その事務局の組織等について必要な措置を講じるよう勧告することができるが、命じることはできない（法第180条の4第1項）。

正答　4

地方公共団体の長⑥

No.62　　　地方自治法に規定する普通地方公共団体の長の公共的団体等の監督に関する記述として、妥当なのはどれか。

（特別区管理職試験出題）

1　普通地方公共団体の長は、当該普通地方公共団体の区域内の公共的団体等の監督上必要な処分をし又は当該公共的団体等の監督官庁の措置を申請することができる。

2　普通地方公共団体の長は、当該普通地方公共団体の区域内の公共的団体等の活動の総合調整を図るため、公共的団体等の行動に関し勧告又は取消しをすることができる。

3　普通地方公共団体の長が指揮監督することができる当該普通地方公共団体の区域内の公共的団体等は、商工会議所、赤十字社など公共的な活動を営み、かつ、法人格を有するものに限る。

4　普通地方公共団体の長が当該普通地方公共団体の区域内の公共的団体等の監督上必要な処分をした場合、当該公共的団体等の監督官庁は、この処分を取り消すことができない。

5　普通地方公共団体の長は、当該普通地方公共団体の区域内の公共的団体等に対し、指揮監督上の必要があるときは事務の報告をさせ、書類及び帳簿を提出させることはできるが、実地について事務を視察することはできない。

Key Point

　普通地方公共団体の長は、公共的団体等に対する指揮監督権を有しており、事務の報告や書類・帳簿の提出を求め、実地についての事務の視察をすることができるほか、監督上必要な処分をし又は監督官庁の措置を申請することができる。この公共的団体等には、公共的な活動を営むものは全て含まれ、法人であるか否かを問わない。

普通地方公共団体の長は、当該普通地方公共団体の区域内の公共的団体等の活動の総合調整を図るため、**公共的団体等を指揮監督**することができる（法第157条第1項）。

　この指揮監督権の内容として、長は、公共的団体等に対して事務の報告をさせ、書類及び帳簿を提出させ及び実地について事務を視察することができる（法第157条第2項）。また、長は、公共的団体等の監督上必要な処分をし又は当該公共的団体等の監督官庁の措置を申請することができる（法第157条第3項）。ただし、当該監督官庁は、この長の処分を取り消すことができる（法第157条第4項）。

　なお、普通地方公共団体の区域内の公共的団体等の活動の総合調整に関することは議会の議決事項とされており、普通地方公共団体の長の指揮監督は、議会の議決に基づいて行われる（法第96条第1項第14号）。

1　**正しい**。（法第157条第3項）。

2　**誤り**。法第157条第3項に定める監督上必要な処分には、取消停止権は含まれないとされている（行実昭29.7.26）

3　**誤り**。公共的団体等とは、農業協同組合、生活協同組合、商工会議所、赤十字社など公共的な活動を営むものは全てこれに含まれ、法人であるか否かを問わない（行実昭24.2.7）。

4　**誤り**。当該公共的団体等の監督官庁は、普通地方公共団体の長の処分を取り消すことができる（法第157条第4項）。

5　**誤り**。指揮監督上の必要があるときは、書類及び帳簿を提出させ、実地について事務を視察することができる（法第157条第2項）。

正答　1

地方公共団体の長⑦

No.63　地方自治法に定める普通地方公共団体の内部組織に関する記述として妥当なのは、次のどれか。

1　都道府県知事は、条例で直近下位の内部組織を置くことができるが、置くことができる組織の数は、法律で都道府県の人口規模に応じて定められている。

2　市町村長は、条例で直近下位の内部組織として部を置くことができるが、その分掌する事務については規則で定めることとされている。

3　都道府県知事は、財務に関する事務の管理及び執行が法令に適合し、適正に行われることを確保するための方針を定め、これを公表するよう努めなければならない。

4　普通地方公共団体の長は、直近下位の内部組織を定める条例を制定し又は改廃したときは、遅滞なく総務大臣に届け出なければならない。

5　普通地方公共団体の長は、直近下位の内部組織の編成に当たっては、その事務及び事業の運営が簡素かつ効率的なものとなるよう十分配慮しなければならない。

Key Point

　普通地方公共団体の長は、その権限に属する事務を分掌させるため、条例で、必要な内部組織を設けることができるとされ、内部組織の設置数の制限はない。また、直近下位の組織の名称についての制限もない。

解説　平成15年に成立した改正により、普通地方公共団体の自主的な判断により必要な内部組織を設けることができるものとされた。

　普通地方公共団体の長の直近下位の内部組織及びその分掌事務については、条例で定めることとされている（法第158条第1項）。これ以外の内部組織の設置及びその分掌する事務については長の定める規則等で定めることが可能である。

　内部組織については、地方公共団体の事務処理についての簡素化・効率化・能率化の原則に適合することが必要であること（法第1条、第2条第14項、第15項）から、普通地方公共団体の長は、内部組織の編成に当たっては、事務及び事業の運営が簡素かつ効率的なものとなるよう十分配慮しなければならないこととされている（法第158条第2項）。また、平成29年に成立した改正により、都道府県知事及び指定都市の市長は、担任する事務で法に掲げるもの（財務に関する事務等）の管理及び執行を、適法・適正に行うための方針を定め、体制を整備しなければならないこととなった。その他の市町村長は努力義務（法第150条）。

1　**誤り**。局部数は、普通地方公共団体の自主的判断により必要な内部組織を設けることができるものとされ、条例でこれを定める（法第158条第1項）。

2　**誤り**。平成15年の法改正により、都道府県についても市町村についても、局・部又は部・課といった名称について定める法律の規定はなくなった。分掌する事務については条例で定めることとされている（法第158条第1項）。

3　**誤り**。都道府県知事は、内部統制に関する方針を定め、これを公表しなければならない。努力義務ではない（法第150条第1項、第3項）。

4　**誤り**。平成23年の法改正により、直近下位の内部組織に係る条例の制定等に係る届出制度は廃止された。

5　**正しい**（法第158条第2項）。

正答　5

地方公共団体の長⑧

No.64　地方自治法に定める長の補助機関に関する記述として、
妥当なのはどれか。　　　　　　　　　　　　　　**（東京都主任試験改題）**

1　副知事の数は、条例でその上限数を定めることとされており、
　この条例で副知事を置かないと定めることもできる。
2　副知事は、知事が議会の同意を得て選任し、その任期は4年と
　定められており、任期中は議会の同意なしに解任することはでき
　ない。
3　会計管理者は、現金の出納及び保管を行うが、この現金には現
　金に代えて納付される証券及び基金に属する現金は含まれない。
4　会計管理者は、都道府県に原則として一人置かれ、長の補助機
　関である職員のうちから、議会の同意を得て知事が任命する。
5　専門委員は、普通地方公共団体の長の委託を受けてその権限に
　属する事務に関し必要な調査を行う補助機関であり、長が専門委
　員を選任するには議会の同意を要しない。

Key Point

　副知事（副市町村長）の定数は、条例で定める。会計管理者
は1人を置く。副知事（副市町村長）は、長が議会の同意を得
て選任する（任期4年）。任期中も解職できる。

| 解説 | 普通地方公共団体の長の補助機関として、副知事（副市町村長）、会計管理者、出納員及び会計職員、職員、専門委員、支庁及び地方事務所等の長が定められている |

（法第161条～法第175条）。詳細は次のとおりである。

	定数等	選任等
副知事・副市町村長	定数は条例で定める。ただし、条例で置かないことができる。	長が議会の同意を得て選任（4年）。任期中も解職可。
会計管理者	1人	長の補助機関の職員のうちから、長が任命。
出納員・会計職員	必置。ただし、町村は出納員を置かないことができる。	長の補助機関の職員のうちから、長が任命。
職員	定数は条例で定める。	長が任免。
専門委員	常設又は臨時の専門委員を置くことができる。	長が専門の学識経験を有する者の中から選任。

1　誤り。副知事の「定数」は条例で定め、置かないこともできる（法第161条）。上限数ではない。

2　誤り。任期中においても知事が任意に解職することができる（法第163条ただし書）。

3　誤り。会計管理者は、現金の出納及び保管を行うが、この現金には現金に代えて納付される証券及び基金に属する現金が含まれる（法第170条第2項第1号）。

4　誤り。会計管理者は、普通地方公共団体に一人置かれる。会計管理者の選任に議会の同意は要しない。その他の記述は正しい（法第168条）。

5　正しい。専門委員の選任は長が行い、議会は関与しない（法第174条第2項）。

正答　5

地方公共団体の長⑨

No.65 地方自治法に定める長の補助機関に関する記述として妥当なのは、次のどれか。　　　　　　　　　　　**（東京都管理職試験改題）**

1　副知事及び副市町村長は、国会議員、検察官又は普通地方公共団体の常勤の職員との兼職が禁じられており、職責の重要性から選挙権及び被選挙権の欠格事由に該当する者は、副知事又は副市町村長の職に就く資格を有しない。

2　副知事及び副市町村長は、その在職中に普通地方公共団体の長又は監査委員との間において、親子、夫婦又は兄弟姉妹の関係になった場合には、法律上当然にその職を失う。

3　会計管理者は、決算を調製し、監査委員の審査に付し、次の通常予算を議する会議までに議会の認定に付さなければならない。

4　普通地方公共団体には、会計管理者を一人置くこととなっているが、副知事及び副市長村長と同様に条例で置かないことができる。

5　会計管理者は、任期が4年であるが、任期中は、長は解職することができない。

Key Point

　副知事（副市町村長）は、地方公共団体の議員、常勤の職員、検察官、警察官等との兼職が禁止され、地方公共団体に対する請負も禁止される。また、選挙権・被選挙権を有しない者は欠格事由に該当する。会計管理者については、親族の就職禁止の定めがある。

解説 　副知事（副市町村長）の兼職及び兼業の禁止並びに欠格事由は次のとおりである。

兼職禁止	検察官、警察官、収税官吏、公安委員会委員、国会議員、地方公共団体の議員、常勤職員及び再任用短時間勤務職員（法第166条第1項、第2項）
兼業禁止	当該地方公共団体に対し請負をする者及びその支配人又は主として請負と同一の行為をする法人（当該地方公共団体が2分の1以上出資している法人を除く。）の無限責任社員、取締役、監査役等となることができず、これに該当するときは解職される（法第166条第2項、第3項）。
欠格事由	選挙権又は被選挙権を有しない者は副知事（副市町村長）となることができず、これに該当するに至ったときは失職する（法第164条）。

このほか、長、副知事（副市町村長）又は監査委員と親子又は夫婦、兄弟姉妹の関係にある者は、会計管理者になれない。いずれも、その関係となったときは失職する（**親族の就職禁止**。法第169条）。

1 　**正しい**（法第164条、第166条）。
2 　**誤り**。副知事（副市町村長）ではなく、会計管理者が、長、副知事（副市長村長）又は監査委員と親子、夫婦又は兄弟姉妹となった場合に失職する（法第169条）。
3 　**誤り**。会計管理者は、決算を調製し、普通地方公共団体の長に提出する。これを監査委員の審査に付し、議会の認定に付するのは、普通地方公共団体の長である（法第233条）。
4 　**誤り**。副知事及び副市長村長は置かないこともできるが、会計管理者は普通地方公共団体に必ず一人置く（法第168条）。
5 　**誤り**。会計管理者には任期及び解職に係る規定はない。一般職の地方公務員として、地方公務員法の身分関連の規定が適用される（法第168条）。

正答　1

地方公共団体の長⑩

No.66　地方自治法に規定する普通地方公共団体の副知事又は副市町村長に関する記述として、妥当なのはどれか。

（特別区管理職試験出題）

1　普通地方公共団体の長の職務を代理する副市町村長は、退職しようとするときは、その退職しようとする日前20日までに、当該普通地方公共団体の長に申し出なければならないが、長の承認を得たときは、その期日前に退職できる。

2　普通地方公共団体の副市町村長を選任する場合、副市町村長の任期を、当該普通地方公共団体の長の任期限をもって副市町村長の任期限とすることは、副市町村長の同意があっても違法である。

3　普通地方公共団体の長、会計管理者又は監査委員と親子、夫婦又は兄弟姉妹の関係にある者は、当該普通地方公共団体の副知事又は副市町村長となることができない。

4　普通地方公共団体の副知事及び副市町村長は、当該普通地方公共団体に対して請負をする者となることができず、請負をする者となったときには、当該普通地方公共団体の長による解職を必要とせず、当然にその職を失う。

5　普通地方公共団体の副知事及び副市町村長の任期は4年であるが、当該普通地方公共団体の長は、任期中においても副知事及び副市町村長を解職することができ、この場合、議会の同意が必要となる。

Key Point

普通地方公共団体の長は、副知事及び副市町村長の任期の途中であっても解職することができ、解職について、議会の同意は必要としない。副知事又は副市町村長の退職については、普通地方公共団体の長の職務を代理する副知事又は副市町村長であるか否かにより異なる（法第165条）。

解説　　普通地方公共団体の副知事及び副市町村長は、当該普通地方公共団体の長が議会の同意を得て選任する（法第162条）。選任に係る発案権は、普通地方公共団体の長に専属し（行実昭25.9.5）、議会には、修正権はない。副知事及び副市町村長の選任について、議会が同意しない場合には、選任することができない（行実昭29.11.25）。なお、平成24年の法改正により、副知事又は副市町村長の選任の同意については、専決処分の対象ではなくなった（法第179条第1項ただし書）。

　普通地方公共団体の副知事又は副市町村長は、退職しようとする日前20日までに、当該普通地方公共団体の長に申し出なければならない（法第165条第2項）。ただし、長の承認を得たときは、期日前に退職することができる（法第165条第2項ただし書）。なお、普通地方公共団体の長の職務を代理する副市町村長が、退職しようとするときは、退職しようとする日前20日までに、**当該普通地方公共団体の議会の議長**に申し出なければならない（法第165条第1項）。ただし、議会の承認を得たときは、期日前に退職することができる（法第165条第1項ただし書）。

1　**誤り**。普通地方公共団体の長の職務を代理する副市町村長が、退職しようとするときは、議長に申し出なければならない（法第165条第1項）。

2　**正しい**（行実昭27.10.7）。

3　**誤り**。副知事及び副市町村長には、親族の就職禁止の規定はない。

4　**誤り**。解職しなければならない（法第166条第3項）。

5　**誤り**。議会の同意は必要ない（法第163条）。

　　　　　　　　　　　　　　　　　　　　　　　正答　2

地方公共団体の長⑪

No.67　普通地方公共団体の執行機関の附属機関に関する記述と
して、地方自治法上、妥当なのはどれか。**(特別区管理職試験改題)**

1　普通地方公共団体は、政令に定める執行機関を除き、任意に条
　例又は規則を制定して、当該普通地方公共団体の執行機関の附属
　機関を設置することができる。

2　普通地方公共団体の執行機関の附属機関の職務権限は、規則で
　定めなければならない。

3　普通地方公共団体の執行機関の附属機関を組織する委員その他
　の構成員は、非常勤とされており、条例により常勤とすることが
　できない。

4　普通地方公共団体は、法定受託事務の管理及び執行について、
　附属機関を設置することができない。

5　普通地方公共団体の執行機関の附属機関は、一つの執行機関に
　のみ附属するものであり、複数の執行機関に附属することができ
　ない。

Key Point

　執行機関の附属機関は、法律又は条例に基づき設置され、そ
の委員その他の構成員は非常勤である。条例により常勤にはで
きない。附属機関の庶務はその属する執行機関が行う。附属機
関は、必ずしも一つの執行機関ごとに設ける必要はなく、複数
の執行機関に附属するものとして設けても良い。

解説　普通地方公共団体は、法律又は条例で定めるところにより、執行機関の**附属機関**として自治紛争処理委員、審査会、審議会、調査会その他の調停、審査、諮問又は調査のための機関を置くことができる（法第138条の４第３項）。その**職務権限**は、法律若しくはこれに基づく政令又は条例で定められる（法第202条の３第１項）。

附属機関を組織する委員その他の**構成員**は、非常勤である（法第202条の３第２項）。条例により常勤とすることはできない。

附属機関には、法律又はこれに基づく政令に特別の定めがあるものを除き、独自に**補助職員**を置くことができず、その庶務は、その属する執行機関が処理する（法第202条の３第３項）。

執行機関の附属機関は、特定の執行機関のみに附属するとは限らず、例えば教育委員会と長の両者に附属する場合もある。

地方公共団体の執行機関

1　**誤り**。規則を根拠として設置することはできない（法第138条の４第３項）。

2　**誤り**。附属機関の職務権限は、法律若しくはこれに基づく政令又は条例で定められる必要がある（法第202条の３第１項）。

3　**正しい**（法第202条の３第２項）。

4　**誤り**。法律又は条例で定めるところにより設置することができる（法第138条の４第３項）。

5　**誤り**。執行機関の附属機関は、必ずしも特定の執行機関のみに附属するものとは限らない。

正答　**3**

議会と長との関係①

No.68　次のA～Eのうちから、地方自治法上、普通地方公共団
体の長が再議に付さなければならない場合を選んだときの組合せと
して、妥当なのはどれか。　　　　　　　　**（東京都主任試験改題）**

A　非常の災害による応急の施設のために必要な経費を削除する議
　決をした場合

B　議会の議決が収入又は支出に関し執行することができないもの
　があると認める場合

C　伝染病予防のために必要な経費を削除する議決をした場合

D　議会が決算を認定しない場合

E　法令により負担する経費を減額する議決をした場合

1　A　B　D

2　A　C　E

3　B　C　D

4　B　D　E

5　C　D　E

Key Point

　　再議制度とは、長が議会の議決、選挙等に異議がある場合に
おいてその効力の発生を拒否し、再度の議決及び選挙を要求す
る制度のことである。再議制度は、一般的拒否権と特別的拒否
権に分けることができる。特別的拒否権とは、特別の要件を必
要として、長が義務的に再議に付するものであり、法令により
負担する経費及び義務的経費を削減又は減額する議決が行われ
た場合などの3つの場合がある。

解説　地方自治法上、議会と長はそれぞれ独立した機関である。しかし、一定の場合に、両者の対立を調整する方法として、再議制度、長の不信任に関する制度及び長の専決処分に関する制度が設けられている。

　再議制度とは、長が議会の議決、選挙等に異議がある場合においてその効力の発生を拒否し、再度の議決及び選挙を要求する制度である。これが**長の拒否権**といわれるものであり、単に異議があれば任意に発動できる**一般的拒否権**（法第176条第１項）と、特別な要件を必要として、義務的に再議に付さなければならない**特別的拒否権**（法第176条第４項、第177条第１項）に分けることができる。

　一般的拒否権の範囲は、普通地方公共団体の議会における条例の制定若しくは改廃又は予算に関する議決について異議があるときと規定されていたが、平成24年の法改正により、普通地方公共団体の議会の議決について異議があるときと規定され、その範囲が拡大された。

　特別的拒否権として、普通地方公共団体の長が再議に付することを義務づけられているのは、次の３つの場合である。

① 　越権・違法な議決又は選挙（法第176条第４項）
② 　法令により負担する経費及び義務的経費を削減又は減額する
　　議決（法第177条第１項第１号）
③ 　非常災害対策費又は感染症予防費を削減又は減額する議決
　　（法第177条第１項第２号）

　Bは、平成24年の法改正により、該当しない。A、C及びEは、特別的拒否権として再議に付さなければならない場合に該当する。Dは、議会が決算を認定しなくとも、当該決算の効力には影響がなく、再議は意味がない（行実昭31.2.1）。長の政治的、道義的責任が問われるのみである。

正答　2

議会と長との関係②

No.69　地方自治法に定める普通地方公共団体の議会の瑕疵ある議決又は選挙に対する長の処置に関する記述として妥当なのは、次のどれか。　　　　　　　　　　　　　**（東京都管理職試験改題）**

1　普通地方公共団体の長は、議会における条例の制定又は改廃に関する議決について異議があるときは、当該条例の公布を拒否することにより議決の効力を失わせることができる。

2　普通地方公共団体の長は、議会における条例の制定又は改廃に関する議決について異議があるときは、当該議決の無効確認を求める訴えを裁判所に提起しなければならない。

3　普通地方公共団体の長は、議会における予算に関する議決について異議があり、これを再議に付してもなおその議決に異議があるときは、前年度の予算を執行することができる。

4　普通地方公共団体の長は、議会の議決又は選挙がその権限を超え、又は法令若しくは会議規則に違反すると認めるときは、理由を示してこれを再議に付し、又は再選挙を行わせなければならない。

5　普通地方公共団体の長は、議会の議決又は選挙がその権限を超え、又は法令若しくは会議規則に違反すると認めるときは、自治紛争処理委員に対して当該議決又は選挙の審査を申し立てることができる。

Key Point

　再議制度とは、長が議会の議決又は選挙に異議がある場合、再議に付することができる制度である。議決に異議がある場合、長は、その議決の日（条例の制定改廃又は予算に関する議決については、その送付を受けた日）から10日以内に理由を示して再議に付することができる。

解説　条例の制定改廃又は予算に関する議決に異議がある場合、長が任意に付する再議を**一般的拒否権**という。長は、その送付を受けた日から10日以内に理由を示して再議に付することができる（法第176条第1項）。

　一方、**特別的拒否権**に基づき、越権・違法と認められる議決又は選挙について長が再議に付し又は再選挙を行わせた場合、再議又は再選挙後も、なお越権・違法である議決又は選挙を行ったと認めるときは、都道府県知事にあっては**総務大臣**、市町村長にあっては**都道府県知事**に対し、当該議決又は選挙があった日から21日以内に、**審査**を申し立てることができる（法第176条第5項）。

　さらに、総務大臣等の裁定に不服があれば、裁定の日から60日以内に出訴できる（法第176条第7項）。

1　**誤り**。異議のある議会の議決又は選挙に対する長の処置として、再議制度がある（法第176条第1項）。

2　**誤り**。条例の制定改廃に関する議決に対しては、任意に再議に付することができる（法第176条第1項）。ただし、長が再議に付すことができる議決は、その議決が効力を生ずることについて又はその執行に関して異議若しくは支障のある議決をいうのであって、否決されたものには効力又は執行上の問題は生じないので、再議の対象にはならない（行実昭26.10.12）。

3　**誤り**。予算に関する再議のうち特別的拒否権に基づくものには、義務費の削除・減額の議決に対する場合と非常災害復旧費などの削除・減額の議決に対する場合がある。再議に付してもなお同様の議決があれば、前者の場合は長は予算原案の執行が可能とされ、後者の場合は不信任議決とみなすことができる（法第177条第3項）。

4　**正しい**（法第176条第4項）。

5　**誤り**。審査の申立ては、再議又は再選挙後に都道府県知事にあっては総務大臣、市町村長にあっては都道府県知事に対して行う（法第176条第5項）。なお、自治紛争処理委員は、都道府県と市町村の間の係争処理等に関し任命される（法第251条第2項）。

正答　4

議会と長との関係③

No.70　　地方自治法に定める普通地方公共団体の長の再議権に関する記述として、妥当なのはどれか。　　**（東京都管理職試験改題）**

1　条例の制定・改廃又は予算に関する議決について異議がある場合、長は理由を示して再議に付さなければならないが、再議の結果、出席議員の３分の２以上の多数でなお同様の議決がなされたときには、その議決は確定する。

2　収入又は支出に関し執行不能な議決が行われた場合、長は理由を示して再議に付さなければならないが、再議の結果、出席議員の過半数でなお同様の議決がなされたときには、その議決は有効に成立する。

3　義務費を削減する議決が行われた場合、長は理由を示して再議に付さなければならないが、再議の結果、出席議員の３分の２以上の多数でなお同様の議決がなされたときには、その議決は有効に成立する。

4　非常災害のための応急・復旧施設に要する経費を削減する議決が行われた場合、長は理由を示して再議に付さなければならず、再議の結果、出席議員の過半数でなお同様の議決がなされたときには、その議決を不信任議決とみなすことができる。

5　違法な議決が行われた場合、長は理由を示して再議に付さなければならず、再議の結果、出席議員の３分の２以上の多数でなお同様の議決がなされたときには、原案執行権が長に認められている。

Key Point

　一般的拒否権に基づき、長が条例の制定改廃又は予算に関する議決を再議に付し、出席議員の３分の２以上の多数で議決を行った場合又はその他の議決を再議に付し、出席議員の過半数で議決を行った場合は、その議決は確定する。特別的拒否権に基づき、長が議会の議決を再議に付す場合は、過半数議決となり、再議の効果はそれぞれで異なる。

解説　再議制度について、表にまとめると次のようになる。

	項　　目	条　　文	付議	再　議　決	再議の効果
一般	条例制定改廃・予算	第176条第1項	任意	出席議員の3分の2以上	再議決確定
	上記以外の全議決	第176条第1項		出席議員の過半数	
特別	違法議決・選挙	第176条第4項	義務	議決内容による。	審査・出訴
	法令負担経費・義務費の削除等	第177条第1項第1号		出席議員の過半数	原案執行権が生じる。
	非常災害復旧費・感染症予防経費の削除等	第177条第1項第2号			不信任議決とみなすことができる。

地方公共団体の執行機関

1　**誤り**。条例の制定改廃又は予算に関する議決に異議がある場合、長は任意に再議に付すことができる（法第176条第1項）。義務的に再議に付さなければならないわけではない。

2　**誤り**。平成24年の法改正前は本肢のとおりであったが、執行不能議決については、事実上執行不能なものは一般的拒否権（再議に付すことは長の権限に委ねられている。）の対象と、違法なものは特別的拒否権（長は理由を示して再議に付さなければならない。）の対象とすることに改正された（法第176条第1項及び第4項）。

3　**誤り**。義務費の削減等については、再議の結果、なお同様の議決がなされたときは、長は原案を執行できる（法第177条第2項）。これが、予算の原案執行権といわれるものである。

4　**正しい**（法第177条第3項）。

5　**誤り**。原案執行権は認められず、都道府県知事にあっては総務大臣、市町村長にあっては都道府県知事に対し、議決があった日から21日以内に審査を申し立てることができる（法第176条第5項）。

正答　4

議会と長との関係④

No.71　普通地方公共団体の議会と長との関係に関する記述として、地方自治法上、妥当なのはどれか。　**(特別区管理職試験改題)**

1　普通地方公共団体の議会が長の不信任の議決をした場合、長は、その議決の日から起算して10日以内にその職を辞さなければならない。

2　普通地方公共団体の長は、議会が解散した後に初めて招集された議会で再び不信任の議決があったときは、議長からその旨の通知があった日に職を失う。

3　普通地方公共団体の長は、議会からの長に対する議会の会議への出席要求の有無にかかわらず、議会の会議に出席する権利を有する。

4　普通地方公共団体の長に対する不信任議決は、議員定数の12分の1以上の賛成がなければ発案することはできない。

5　普通地方公共団体の議会が非常の災害による応急のために必要な経費を削減する議決をした場合、当該議決は、再議の有無にかかわらず、当該普通地方公共団体の長に対する不信任議決とみなされる。

Key Point

　執行機関たる長と議決機関たる議会との間に対立抗争が生じ、その均衡と調和が保たれなくなった場合、議会は長に対する不信任議決権により、長を失職させることができる。一方、長は、議会解散権により、選挙を通じて住民に判断を委ねることができる。

現行の地方自治制度の下においては、普通地方公共団体は、いずれも住民の直接選挙において選ばれた執行機関たる**長**と議決機関たる**議会**がそれぞれ独立の立場において同時に牽制し、その均衡と調和の下で運営されるものである。

　両者の間に対立抗争が生じ、その均衡と調和が保たれなくなった場合の調整手段として、法は、議会側には長に対する**不信任議決権**により長を失職させる権能を、長の側にはこれに対抗する手段として**議会解散権**を認めている。これらは両者間の対立の調整を選挙を通じて住民の判断に委ねたものとされている。

1　**誤り**。議会において長の不信任議決をしたときは、直ちに議長からその旨を長に通知しなければならない。長は、不信任の議決の通知を受けた日から**10日以内**に議会を**解散**することができる（法第178条第1項）。

2　**正しい**。また、議会において長の不信任議決をした場合において、議長から通知のあった日から10日以内に議会を解散しないときは、10日の期間が経過した日において、長はその職を失う（法第178条第2項）。

3　**誤り**。長は、説明のため議長から出席を求められた時は、出席できないことについて正当な理由がある場合に、その旨を議長に届け出たときを除き、議場に出席しなければならない（法第121条第1項）。出席する権利を有するわけではない。

4　**誤り**。不信任議決は、機関としての議会の意思決定であるから、発案について、議員定数上の人数制約はない。

5　**誤り**。非常の災害の応急若しくは復旧費又は感染症予防費を削減した場合、長が再議に付してもなお削減する議決をしたときには、不信任の議決とみなすことができる（法第177条第3項）。

正答　2

議会と長との関係⑤

No.72　地方自治法に定める普通地方公共団体の長の議会解散権と長に対する議会の不信任議決に関する記述として、妥当なのはどれか。

（東京都管理職試験改題）

1　長は、議会が長に対する不信任議決をした場合に議会を解散することができるほか、長に対する不信任議決とは関係なく民意を問う必要があると判断した場合も、議会を解散することができる。

2　長に対する不信任議決の発案権は議員に専属するが、この発案は、長に倫理上の問題行為があったときなど法律に列挙された理由がある場合に限り認められる。

3　長に対する不信任議決には、議員数の４分の３以上の者が出席し、その３分の２以上の者の同意が必要であり、長は、議長から不信任議決の通知を受けた日から10日以内に議会の解散をしないときは、その職を失う。

4　長に対する不信任議決には、議員数の３分の２以上の者が出席し、その４分の３以上の者の同意が必要であり、長は、議長から不信任議決の通知を受けた日から10日以内に議会の解散をしないときは、その職を失う。

5　不信任議決に対抗して長が議会を解散した後初めて招集された議会において、再度不信任議決がなされたときは、長は、再度、議会を解散することができる。

Key Point

　最初の不信任議決については、議員数の３分の２以上の者が出席し、出席議員の４分の３以上の者の同意がなければならず、議会解散後初めて招集された議会において行う不信任議決については、議員数の３分の２以上の者が出席し、出席議員の過半数の者の同意がなければならない（法第178条第３項）。

解説　不信任議決後の流れをまとめると、次のようになる。

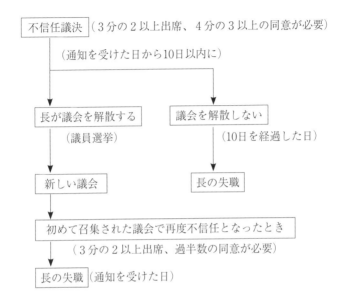

不信任議決（3分の2以上出席、4分の3以上の同意が必要）

（通知を受けた日から10日以内に）

長が議会を解散する　　　議会を解散しない

（議員選挙）　　　　　　　（10日を経過した日）

新しい議会　　　　　　　長の失職

初めて召集された議会で再度不信任となったとき

（3分の2以上出席、過半数の同意が必要）

長の失職（通知を受けた日）

1　**誤り**。長が議会を解散できるのは、議会が長に対する不信任議決をした場合（不信任とみなすことができる場合を含む。）に限られる（法第178条第1項）。
2　**誤り**。長の不信任議決を行うことのできる場合の限定はない。
3　**誤り**。最初の不信任議決については、議員数の3分の2以上の者が出席し、出席議員の4分の3以上の者の同意がなければならない（法第178条第3項）。
4　**正しい**（法第178条第2項、第3項）。
5　**誤り**。再度不信任議決がなされたときは、長は議長からその旨の通知のあった日においてその職を失う（法第178条第2項）。

正答　4

議会と長との関係⑥

No.73　　地方自治法に定める普通地方公共団体の長に対する議会の不信任議決に関する記述として妥当なのは、次のどれか。

（東京都管理職試験出題）

1　長の不信任議決は、議員がこの議案を発案する理由には特に制限はなく、法定要件を満たし所定の手続によって行われれば有効に成立する。

2　長が議会に案件を提出するとき、否決すれば自己への不信任とみなす旨の意思表示を長がした場合、当該案件を議会が否決すれば、その議決は長の不信任議決とみなされる。

3　長があらかじめ収支に関し執行不能としている案件を議会が議決し、長が議会に対し執行不能を理由として再議に付したにもかかわらず、議会がなお同じ議決をすれば、長の不信任議決が成立したものとみなされる。

4　長が法令等により義務的に支出しなければならない経費を議会が削減した場合、長の不信任議決となるが、長は議会を解散してこの不信任議決に対抗することができる。

5　長が発案した非常災害応急の経費を議会が削減した場合、長の不信任議決となるため、長は専決処分によってこの不信任議決に対抗することができる。

Key Point

　　不信任議決の発案権は議員に専属し、議員が不信任を発案する理由に限定はない。不信任議決は、必ず不信任の旨の議決でなければならない。ただし、非常災害応急対策等のために必要な経費を議会が削減し、長が再議に付しても、議会がなお同じ議決をしたときは、その議決を不信任議決とみなすことができる。

解説　　不信任議決を行うことができる場合は**限定されていない**。したがって、理由のいかんを問わず、所定の手続によって行われれば適法な不信任議決となる。不信任議決は、議会の機関意思の決定であるから、その**発案権は議員に専属**する。不信任議決は、必ず**不信任である旨が明確な議決**でなければならない。

　ただし、議会が、**非常の災害**による応急若しくは復旧の施設のために必要な経費又は**感染症予防**のために必要な経費を削減又は減額する議決をし、長が再議に付しても、議会がなお同じ議決をしたときは、その議決を長の不信任議決とみなすことができる（法第177条第3項）。

1　**正しい**。

2　**誤り**。不信任の議決は明確でなければならない。長が当該案件の否決は不信任とみなす旨の意思表示をした案件を否決した場合であっても、不信任議決と解することはできない。

3　**誤り**。収支に関し執行不能な案件を、長が再議に付し、議会がなお同じ議決をしたときは、その議決が有効に成立する。長は事実上当該案件を執行することができないことになるが、この議決を長の不信任議決とみなすことはできない（法第176条第1項、第2項）。なお、平成24年改正により法第176条第1項の規定による一般再議の対象が拡大されたことにより、収支に関し執行不能な議決は、法第177条の義務的再議の対象ではなく、一般再議の対象となった。

4　**誤り**。義務的経費を議会が削減した場合でも、長の不信任議決となるものではない（法第177条第2項）。

5　**誤り**。非常災害応急対策等の経費を議会が削減し、長が再議に付しても、議会がなお同じ議決をしたときは、長はその議決を不信任議決とみなすことができる（法第177条第3項）。また、長は専決処分によってではなく、議会を解散することによって不信任議決に対抗することができる（法第178条第1項）。

正答　1

議会と長との関係⑦

No.74　次のA～Fのうちから、地方自治法上、普通地方公共団体の長が専決処分をすることのできる場合を選んだときの組合せとして、妥当なのはどれか。　　　　　　　**（東京都主任試験改題）**

　A　長において議会を招集する時間的余裕がないことが明らかであると認めるとき

　B　長において議会の議決が議会の権限を超え又は法令や会議規則に違反していると認めるとき

　C　議会において議決すべき事件を議決しないとき

　D　議会において議決すべき事件を否決したとき

　E　議会において普通地方公共団体の義務に属する経費を削減する議決をしたとき

　F　議会の権限に属する軽易な事項で、議会の議決により特に指定したものがあるとき

1　A　C　E

2　A　C　F

3　B　D　E

4　B　E　F

5　C　D　F

Key Point

　専決処分とは、議会において議決又は決定すべき事項を普通地方公共団体の長が代わって行うことである。専決処分には、法第179条の規定による場合と法第180条に基づく議会の委任による場合とがある。法第179条の規定による場合とは、①議会が成立しないとき、②法第113条ただし書の場合において、なお会議を開くことができないとき、③議会を招集する時間的余裕がないことが明らかであると認めるとき、④議会において議決すべき事件を議決しないとき、の4つの場合をいう。

解説　専決処分は、議会において議決又は決定すべき事件に関して、必要な議決又は決定が得られない場合において、議会の権限に属する事項を普通地方公共団体の長が代わって行うことを認めたものである。専決処分には、議会と長との間の調整手段であるもの（法第179条の規定によるもの）と、行政執行の能率化を図る手段であるもの（法第180条の規定による議会の委任によるもの）がある。

専決処分は、次の場合に認められている。

1　法第179条の規定による専決処分

①　議会が成立しないとき。

（在任議員の総数が議員定数の半数に満たない場合等）

②　法第113条ただし書の場合において、なお会議を開くことができないとき。

（出席議員が過半数に達しなくても会議を開ける場合《法第113条ただし書》においても、なお会議を開くことができないとき。）

③　長において議会を招集する時間的余裕がないことが明らかであると認めるとき。

④　議会において議決すべき事件を議決しないとき。

法第162条の規定による副知事又は副市町村長の選任の同意については、法第179条の規定による専決処分をすることができない（法第179条第1項ただし書）。

2　議会の委任による専決処分（法第180条）

地方公共団体の議会の権限に属する軽易な事項で、その議決により特に指定したもの。

A及びCは、法第179条に規定する専決処分である。Fは法第180条に規定する専決処分である。

なお、Dは、議会において議決すべき事件を否決したとき、となっているので誤り。B及びEは、再議制度の要件である。

よって、正解はA、C、Fの組合せとなる。　　　**正答　2**

議会と長との関係⑧

No.75　普通地方公共団体の長の専決処分に関する記述として、地方自治法上、妥当なのはどれか。　　　**(特別区管理職試験改題)**

1　普通地方公共団体の長は、当該普通地方公共団体の議会が、伝染病予防に必要な経費に関する議案を否決したときは、当該議案を専決処分することができる。

2　普通地方公共団体の長は、当該普通地方公共団体の議会から委任された議会の権限に属する軽易な事項を専決処分することができるが、その軽易な事項には、請願の採択が含まれる。

3　普通地方公共団体の長は、当該普通地方公共団体の議会から委任された議会の権限に属する軽易な事項を専決処分したときは、議会に承認を求めなければならず、この承認を得られない場合には、当該専決処分の効力が生じない。

4　普通地方公共団体の長は、専決処分をする権限を有するが、その権限は、長たる地位に固有の権限であるので、当該普通地方公共団体の議会が成立しない場合、長の職務を代理する副市町村長は専決処分をすることができない。

5　普通地方公共団体の長は、当該普通地方公共団体の議会が議決すべき事件を議決しないときは、専決処分をすることができるが、議会における選挙については専決処分をすることができない。

Key Point

専決処分は、副市町村長等が長の職務を代理する場合も行い得る。議会の委任による専決処分のうち、議会の権限に属する軽易な事項には、請願の採択など議会自らなすべき権限の委任は含まれない。法の規定による専決処分のうち、議会において議決又は決定すべき事件を議決しないときの「事件」は、法令により議会の議決事項とされている事項であり、選挙は含まれない。

解説　専決処分は、長の職務を代理する副知事、副市町村長、長の職務執行者（臨時代理者等）も行い得る。

　議会の委任による専決処分（法第180条第 1 項）のうち、「議会の権限に属する軽易な事項」には、議会における選挙、決定、意見書の提出、諮問の答申、請願の採択、証人喚問など、法律が議会自らこれを決定し、又は議会そのものの意思若しくは意見を表明することを目的としている事項は含まれず、それらの事項に係る権限の委任は認められない。

　法律の規定による専決処分（法第179条第 1 項）のうち、「議会において議決又は決定すべき事件を議決しないとき」の事件とは、法令上議会の議決又は決定が必要となるものである。**条例の制定改廃**、その他法令により議会の議決事項とされている事項は一切含まれるが、議会において行う**選挙**はこれに含まれない。

　平成26年の法改正（平成28年 4 月 1 日施行）により、法第162条の規定による副知事及び副市町村長の選任の同意に加え、法第252条の20の 2 第 4 項の規定による法第252条の19第 1 項に規定する指定都市の総合区長の選任の同意についても、専決処分の対象から除外された。

1 　**誤り**。**否決は議決の一種**であるから、否決した場合は法第179条の場合に該当せず、専決処分はできない（行実、法第179条第 1 項参照）。

2 　**誤り**。上記のとおり。

3 　**誤り**。議会の委任による専決処分をしたときは、議会への報告が必要とされるのみで、承認の必要はない（法第180条第 2 項）。

4 　**誤り**。職務代理者は原則としては長の職務の全部を代行するものであり、専決処分ができる。なお、事の性質上他の代行を許さない事件（議会の解散、副知事等の選任等）は代行できないものとされる（行実昭30.9.2、法第152条）。

5 　**正しい**。第179条の議決の中には、議会における選挙は含まれない（行実）。

正答　5

委員会及び委員①

No.76　　行政委員会に関する記述として妥当なのは、次のどれか。

（東京都主任試験改題）

1　行政委員会は、知事の附属機関であり、行政の公正な判断を期し、利害の公平な調和を図る必要から設けられている。

2　行政委員会の事務については、行政の一体性、総合性を確保するため、知事の指揮監督が認められている。

3　行政委員会は、その権限に属する事務の一部を知事と協議して、知事の補助機関である職員に補助執行させることができる。

4　都道府県に設置される行政委員会には、教育委員会や選挙管理委員会があり、市町村に設置される行政委員会には労働委員会や収用委員会がある。

5　人事委員会は、専門的な人事行政機関として都道府県に設置されており、独任制の機関である。

Key Point

　　行政委員会は、普通地方公共団体の長から独立した執行機関である。行政委員会は、それぞれ独自の執行権限を持ち、その担任する事務の管理及び執行に当たって自ら決定し、表示し得るものであり、執行権限を有せず、行政執行の前提として必要な審議、調停等を行う附属機関とは異なる。

解説　　人事委員会、教育委員会等の行政委員会は、法律の定めにより設置される普通地方公共団体の長から独立した執行機関であり、一方、附属機関は、執行機関の行政執行の前提として必要な審議、調停等を行うために設置されるものである（法第138条の４）。

　長、行政委員会等の執行機関は、相互にその権限の範囲内において独立した関係にあり、条例、予算その他の議会の議決に基づく事務及び法令、規則その他の規定に基づく事務を、自らの判断と責任において誠実に管理し及び執行する義務を有する［法第138条の２の２］。

　長は、行政委員会の事務を補助させるためその補助機関である職員に当該委員会の事務に従事させることができる（法第180条の３）。また、事務局等の組織、職員の定数等に関する総合調整権を有する（法第180条の4）が、各行政委員会が法令の内容に基づいて行使する権限にまでは立ち入ることはできない。

　行政委員会の設置は、法律の定めが必要であり、都道府県と市町村では設置が必要なものが異なる（法第180条の５、詳細は次問参照のこと。）。

1　**誤り**。附属機関とは、執行機関に設けられる審議会、審査会等（法第138条の４第３項）のことで、行政委員会とは異なるものである。

2　**誤り**。法は、行政委員会も知事の所管の下に置かれる旨を明らかにしている（法第180条の４、第221条第１項、第238条の２）が、指揮監督までを認めているわけではではない。

3　**正しい**（法第180条の３）。

4　**誤り**。労働委員会及び収用委員会は都道府県に設置しなければならないものである（法第180条の５第２項）。

5　**誤り**。人事委員会は、合議制の執行機関である。都道府県及び政令指定都市は人事委員会を、また、特別区と人口15万以上の市には人事委員会又は公平委員会を、人口15万未満の市、町、村及び地方公共団体の組合は公平委員会を置くものとされている（地方公務員法第７条）。

正答　**3**

委員会及び委員②

No.77　都道府県及び市町村には、行政委員会が置かれるが、次のA〜Eのうち、都道府県のみに置かれるものの組合せとして妥当なのはどれか。　　　　　　　　　　　　**（東京都主任試験改題）**

A　教育委員会
B　選挙管理委員会
C　人事委員会
D　収用委員会
E　労働委員会

1　A　B
2　A　D
3　B　C
4　C　E
5　D　E

Key Point

　執行機関として法律の定めるところにより、普通地方公共団体に置かなければならない委員会及び委員は、都道府県と市町村と共通のものと、それぞれ独自に設置するものとがある。

　なお、特別区は、特別地方公共団体であるが、委員会及び委員の設置については、市の規定が適用される。

解説　都道府県、市町村にそれぞれ設置しなければならない委員会及び委員の区分は、次のとおりである（法第180条の5）。

(1) 都道府県及び市町村に設置しなければならないもの

①教育委員会　②選挙管理委員会

③人事委員会又は公平委員会（＊1）　④監査委員

(2) 都道府県に設置しなければならないもの

①公安委員会　②労働委員会　③収用委員会

④海区漁業調整委員会　⑤内水面漁場管理委員会

(3) 市町村に設置しなければならないもの

①農業委員会（＊2）　②固定資産評価審査委員会（＊3）

＊1　都道府県及び指定都市は人事委員会を、人口15万人以上の市（指定都市を除く。）及び特別区は人事委員会又は公平委員会を、人口15万未満の市、町、村及び地方公共団体の組合は公平委員会を置く（地方公務員法第7条）。

＊2　区域内に耕作の目的に供される土地のない市町村には農業委員会を置かず、また、その区域内の農地面積が著しく小さい市町村で政令で定めるものには農業委員会を置かないことができる（農業委員会等に関する法律第3条第1項及び第5項）。

＊3　特別区の区域においては都を市とみなして、都に固定資産評価審査委員会を置く（地方税法第734条）。

地方公共団体の執行機関

A（教育委員会）及びB（選挙管理委員会）は都道府県及び市町村の全てに設置しなければならず、C（人事委員会）は都道府県及び指定都市に必置、特別区及び人口15万人以上の市は公平委員会と選択の上設置とされている。D（収用委員会）及びE（労働委員会）は、都道府県にのみ設置することとされている（第180条の5第1項）。

正答　5

委員会及び委員③

No.78　地方自治法に定める普通地方公共団体の長と行政委員会との関係に関する記述として妥当なのは、次のどれか。

（東京都管理職試験出題）

1　長は、その権限に属する事務の一部を行政委員会の事務を補助する職員に補助執行させるときは、行政委員会との協議を要するが、この補助執行を解消しようとするときは、行政委員会に通告すれば足りる。

2　長は、行政委員会の事務処理のために使用する公有財産の管理を行政委員会に委任することができるが、公有財産の取得は、長が総合的に行うこととされ、この権限を行政委員会に委任することはできない。

3　長は、行政委員会の事務局に属する職員の身分取扱いについて、行政委員会に必要な措置を講ずべきことを勧告することができるが、勧告は一般的な基準に止まり、個々の職員の身分取扱いに関しては勧告することができない。

4　行政委員会の予算の調製及び決算の認定付議の権限は長に属するが、行政委員会が所掌する事務を内容とする議案の提出の権限については、行政委員会に属する。

5　長は、行政委員会に対して、予算の執行状況について報告を求め、調査をすることはできるが、行政委員会の権限の独立性を確保するため、行政委員会に対して必要な措置を講ずることを求めることはできない。

Key Point

　　地方公共団体の長は、その権限に属する事務の一部を行政委員会又はその補助機関に委任することができ、また、その補助機関である職員に行政委員会の事務を補助させることができる。

　　長は、行政委員会の事務局等の組織、職員の定数等に関する総合調整権を有するほか、予算の調査権等を有する。

解説　長は、委員会又は委員と協議して長の権限に属する事務の一部を、委員会の事務を補助する職員等に**委任又は補助執行**させることができ（法第180条の２）、また、同じく協議の上、その補助機関である職員を委員会の事務を補助する職員と兼ねさせ、若しくは充て、又は委員会の事務に従事させることができる（法第180条の３）。

　長は、委員会又は委員に対し、委員会の事務局等の組織、職員定数等に関し必要な措置を講ずべきことを勧告すること（法第180条の４）、予算の執行状況を実地に調査し、その結果に基づき必要な措置を求めること（法第221条）、公有財産の取得等に関し実地に調査し、その結果に基づき必要な措置を講ずべきことを求めること（法第238条の２）ができるなど、**総合調整権**を有する。

　また、行政委員会は、①予算の調製及び執行、②議決案件の議会への提出、③地方税の賦課徴収、分担金の徴収等、④決算の議会認定への付議の権限を有せず（法第180条の６）、これらは長の権限とされている。

1　**誤り**。前半部分は正しい（法第180条の２）が、補助執行を解消しようとするときには、通告を要しない。
2　**誤り**。長は、公有財産の取得について、委員会又は委員に報告を求めること等ができるとされるが、公有財産の取得を長が総合的・一元的に行うものではない（法第238条の２）。
3　**正しい**（法第180条の４）。
4　**誤り**。前半部分は正しいが、委員会又は委員は、議案の提出の権限を有しない（法第180条の６）。
5　**誤り**。必要な措置を講じるよう求めることができる（法第221条）。

正答　**3**

委員会及び委員④

No.79　地方自治法に規定する普通地方公共団体の教育委員会の委員に関する記述として、妥当なのはどれか。

（特別区管理職試験出題）

1　普通地方公共団体の教育委員会の委員は、当該教育委員会がその所管に属する学校の建設の請負に係る予算執行権を委任されていない場合、当該建設を請け負う法人の取締役を兼ねることができる。

2　普通地方公共団体の教育委員会の委員が兼業禁止の規定に該当するかどうかの決定は、当該教育委員会が行う。

3　普通地方公共団体の教育委員会の委員は、当該普通地方公共団体が資本金を2分の1以上出資している法人の取締役を兼ねることができる。

4　普通地方公共団体の教育委員会の委員は、兼業禁止の規定に関する決定に不服がある場合、当該普通地方公共団体の長に審査請求をすることができる。

5　普通地方公共団体の教育委員会の委員は、兼業禁止に関する決定に不服がある場合、審査請求の裁決を経た後でなければ、行政事件訴訟法に基づき裁判所に出訴することができない。

Key Point

　委員会の委員は、法律で特別の定めがある場合を除き非常勤の特別職の公務員である。また、長と同様に、職務に関し請負をする者又は同一の行為をする法人の取締役等になることはできず（普通地方公共団体が資本金等を2分の1以上出資している法人を除く。）、これに該当すると失職する。

解説 普通地方公共団体の委員会の委員又は委員は、法律に特別の定めがあるものを除き、**非常勤**であり（法第180条の５第５項）、**特別職の地方公務員**である（地方公務員法第３条第３項）。

委員会の委員（教育委員会にあっては、教育長及び委員）又は委員は普通地方公共団体に対しその職務に関し請負をする者又は主として請負と同一の行為をする法人の取締役、監査役等の役員となることはできない。ただし、当該普通地方公共団体が資本金等の２分の１以上出資している法人は除かれる（法第180条の５第６項、令第133条）。兼業禁止規定に該当するかどうかは、その選任権者が決定し、該当した場合、その委員は失職する（法第180条の５第７項）。

委員が失職した場合の取扱いは、長が失職した場合の規定が準用され、失職の決定は、文書により理由を付して本人に交付し、この決定についての審査請求は、決定のあった日の翌日から起算して21日以内に、都道府県の委員は総務大臣に、市町村の委員は都道府県知事に対して行う（法第180条の５第８項、第143条第２項から第４項まで）。

1 **誤り**。所管する職務に関する請負禁止は、予算の執行権を委任されているか否かを問わない（行実昭31.9.28）。

2 **誤り**。兼業禁止規定に該当するかの決定は、委員の選任権者が行う（法第180条の５第７項）。

3 **正しい**（法第180条の５第６項、令第133条）。

4 **誤り**。委員の失職については、長の失職の規定が準用されるため、審査請求先は、都道府県の委員は総務大臣、市町村の委員は都道府県知事となる（法第143条第３項、第180条の５第８項）。

5 **誤り**。地方自治法には、審査請求を経た後でなければ処分の取消しの訴えを提起することができない旨の規定はない（行訴法第８条）。

正答　3

委員会及び委員⑤

No.80　地方自治法に定める選挙管理委員会の委員に関する記述
として妥当なのは、次のどれか。　　　　　　　**（東京都管理職試験改題）**

1　委員の定数は、都道府県及び政令で定める市にあっては4人と
し、その他の市及び町村にあっては2人とする。ただし、条例で
その定数を増加することができる。

2　委員長を除く委員は、選挙権を有する者で、政治及び選挙に関
し公正な識見を有する者のうちから、選挙管理委員会の委員長の
推薦に基づき、普通地方公共団体の長により選任される。

3　委員は、普通地方公共団体の議会において選挙され、普通地方
公共団体の議会の議員及び長と兼ねることができず、また、当該
普通地方公共団体に対してその職務に関し請負をする者となるこ
とができない。

4　委員長を除く委員は、選挙管理委員会の委員長により選任さ
れ、普通地方公共団体の議会の議員と兼ねることができるが、長
と兼ねることはできない。

5　委員は、普通地方公共団体の議会において選挙され、委員全員
が同一政党その他の政治団体に属する者となることができる。

Key Point

　　選挙管理委員会は、4人の委員で組織され、その委員は、選
挙権を有する者で、人格が高潔で、政治及び選挙に関し公正な
識見を有するもののうちから、普通地方公共団体の議会におい
て選挙により選任される。また、委員は政党に属することはで
きるが、議員及び長と兼ねることはできない。

選挙管理委員会は、普通地方公共団体に置かれ、**4人の選挙管理委員**をもって組織される（法第181条）。

　　選挙管理委員は、選挙権を有する者で、人格が高潔で、政治及び選挙に関し公正な識見を有するもののうちから、普通地方公共団体の議会において選挙する（法第182条第1項）。また、選挙を行う場合には、同時に**委員と同数の補充員**を選挙しなければならない（法第182条第2項）。

　法律の定めるところにより行われる選挙、投票又は国民審査に関する罪を犯し刑に処せられた者は、委員又は補充員になることができない（法第182条第4項）。この場合、刑に処せられた者には、執行猶予中の者も含まれるが、刑の言渡しの効力が失われた者は、これに該当しなくなるものと解される。

　委員又は補充員は、それぞれその中の2人が同時に同一の政党その他の政治団体に属すことはできず（法第182条第5項）、また、地方公共団体の議員及び長と兼ねることができない（法第182条第7項）。

　なお、委員の請負禁止については、No.79の解説を参照のこと。

1　**誤り**。選挙管理委員会は、4人の委員をもって組織する（法第181条第2項）。設問は、監査委員の定数の規定である（法第195条第2項）。

2　**誤り**。委員は、選挙権を有する者で、人格が高潔で、政治及び選挙に関し公正な識見を有する者のうちから、普通地方公共団体の議会において選挙する（法第182条第1項）。

3　**正しい**（法第182条第1項及び第7項、第180条の5第6項）。

4　**誤り**。委員は、議会において選挙され、議会の議員を兼ねることはできない（法第182条第1項及び第7項）。

5　**誤り**。委員のうち2人が同時に同一政党等に属することはできない（法第182条第5項）。

正答　3

委員会及び委員⑥

No.81　地方自治法に定める選挙管理委員会に関する記述として妥当なのは、次のどれか。　　　　　　　　　**（東京都管理職試験改題）**

1　選挙管理委員会の委員は、選挙権を有する者で、人格が高潔で政治及び選挙に関し公正な識見を有するもののうちから、委員と同数の補充員とともに、普通地方公共団体の議会によって選挙される。

2　選挙管理委員会の委員は、その選挙に関して異議があるものとして出された裁決又は判決が出るまで失職しないが、判決等により失職した場合には、それまでに受け取った報酬等を返還しなければならない。

3　選挙管理委員会の委員は、普通地方公共団体の議会の議員及び長と兼職することはできず、また選挙の公正を確保するため、政党その他の政治団体に属することは禁止されている。

4　選挙管理委員会の委員は、心身の故障のため職務の遂行に堪えないとき、又は職務上の義務違反その他の選挙管理委員として適しない非行があるときは、普通地方公共団体の長によって罷免される。

5　選挙管理委員会は、合議制の機関であり、委員全員の出席がなければ開催することはできず、委員会の議事についても委員全員の意見の一致がなければ決することはできない。

Key Point

　選挙管理委員会は、委員4人による合議制の執行機関であり、会議の開催は、委員の3人以上の出席が必要である。委員は、心身の故障のため職務の遂行に堪えない等として議会の議決により罷免となる場合を除き、その意に反して罷免されない。

解説　選挙管理委員の任期は、**4年**であり、補欠により就任した委員の任期は、前任者の残任期間となる（法第183条第１項及び第２項）。

委員及び補充員は、その選挙に関して異議があるとして出された裁決又は判決が確定するまでは失職せず、仮に判決等の確定により失職した場合でも、それまでに委員として行った行為の効力には影響せず、受け取った報酬等も返還する必要はない（法第183条第４項）。

委員は、転居により住所要件を欠く場合、禁錮刑以上の刑に処せられその執行を終わるまでの者など、**選挙権を有しなくなったときは、失職する**（法第184条）。

委員は、心身の故障のため職務の遂行に堪えない又は職務上の義務違反等の委員として適しない非行があると認められるとして、**議会の議決により罷免される場合を除き、委員の意に反して罷免されることはない**（法第184条の２）。

委員会は、**合議体の執行機関**であり、**委員の３人以上が出席**しなければ、会議を開くことができない（法第189条）。また、議事の表決は、出席委員の過半数をもって決し、可否同数の時は、委員長の決するところによる（法第190条）。

1　**正しい**（法第182条）。
2　**誤り**。失職までに受け取った報酬等を返還する必要はない（法第183条）。
3　**誤り**。選挙管理委員が政党その他の政治団体に属することは認められている（法第182条第５項）。
4　**誤り**。議会の議決により罷免される（法第184条の２）。
5　**誤り**。３人以上の委員の出席により会議を開くことができ、議事は出席委員の過半数により決する（法第189条、第190条）。

　　　　　　　　　　　　　　　　　　　　正答　1

委員会及び委員⑦

No.82　　普通地方公共団体の監査委員に関する記述として、地方自治法上妥当なのは、次のどれか。

1　都道府県及び政令で定める市の監査委員は、4人をもって上限とされ、条例で定めなければならない。

2　普通地方公共団体の監査委員は、当該普通地方公共団体の財務に関する事務の執行を監査することができるが、当該普通地方公共団体の経営に係る事業の管理を監査することはできない。

3　都道府県及び政令で定める市は、識見を有する者のうちから選任される委員のうち、少なくとも1人以上は常勤としなければならない。

4　普通地方公共団体の長は、当該普通地方公共団体の監査委員が心身の故障のため職務の遂行に堪えないと認めるときは、議会の同意を得ることなく、これを罷免することができる。

5　監査委員は、地方公共団体の短時間勤務職員と兼ねることができる。

Key Point

　　監査委員は、長が議会の同意を得て、人格が高潔で、普通地方公共団体の財務管理、事業の経営管理その他行政運営に関し優れた識見を有する者及び議員のうちから選任する（ただし、条例で議員のうちから選任しないことができる。）。定数は、都道府県等は4人、人口25万人未満の市及び町村は2人であるが、条例で定数を増加することができる。

監査委員は、普通地方公共団体に置かれ、その定数は、都道府県及び政令で定める市（人口25万人以上）は４人、人口25万人未満の市及び町村では２人である。ただし、委員の定数は条例で増加させることができる（法第195条）。

　監査委員は、長が議会の同意を得て、人格が高潔で、普通地方公共団体の財務管理、事業の経営管理その他行政運営に関し優れた識見を有する者及び議員のうちから選任するが、平成30年４月１日の改正法施行により、条例で議員のうちから選任しないことができることとなった（法第196条第１項）。

　監査委員は地方公共団体の常勤の職員及び短時間勤務職員と兼ねることができず（法第196条第３項）、都道府県及び政令で定める市にあっては、識見を有する者のうちから選任される監査委員のうち少なくとも１人以上は常勤としなければならない（法第196条第５項）。

　監査委員の任期は、識見を有する者から選任されるものは４年、議員から選任されるものは議員の任期による（法第197条）。

　監査委員が心身の故障のため職務の遂行に堪えないと認めるときに長が当該監査委員を罷免するためには、議会の常任委員会又は特別委員会において公聴会を開き、議会の同意を得なければならない（法第197条の２）。

1　**誤り**。都道府県及び政令で定める市の監査委員の定数は、法で４人と定められており、定数を増加する場合を除き、条例で定める必要はない（法第195条第２項）。

2　**誤り**。監査委員は財務に関する事務の執行及び経営に係る事業の管理を監査する（法第199条第１項）。

3　**正しい**（法第196条第５項）。

4　**誤り**。監査委員の罷免には議会の同意が必要である（法第197条の２第１項）。

5　**誤り**（法第196条第３項）。

正答　**3**

委員会及び委員⑧

No.83　地方自治法に規定する普通地方公共団体の監査委員に関する記述として妥当なのは、次のどれか。

1　普通地方公共団体の監査委員は、監査請求事件が裁判所において係争中のものである場合、その事件に関する判決があるまで、当該請求に係る監査をすることができない。

2　普通地方公共団体の監査委員は、長が定める監査基準に従い、常に公正不偏の態度を保持して監査等をしなければならない。

3　監査委員に常設又は臨時の監査専門委員を置くことができ、監査専門委員は、監査委員の委託によりその権限に属する事務に関して必要な事項を調査する。

4　監査専門委員は、専門の学識経験を有する者の中から、代表監査委員によって選任され、少なくとも1人以上は常勤としなければならない。

5　監査委員は、識見を有する議員以外の者及び議員のうちから、それぞれ選任しなければならない。

Key Point

　監査委員は、普通地方公共団体の財務に関する事務の執行及び経営に係る事業の管理を監査し、必要があると認める時は、当該団体の事務の執行のほか、財政的援助を与えているもの等の監査を行うことができる。地方自治法の改正により勧告制度、監査専門員が創設され、議選監査委員の選任の義務付けが緩和された（平成30年4月1日施行）。

監査委員は、普通地方公共団体の財務に関する事務の執行及び普通地方公共団体の経営に係る事務の管理を監査する（法第199条第1項）。当該監査は、毎会計年度少なくとも1回以上期日を定めて実施しなければならず、必要があると認めるときは、いつでも実施することができる（法第199条第4項及び第5項）。また、長から事務の執行に関し監査の要求があったときは、その要求に係る事項について監査しなければならない（法第199条第6項）。

　監査委員は、監査委員が定める監査基準に従い、常に公正不偏の態度を保持して監査等をしなければならない（法第198条の3第1項）。

　監査委員は、必要があると認めるとき、又は長の要求があるときは、補助金等の財政的援助を与えているもの等の出納その他の事務の執行で、当該財政的援助に係るものを監査することができる（法第199条第7項）。

　監査委員は、自己若しくは父母、祖父母、配偶者、子、孫若しくは兄弟姉妹の一身上に関する事件又は自己若しくはこれらの者の従事する業務に直接の利害関係のある事件については、監査することができない（法第199条の2）。

1　**誤り**。監査対象とならない事項として、労働委員会及び収用委員会の権限に属する自治事務で政令で定めるもの等が法定されているが、裁判の係争とは関係がない（法第199条第2項）

2　**誤り**。監査委員が定める監査基準に従って監査等を行う（法第198条の3第1項）。

3　**正しい**（法第200条の2）。

4　**誤り**。監査専門委員は非常勤である（法第200条の2第4項）。

5　**誤り**。条例で議員のうちから監査委員を選任しないことができる（法第196条第1項）。

正答　3

委員会及び委員⑨

No.84 　地方自治法に定める行政委員会についての記述として妥当なのは、次のどれか。

1　人事委員会は、地方公務員法の定めるところにより、人事行政に関する調査、研究、企画、立案、勧告等を行い、職員の競争試験及び選考を実施し、並びに職員の勤務条件に関する措置の要求及び職員に対する不利益処分を審査し、並びにこれについて必要な措置を講ずる。

2　公平委員会は、職員の競争試験及び選考を実施しないこと以外、その権能は人事委員会と同じである。

3　労働委員会は、労働基準法の定めるところにより、労働組合の資格の立証を受け及び証明を行い、並びに不当労働行為に関し調査し、審問し、命令を発し及び和解を勧め、労働争議のあつせん、調停及び仲裁を行い、その他労働関係に関する事務を執行する。

4　農業委員会は、農地法の定めるところにより、農地等の利用関係の調整、農地の交換分合その他農地に関する事務を執行する。

5　固定資産評価審査委員会は、地方税法の定めるところにより、固定資産に対する課税額に関する不服の審査決定その他の事務を執行する。

Key Point

　人事委員会、公平委員会、労働委員会、農業委員会、収用委員会、海区漁業調整委員会、内水面漁場管理委員会及び固定資産評価審査委員会は、個別の参照法の定めるところに従って事務を行う。農業委員会は農地のない市町村には設置されず、海区漁業調整委員会は農林水産大臣が定める海区のある都道府県に置かれるため、非設置の普通地方公共団体もある。

解説　地方自治法に個別に規定される行政委員会及び委員（教育委員会、公安委員会、選挙管理委員会及び監査委員）を除いた行政委員会の基本的な権能等については、地方自治法第202条の2に概括的に規定されている。

人事委員会又は公平委員会は、すべての普通地方公共団体に置かれるもので、構成、権限、運営等は地方公務員法に従う。

労働委員会は、都道府県に置かれるもので、同数の使用者委員、労働者委員及び公益委員によって組織され、労働組合法及び労働関係調整法等に従って労働関係に関する事務等を行う。

農業委員会は、市町村に置かれるもので、営農者等の選挙及び市町村長の選任により組織され、農業委員会等に関する法律に従って農地等の利用、交換分合等に関する事務等を行う。

海区漁業調整委員会又は内水面漁場管理委員会は、農林水産大臣が定める海区又は漁業が営まれる内水面のある都道府県に置かれるもので、漁業者の選挙及び都道府県知事の選任により組織され、漁業法に従って漁業調整に関する事務等を行う。

固定資産評価審査委員会は、市町村に置かれる（特別区のみ都に設置される）もので、委員の定数は市町村の条例により、地方税法に従って固定資産課税台帳に登録された価格に関する不服の審査決定の事務等を行う。

1　**正しい**（法第202条の2第1項）。

2　**誤り**。公平委員会の権能に人事行政に関する調査、研究等は含まれない（法第202条の2第2項）。

3　**誤り**。労働委員会に係る参照法は労働組合法及び労働関係調整法である（法第202条の2第3項）。

4　**誤り**。農業委員会に係る参照法は農業委員会等に関する法律である（法第202条の2第4項）。

5　**誤り**。審査対象となるのは固定資産課税台帳に登録された価格に対する不服であり（法第202条の2第5項）、価格以外の課税額等に対する審査請求は市町村長（特別区は東京都知事）に行う。

正答　1

委員会及び委員⑩

No.85　　　普通地方公共団体の執行機関の附属機関に関する記述として、地方自治法上妥当なのは、次のどれか。

（特別区管理職試験改題）

1　普通地方公共団体は、政令に定める執行機関を除き、任意に条例を制定して、当該普通地方公共団体の執行機関の附属機関を設置することができる。

2　普通地方公共団体の執行機関の附属機関の職務権限は、規則で定めなければならない。

3　普通地方公共団体の執行機関の附属機関を組織する委員その他の構成員は、原則として非常勤であるが、条例により常勤とすることができる。

4　普通地方公共団体の執行機関の附属機関を組織する委員その他の構成員には、事務補助職員は含まれず、行政委員会と同様に独自の補助職員を置くことができる。

5　普通地方公共団体の執行機関の附属機関は、一つの執行機関のみに附属するものであり、複数の執行機関に附属することができない。

Key Point

　普通地方公共団体は、法律又は条例の定めるところにより、審査会、審議会等の審査、諮問等のための附属機関を置くことができる。その職務に係る事項は、法律等又は条例で定める必要がある。当該機関の委員は非常勤であり、法律等で特に定めがない限り、独自の補助職員を置くことができない。

解説　普通地方公共団体は、**法律又は条例**の定めるところにより、**執行機関の附属機関**として、自治紛争処理委員、審査会、審議会等の**調停、審査、諮問又は調査**のための機関を置くことができる（法第138条の４第３項）。

　附属機関は、法律若しくはこれに基づく政令又は条例の定めるところにより、その担任する事項について調停、審査、審議又は調査等を行う機関である（法第202条の３第１項）。

　附属機関を組織する委員その他の構成員は非常勤とされており、**条例によって常勤とすることはできない**（法第202条の３第２項）。

　附属機関の庶務は、法律又はこれに基づく政令に特別の定めがあるものを除くほか、附属機関の属する執行機関において掌るものとされており、**独自に補助職員を置くことはできない**（法第202条の３第３項）。

　附属機関は、特定の執行機関のみに附属するとは限らず、長と委員会の両者に附属する審議会等を設けることも可能である。

1　**正しい**（法第138条の４第３項）。

2　**誤り**。附属機関の職務権限は、法律若しくはこれに基づく政令又は条例の定めるところによる（法第202条の３第１項）。

3　**誤り**。附属機関を組織する委員その他の構成員は、非常勤とする（法第202条の３第２項）。

4　**誤り**。執行機関である行政委員会とは異なり、独自の補助職員を置くことはできない（法第202条の３第３項）。

5　**誤り**。一つの執行機関の附属機関として設けられた審議会等の権限として、他の執行機関（公安委員会を除く。）の諮問に応じ審議し、又は建議できる旨を規定することができる。

正答　1

地域自治区①

No.86　　地方自治法に定める地域自治区に関する記述として妥当なのは、次のどれか。

1　市町村は、市町村長の権限に属する事務を分掌させるため、条例で区域を分けて定める区域ごとに地域自治区を設けることができ、この地域自治区は法人格を有する。

2　地域自治区には事務所を置くものとされ、事務所の長は、市町村長が選任する地域協議会の構成員の中から充てることとされている。

3　地域自治区に置かれる地域協議会の構成員は、地域自治区の区域内に住所を有する者及び地方自治に関し学識経験を有する者のうちから、市町村長が選任する。

4　地域協議会には会長及び副会長を置くこととされており、会長及び副会長の選任及び解任の方法は、条例で定めることとされている。

5　地域協議会の構成員には、報酬を支給しなければならず、条例で無報酬とすることはできない。

Key Point

　　市町村は、市町村長の権限に属する事務を分掌させ、及び地域の住民の意見を反映させつつこれを処理させるため、条例で、その区域を分けて定める区域ごとに地域自治区を設けることができる。地域自治区には事務所及び地域自治区の区域内に住所を有する者のうちから市町村長が選任する構成員からなる地域協議会を置くものとされている。

解説　市町村は、市町村長の権限に属する事務を分掌させ、及び地域の住民の意見を反映させつつこれを処理させるため、条例で、その区域を分けて定める区域ごとに**地域自治区**を設けることができる（法第202条の４第１項）。

地域自治区には**事務所**を置くものとし、事務所の位置、名称及び所管区域は、条例で定めることとされている（法第202条の４第２項）。地域自治区の事務所の位置を定め又はこれを変更するに当たっては、住民の利用に最も便利であるように、交通の事情、他の官公署との関係等について適当な考慮を払わなければならない（法第202条の４第４項及び第４条第２項）。

地域自治区には、**地域協議会**を置くものとされている（法第202条の５第１項）。地域協議会の構成員は、地域自治区の区域内に住所を有する者のうちから**市町村長が選任**し、その任期は、４年以内において条例で定める期間とされる（法第202条の５第２項及び第４項）。

市町村長は、地域協議会の構成員の選任に当たっては、その構成が地域自治区の区域内に住所を有する者の多様な意見が適切に反映されるよう配慮しなければならない（法第202条の５第３項）。

地域協議会の会長及び副会長の選任及び解任の方法は、条例で定めることとされている（法第202条の６第２項）。

地方自治法に定めるもののほか、地域協議会の構成員の定数その他の地域協議会の組織及び運営に関し必要な事項は、条例で定めることとされている（法第202条の８）。

1　**誤り**。地域自治区は法人格を有しない（法第１条の３及び第２条第１項）。

2　**誤り**。当該普通地方公共団体の長の補助機関である職員をもって充てることとされている（法第202条の４第３項）。

3　**誤り**。地域協議会の構成員は、地域自治区の区域内に住所を有する者のうちから、市町村長が選任する（法第202条の５第２項）。

4　**正しい**（法第202条の６第１項及び第２項）。

5　**誤り**。地域協議会の構成員には報酬を支給しないこととすることができる（法第202条の５第５項）。　　　　　**正答　4**

地域自治区②

No.87　地方自治法に定める地域自治区に関する記述として妥当なのは、次のどれか。

1　市町村は、市町村長の権限に属する事務を分掌させるために地域自治区を置くことができ、地域自治区ごとに市町村長が任命する区長を置くことができる。

2　地域協議会の会長は、地域協議会の事務を掌理し、地域協議会を代表するものとされており、会長に事故があるとき又は会長が欠けたときは、その構成員のうち会長があらかじめ指名する者がその職務を代理する。

3　市町村長は、条例で定める市町村の施策に関する重要事項であって地域自治区の区域に係るものの決定に当たっては、あらかじめ地域協議会の意見を聴き、又は事後に地域協議会に報告しなければならない。

4　地域協議会は、地域自治区の事務所が所掌する事務に関する事項等のうち市町村長により諮問されたものについて審議し、市町村長に意見を述べることができるが、その他の市町村の機関により諮問された事項については審議することができない。

5　市町村長は、地域協議会の意見を勘案し、必要があると認めるときは、適切な措置を講じなければならない。

Key Point

　地域協議会は、地域自治区の事務所が所掌する事務に関する事項等のうち市町村長その他の市町村の機関により諮問されたもの又は必要と認めるものについて、審議し、意見を述べることができる。また、市町村長は、条例で定める市町村の施策に関する重要事項であって地域自治区の区域に係るものを決定し、又は変更しようとする場合においては、あらかじめ、地域協議会の意見を聴かなければならない。

解説 　地域協議会は、①地域自治区の事務所が所掌する事務に関する事項、②①のほか市町村が処理する地域自治区の区域に係る事務に関する事項、③市町村の事務処理に当たっての地域自治区の区域内に住所を有する者との連携の強化に関する事項のうち、市町村長その他の市町村の機関により**諮問**されたもの又は必要と認めるものについて、**審議**し、市町村長その他の市町村の機関に**意見を述べる**ことができる（法第202条の7第1項）。また、市町村長は、条例で定める市町村の施策に関する重要事項であって地域自治区の区域に係るものの決定等をしようとする場合においては、あらかじめ、地域協議会の意見を聴かなければならない（法第202条の7第2項）。

　指定都市は、必要と認めるときは、条例で、**区ごとに区地域協議会を置くことができる**。この場合において、その区域内に地域自治区が設けられる区には、区地域協議会を設けないことができる（法第252条の20第7項）。指定都市は、地域自治区を設けるときは、その区域は、区の区域を分けて定めなければならない（法第252条の20第9項）。区に区地域協議会を置く指定都市は、その一部の区の区域に地域自治区を設けることができる（法第252条の20第10項）。

1　**誤り**。市町村の合併に際して設ける合併関係市町村の区域による地域自治区においてのみ区長を置くことができる旨の特例が定められている。

2　**誤り**。地域協議会の会長に事故があるとき又は地域協議会の会長が欠けたときは、副会長がその職務を代理する（法第202条の6第5項）。

3　**誤り**。条例で定める重要事項であって地域自治区の区域に係るものの決定に当たっては、あらかじめ地域協議会の意見を聴かなければならない（法第202条の7第2項）。

4　**誤り**。地域協議会は、市町村長以外の機関により諮問された事項についても審議することができる（法第202条の7第1項）。

5　**正しい**（法第202条の7第3項）。

正答　5

給与その他の給付

No.88　普通地方公共団体の職員に対する給与その他の給付に関する記述として、妥当なのはどれか。

1　普通地方公共団体は、議会の議員に対し報酬を支給しなければならないが、期末手当を支給するかどうかは当該団体の任意である。

2　普通地方公共団体は、長及びその補助機関たる常勤の職員に対しては給料を、短時間勤務職員に対しては報酬を支給しなければならない。

3　普通地方公共団体は、常勤の職員に対する給料の額等は条例で定めなければならないが、非常勤の職員に対する報酬の額等は条例で定める必要はない。

4　普通地方公共団体の長及びその補助機関たる常勤の職員、委員会の委員、監査委員並びに議会の議員は、退職一時金を受けることができる。

5　都道府県知事以外の機関がした給与その他の給付に関する処分についての審査請求は、法律に特別の定めがある場合を除くほか、総務大臣に対してすることができる。

Key Point

　普通地方公共団体は、議会の議員、委員会の委員等の非常勤の職員に対しては報酬等を、長、その補助機関たる常勤の職員等の常勤の職員に対しては給料等を支給しなければならない。また、報酬、給料等の額及び支給方法は、条例で定めなければならない。

　普通地方公共団体は、議会の議員、委員会の非常勤の委員、非常勤の監査委員、審議会等の委員その他普通地方公共団体の**非常勤の職員**に対し**報酬**を支給しなければならない（法第203条第1項及び第203条の2第1項）。

　普通地方公共団体は、長、常勤の職員、委員会の常勤の委員、常勤の監査委員その他普通地方公共団体の常勤の職員及び短時間勤務職員等に対し、**給料及び旅費**を支給しなければならず（法第204条第1項）、当該者に対し扶養手当、住居手当等の手当を支給することができる（法第204条第2項）。

　また、報酬、給料等の額及び支給方法は、条例で定めなければならず（法第203条第4項、第203条の2第5項及び第204条第3項）、普通地方公共団体は、職員等に対するいかなる給与その他の給付も**法律又はこれに基づく条例に基づかなければ支給することはできない**（法第204条の2）。

　普通地方公共団体の常勤の職員は、退職年金又は退職一時金を受けることができる（法第205条）。

　都道府県知事以外の機関がした給与その他の給付に関する処分についての審査請求は、法律に特別の定めがある場合を除くほか、都道府県知事（当該普通地方公共団体の長）に対してすることができる（法第206条第1項）。

1　**正しい**（法第203条第3項）。
2　**誤り**。短時間勤務職員については、給料及び旅費を支給する（法第204条第1項）。
3　**誤り**。非常勤職員に対する報酬等も条例の定めによらなければ支給することはできない（法第203条の2第5項）。
4　**誤り**。委員会の委員（常勤を除く。）、非常勤の監査委員及び議会の議員は、退職一時金を受けることができない（法第205条）。
5　**誤り**。都道府県知事（当該普通地方公共団体の長）に対してすることができる（法第206条第1項）。

給与その他の給付

正答　1

会計年度及び会計の区分①

No.89　　　地方自治法に定める会計年度に関する記述として、妥当なのはどれか。 **（東京都主任試験出題）**

1　普通地方公共団体の会計年度は、毎年１月1日に始まり、同年12月31日に終わる。

2　各会計年度において決算上剰余金が生じることがあり、これを歳計剰余金というが、会計年度独立の原則により、歳計剰余金を翌年度に繰り越すことは禁じられている。

3　会計年度経過後から４月30日までの期間を出納整理期間といい、この期間には、当該会計年度に属する出納を行うことができる。

4　支出の会計年度所属区分について、給与の所属年度は、実際に支給した日の属する年度とされている。

5　会計年度経過後にいたって歳入が歳出に不足するときは、翌年度の歳入を繰り上げてこれに充てることができるが、この場合にはそのために必要な額を翌年度の歳入歳出予算に編入しなければならない。

Key Point

　　決算の結果、歳計現金に剰余金を生じたときは、条例の規定又は議会の議決により基金に編入する場合を除き、翌年度の歳入に編入しなければならない。逆に、会計年度経過後に歳入が歳出に不足するときは、必要な額を翌年度の歳入歳出予算に編入し、翌年度の歳入を繰り上げて充てることができる。

解説　普通地方公共団体の**会計年度**は、毎年４月1日に始まり、翌年３月31日に終わる（法第208条第１項）。

　「会計年度」とは、普通地方公共団体の歳入歳出を区分整理してその関係を明確にさせるために設けられた期間である。

　各会計年度における歳出は、その年度の歳入をもって充てなければならない（**会計年度独立の原則**。法第208条第２項）。

　会計年度独立の原則に対する例外としては、**継続費の逓次繰越し**（法第212条）、**繰越明許費**（法第213条）、**事故繰越し**（法第220条第３項ただし書）、**過年度収入及び過年度支出**（令第160条及び令第165条の８）、**歳計剰余金の繰越し**（法第233条の２）並びに**翌年度歳入の繰上充用**（令第166条の２）がある。

　このように、会計年度を区分することは、会計事務処理上重要な事項であるが、債権債務の発生時期と現金の出納支出時期が異なる場合、いずれの会計年度に属するか不分明になる事例も発生する。このため、歳入の会計年度所属区分（令第142条）及び歳出の会計年度所属区分（令第143条）をそれぞれ規定している。

財務

1　**誤り**。普通地方公共団体の会計年度は、毎年４月１日に始まり、翌年３月31日に終わる（法第208条第１項）。
2　**誤り**。歳計剰余金は、翌年度の歳入に編入することが原則となっている（法第233条の２）。
3　**誤り**。普通地方公共団体の出納は、翌年度の５月31日に閉鎖するとされており（法第235条の５）、この会計年度が終了した後の４月１日から５月31日までの期間を出納整理期間と呼ぶ。
4　**誤り**。給与の会計年度の所属は、これを支給すべき事実の生じたときの属する年度である（令第143条第１項第２号）。
5　**正しい**（令第166条の２）。

正答　5

会計年度及び会計の区分②

No.90　　地方自治法に定める会計の区分に関する記述として妥当なのは、次のどれか。

1　複数の特別会計を設置する場合は、それぞれの特別会計ごとにそれぞれ一つの条例を制定して設置しなければならない。

2　特別会計は、特定の歳入をもって特定の歳出に充て一般の歳入歳出と区分して経理する必要がある場合に設置できるが、この場合の「特定の歳入」には、一般会計からの繰出しによる歳入は含まれない。

3　自動車運送事業、鉄道事業等、地方公営企業法が当然に適用される地方公営企業を経営する場合は、地方公営企業法により特別会計の設置が義務付けられているので、必ず当該特別会計の設置条例を制定しなければならない。

4　普通地方公共団体の長は、特別会計のうちその事業の経費を主として当該事業の経営に伴う収入をもって充てるもので条例で定めるものについて、業務量の増加により業務のため直接必要な経費に不足を生じたときは、当該業務量の増加により増加する収入に相当する金額を当該経費（職員の給料を除く。）に使用することができる。

5　歳計現金は、一般会計及び各特別会計ごとに区分して管理する必要があるため、異なる会計の間では、支払い資金の融通をすることはできない。

Key Point

　　特別会計は、一般の歳入歳出と区分して経理する必要がある場合に、条例で設置できる。条例は各会計ごとに制定しても、まとめてもかまわない。また、法により設置が義務付けられている場合、条例制定の必要はない。各会計間の資金の融通も可能で、一定の条件を満たす場合は「弾力条項」が適用できる。

解説 　普通地方公共団体の会計は、**一般会計**及び**特別会計**に区分される（法第209条第１項）。

　　特別会計は、普通地方公共団体が特定の事業を行う場合その他特定の歳入をもって特定の歳出に充て一般の歳入歳出と区分して経理する必要がある場合において、条例で設置することができる（法第209条第２項）。「特定の事業を行う場合」としては自動車運送事業、鉄道事業等の地方公営企業の事業を行う場合等が、「その他……区分して経理する必要がある場合」としては特定の歳入を財源とする貸付事業を行う場合等があげられる。

1　**誤り**。特別会計設置条例は、特別会計を全部一条例にまとめて規定しても、特別会計ごとに条例を制定しても、いずれでもよい（昭38.12.19通知）。

2　**誤り**。「特定の歳入」には、一般会計からの繰出しによる歳入も含まれる（昭38.12.19通知）。

3　**誤り**。地方公営企業法第２条第１項の規定の適用のある事業については、特に条例で設置する必要はない（地方公営企業法第17条本文、昭38.12.19通知）。

4　**正しい**。いわゆる「弾力条項」である（法第218条第４項及び令第149条）。

5　**誤り**。一般会計と特別会計相互間において歳計現金の過不足する場合、その支出に充てるため、他会計の歳計現金を使用することは差し支えない（行実昭28. 4.16）。

正答　　4

予　算①

No.91　　継続費又は繰越明許費に関する記述として、地方自治法上、妥当なのはどれか。　　　　　　　**（特別区管理職試験出題）**

1　継続費の予算定額を繰り越す場合、普通地方公共団体の長は、継続費繰越計算書を調製して議会に報告するほか、別に翌年度分として繰越予算としての議決を経なければならない。

2　繰越明許費により翌年度に繰り越して使用しようとする歳出予算の経費については、当該経費に係る歳出に充てるために必要な金額を当該年度から翌年度に繰り越さなければならない。

3　継続費として事業経費の総額が予算に定められている場合であっても、当該事業又はそれに関する契約については、普通地方公共団体が債務を負担する行為となるので、予算で債務負担行為として別に定めておかなければならない。

4　繰越明許費による繰越しは、一会計年度内において支出負担行為がなされていなければならないので、歳出予算の経費について全然未使用の場合においては、当該経費は、繰越しの対象とならない。

5　継続費の逓次繰越額については、継続年度の中途であっても議会はこれを減額することができるが、繰越明許費として計上された金額については、議会はこれを減額することができない。

Key Point

　繰越明許費は、財源が用意されている事業について翌年度に繰越しを行うものであるから、翌年度に使用するために必要な金額を繰り越さなければならない。

　継続費及び繰越明許費として予算に定められた範囲内であれば、別途債務負担行為として定める必要はない。

二会計年度以上にまたがる事業については、予算の定めるところにより、その経費の総額及び年割額を定め、継続費として数年度にわたって支出することができる（法第212条）。

この場合、各会計年度の年割額はあくまでも予定額であるので、その年度内に支出を終わらなかったものは、当該継続費の継続年度の終わりまで逓次繰り越して使用することができる（**継続費の逓次繰越し**。令第145条第1項）。

歳出予算の経費のうち、その性質上又は予算成立後の事由に基づき年度内にその支出を終わらない見込みのあるものについては、予算の定めるところにより、翌年度に繰り越して使用することができる（**繰越明許費**。法第213条）。

繰越明許費により翌年度に繰り越して使用しようとする歳出予算の経費については、当該経費に係る歳出に充てるために必要な金額を翌年度に繰り越さなければならない（令第146条第1項）。

財

務

1　**誤り**。翌年度分として繰越予算の議決の必要はない。
2　**正しい**（令第146条第1項）。
3　**誤り**。債務負担行為として別に予算で定める必要はない（法第214条）。
4　**誤り**。年度内に支出負担行為がなされていないものや、全く未使用の場合も繰り越すことができる。
5　**誤り**。議会は、継続費の逓次繰越額の減額はできない（行実昭26.11.15）が、繰越明許費は減額できる。

　　　　　　　　　　　　　　　　　　　　　　正答　2

予　算②

No.92　地方自治法に定める債務負担行為に関する記述として、
妥当なのはどれか。　　　　　　　　　　　**（東京都管理職試験出題）**

1　債務負担行為として定める必要がある経費には、損失補償や債
　務保証のような政策的経費のほかに、共済組合に対する負担金の
　ように、法律により地方公共団体が何ら裁量の余地がなく債務負
　担を義務づけられている経費も含まれる。

2　債務負担行為は、将来にわたる地方公共団体の債務を負担する
　行為であるが、債務負担行為に基づく契約などの支出負担行為
　は、債務負担行為を設定した年度内に行う必要がある。

3　債務負担行為の設定後に事情が変わった場合は、債務負担行為
　の内容を補正することができるが、この補正は債務負担行為を設
　定した年度に限らず、その翌年度以降においても可能である。

4　債務負担行為として予算で定めた案件の経費については、債務
　負担行為を設定した翌年度以降の歳入歳出予算に計上しなければ
　ならないが、それぞれの年度において議会はこの経費を減額する
　ことができる。

5　電気、ガス、水の供給などの長期継続契約は、年度を超えて地
　方公共団体が継続的に支払うことを義務づけられるものであり、
　その契約にあたっては、債務負担行為として議会の議決を経なけ
　ればならない。

Key Point

　　債務負担行為は、予算の内容の一事項であるので、年度経過
後に補正できず、定められた期間内の各年度においては、義務
費となるので、歳入歳出予算の当該部分は減額修正できない。
　　また、法律及び条例の規定や、長期継続契約に基づく義務負
担については、債務負担行為として予算で定める必要はない。

解説 歳出予算の金額、継続費の総額又は繰越明許費の金額の範囲内におけるものを除くほか、普通地方公共団体が債務を負担する行為をするには、予算で**債務負担行為**として定めておかなければならない（法第214条）。

債務負担行為は、将来にわたる債務を負担する行為であり、債務負担行為として予算で定められた事項は、その支出すべき年度において、義務費として歳入歳出予算に計上されることになる。

1　**誤り**。法律及び条例の規定に基づく債務負担については、広義の債務の負担であっても債務負担行為として予算で定める必要はないと解されている。

2　**正しい**。

3　**誤り**。予算の補正は、当該年度経過後はできない（令第148条）。

4　**誤り**。債務負担行為として定められた事項は、支出すべき年度において、義務費として歳入歳出予算に計上される。議会において義務費を削除し、又は減額する議決をしたときは、長は再議に付さなければならず、再議に付してもなお削除し、又は減額したときは、長はその経費及びこれに伴う収入を予算に計上してその経費を支出することができる（法第177条第1項及び第2項）。

5　**誤り**。長期継続契約（法第234条の3）の場合、債務負担行為として議会の議決を経る必要はない（昭38.12.19通知）。

正答　2

予　算③

No.93　　予算に関する記述として妥当なのは、次のどれか。

1　議会が、補正予算につき会計年度経過後に会計年度内に議決したこととすることの取扱いをした場合でも、当該予算は有効である。

2　普通地方公共団体の議会の議長は、予算を定める議決があったときは、その日から10日以内にこれを当該普通地方公共団体の長に送付しなければならない。

3　本予算が成立したときは、暫定予算は効力を失い、その暫定予算に基づく支出又は債務の負担があるときは、その支出又は債務の負担は、本予算に基づく支出又は債務の負担とみなされる。

4　普通地方公共団体の長は、一般会計において、業務量の増加により業務のため直接必要な経費に不足が生じたときは、当該業務量の増加により増加する収入に相当する金額を当該諸経費（政令で定める経費を除く。）に使用することができる。

5　普通地方公共団体の長は、業務量の増加により職員の給料の支払いに不足が生じたときは、当該業務量の増加により増加する収入に相当する金額を職員の給料に使用することができる。

Key Point

　補正予算は、予算が成立した後生じた事由に基づいて、一旦成立した予算の科目や金額の追加、更正、変更を行う必要があるときに調製される。暫定予算は、予算が年度開始前までに成立する見込みのない場合等、必要に応じて編成されるもので、一会計年度の一定期間に限って調製される。

解説 予算は会計年度経過後においては、これを補正することはできない（令第148条）。予算（本予算）は年度開始前に成立するのが通例であるが、様々な理由で成立しない場合もあり得る。予算がないまま放置されれば、全ての行政活動はストップすることとなり、住民生活への影響は大きいことから、必要に応じて、一会計年度の一定期間に限った予算を調製することが認められており、この予算を暫定予算という（法第218条第2項）。

本予算成立後は暫定予算の効力は失われ、暫定予算に基づく支出又は債務の負担があるときは、全て本予算に基づく支出又は債務の負担とみなされる（法第218条第3項）。特別会計のうち、その事業の経費を主として当該事業の経営に伴う収入をもって充てるもので、条例で定めるものについて、業務量の増加により、業務のため直接必要な経費に不足が生じたときは、当該業務量の増加により、増加する収入に相当する金額を当該経費（職員の給料を除く（令第149条）。）に使用することができるとされている（法第218条第4項）。この予算超過の支出が認められる制度を弾力条項といい、地方公営企業については、法律上当然に認められている（地方公営企業法第24条第3項）が、同法の適用がない特別会計については、条例で規定しなければならない（法第218条第4項参照）。

1 **誤り**。議会が補正予算につき、会計年度経過後に会計年度内に議決したこととすることの取扱いをした場合、当該予算は無効である（甲府地裁昭31.7.24）。

2 **誤り**。議会の議長は、3日以内に長に送付しなければならない（法第219条第1項）。

3 **正しい**（法第218条第3項）。

4 **誤り**。いわゆる弾力条項（法第218条第4項）は、特別会計に関する規定であり、一般会計には適用されない。

5 **誤り**。職員の給料は、いわゆる弾力条項により使用できる経費から除かれている（令第149条）。

正答 3

収　入①

No.94　地方自治法に定める分担金、負担金、使用料及び手数料に関する記述として、妥当なのはどれか。　**（東京都主任試験出題）**

1　分担金を徴収し得るのは、不特定多数人又は地方公共団体の全体を利する事件でなければならず、特定の個人又は地方公共団体の一部に対し利益のある事件に関する場合には、分担金を徴収することはできない。

2　負担金は、事業に関係のある者に対して金銭負担として課し、徴収するものであり、国と地方公共団体の間にみられる経費の負担関係に基づいて負担する場合は、負担金に含まれない。

3　使用料は、使用又は利用の対価として徴収するものであり、使用料に関する事項は地方公共団体の規則で定めなければならない。

4　手数料は、地方公共団体が、当該地方公共団体の事務で特定の者のためにするものにつき、徴収するものである。

5　分担金又は法律で定める使用料については、地方税の滞納処分とは異なり、強制徴収することは認められていない。

Key Point

分担金、使用料、加入金及び手数料に関する事項については、条例で定めなければならない。

使用料には、行政財産の目的外使用及び公の施設の利用について徴収するもののほか、地方公共団体がその管理に要する経費を負担する国の営造物について徴収するものがある。

　普通地方公共団体は、政令で定める場合を除くほか、数人又は普通地方公共団体の一部に対し利益のある事件に関し、その必要な費用に充てるため、当該事件により特に利益を受ける者から、その受益の限度において、分担金を徴収することができる（法第224条）。

　普通地方公共団体は、法第238条の４第７項の規定による許可を受けてする行政財産の使用（行政財産の目的外使用）又は公の施設の利用につき使用料を徴収することができる（法第225条）。

　普通地方公共団体は、当該普通地方公共団体の事務で特定の者のためにするものにつき、手数料を徴収することができる（法第227条）。

　分担金、使用料、加入金及び手数料に関する事項については、条例でこれを定めなければならない（法第228条）。

1　**誤り**。分担金は、数人又は普通地方公共団体の一部に対し利益のある事件に関し、その必要な費用に充てるため、当該事件により特に利益を受ける者から、その受益の限度において、分担金を徴収するものである（法第224条）。

2　**誤り**。国と地方公共団体の間にみられる経費の負担関係に基づいて負担する場合は、負担金に含まれる（地方財政法第17条及び第17条の２）。

3　**誤り**。使用料は、行政財産の使用又は公の施設の利用についての対価として徴収するものである（法第225条）。また、使用料に関する事項については、条例で定めなければならない（法第228条）。

4　**正しい**（法第227条）。

5　**誤り**。分担金、加入金、過料、法律で定める使用料その他の普通地方公共団体の歳入については、地方税の滞納処分の例により処分することができる（法第231条の３第３項）。

正答　4

収　　入②

No.95　地方債に関する記述として、妥当なのはどれか。

（東京都管理職試験改題）

1　地方公共団体の歳出は原則として地方債以外の歳入をもって財源としなければならず、起債する場合は、予算の内容の一つとして定めるのではなく、単独で議会の議決を経なければならない。

2　地方債を財源にできる地方公共団体の事業は、地方財政法に列挙されており、例として地方債の借換えのために要する経費の財源とする場合があげられるが、他の法律によっても特例的に起債することが認められている。

3　地方債は、その対象事業によって一般会計債と公営企業債の2種類に、また、地方債の引受先の資金によって公庫資金債と民間等資金債の2種類に区分される。

4　地方分権一括法によって起債に対する許可制度が廃止され、事前協議制に移行したが、この協議には総務大臣又は都道府県知事の同意が必要とされ、同意がない場合、起債することができない。

5　実質赤字比率、連結実質赤字比率及び実質公債費比率のうちいずれかが財政再生基準以上である地方公共団体は、財政再生計画に総務大臣の同意を得ている場合でなければ、地方債を起こすことができない。

Key Point

　地方債を起こすことができるのは、地方財政法第5条ただし書その他法律に特別の定めがある場合に限られ、その目的、限度額等は、予算の内容として定める必要がある。

　また、地方分権一括法により地方財政法が改正され、起債の許可制は平成18年度から事前協議制へ移行した。

解説 普通地方公共団体は、地方財政法その他の法律で定める場合において、予算の定めるところにより、**地方債を**起こすことができる（法第230条第１項）。

地方債を起こす場合において、その起債の目的、限度額、起債の方法、利率及び償還の方法は、予算で定めなければならない（法第230条第２項）。

地方公共団体の歳出は、原則として地方債以外の歳入をもって財源としなければならず（地方財政法第５条本文）、地方債を起こすことができるのは、地方財政法第５条ただし書その他法律に特別の規定がある場合に限られる。

1　**誤り**。前半は正しい（地方財政法第５条本文）。地方債の起債の目的、限度額等は、予算で定めなければならない（法第230条第２項）。

2　**正しい**（地方財政法第５条ただし書、災害対策基本法第102条第１項等）。

3　**誤り**。引受先の資金によって、公的資金（財政融資資金・地方公共団体金融機構資金）及び民間等資金（市場公募資金・銀行等引受資金）に大別される。

4　**誤り**。協議を行えば、総務大臣又は都道府県知事の同意がなくても、あらかじめ議会に報告の上、地方債を起こすことができる（地方財政法第５条の３第９項本文）。なお、平成17年度までは、原則として許可制が維持されていた（地方財政法附則第33条の7第４項）。

5　**誤り**。財政再生計画に総務大臣の同意を得ていない場合であっても、災害復旧事業費の財源とする場合その他の政令で定める場合においては、地方債をもって歳出の財源とすることができる（地方公共団体の財政の健全化に関する法律第８条及び第11条）。

正答　2

財

務

収　入③

No.96　歳入の収入の方法に関する記述として妥当なのは、次のどれか。

1　普通地方公共団体の歳入を収入するときは、まずこれを調定した上で、必ず納入義務者に対して納入の通知をしなければならない。

2　歳入の調定は、当該歳入について、所属年度、歳入科目、納入すべき金額、納入義務者等を誤っていないかどうかその他法令又は契約に違反する事実がないかどうかを調査してこれをしなければならない。

3　普通地方公共団体は、負担金、使用料又は手数料の徴収については、証紙による収入の方法によることができる。

4　普通地方公共団体の歳入は、指定金融機関が指定されていない場合でも、口座振替の方法により納付することができる。

5　普通地方公共団体の歳入のうち、分担金、加入金、法律で定める使用料について督促を受けた者が、指定された期限までにその納付すべき金額を納付しないときは、地方税の滞納処分の例により徴収することができるが、過料については滞納処分の例によることはできない。

Key Point

　普通地方公共団体の歳入を収入するときは、政令の定めるところにより、これを調定し、納入義務者に対して納入の通知をしなければならない（法第231条）。歳入の調定は、当該歳入について、所属年度、歳入科目、納入すべき金額、納入義務者等を決定するいわゆる内部的意思決定である。一方、納入の通知は、納入義務者に対して、納入すべき金額、納期限、納入場所等を通知する対外的行為であり、審査請求や取消訴訟の対象となる。

普通地方公共団体の歳入については現金による収納が原則であるが、使用料又は手数料の徴収については、条例の定めるところにより、証紙による収入の方法によることができ（法第231条の2第1項）、金融機関が指定されている場合（法第235条）においては、政令の定めるところにより、口座振替の方法により、又は証券をもつて収納することもできる（法第231条の2第3項）。

　分担金、使用料、加入金、手数料及び過料その他の普通地方公共団体の歳入を納期限までに納付しない者があるときは、普通地方公共団体の長は、期限を指定してこれを督促しなければならず（法第231条の3第1項）、条例の定めるところにより、手数料及び延滞金を徴収することができる（同条第2項）。法第231条の3第1項の督促を受けた者が、指定された期限までにその納付すべき金額を納付しないときは、当該歳入並びに当該歳入に係る同条第2項の手数料及び延滞金について、地方税の滞納処分の例により処分することができる（法第231条の3第3項）。

1　**誤り**。地方交付税、地方譲与税、補助金、地方債、滞納処分費その他その性質上納入の通知を必要としない歳入については、納入の通知は必要ない（令第154条第2項）。また、その性質上納入通知書によりがたい歳入については、口頭、掲示その他の方法によつてこれをすることができる（同条第3項）。

2　**正しい**（令第154条第1項）。

3　**誤り**。証紙による収入の方法によることができるのは、使用料と手数料である（法第231条の2第1項）。

4　**誤り**。普通地方公共団体の歳入を、口座振替の方法により納付することができるのは、指定金融機関が指定されている場合に限られる（法第231条の2第3項）。

5　**誤り**。過料についても地方税の滞納処分の例によることができる（法第231条の3第3項）。

　　　　　　　　　　　　　　　　　　　　　正答　2

支　出①

No.97　　支出負担行為に関する記述として妥当なのは、次のどれか。

1　歳出予算の金額、継続費の総額又は繰越明許費の金額の範囲内におけるものを除くほか、普通地方公共団体が債務を負担する行為をするには、予算で支出負担行為として定めておかなければならない。

2　支出負担行為とは、普通地方公共団体の支出の原因となるべき契約その他の行為をいい、法令又は予算の定めるところに従って行わなければならない。

3　職員給与、公務災害補償費、旅費のような定型的支出であれば、支出負担行為手続をとらないで、直ちに支出手続のみを行うことができる。

4　支出をする権限を有する職員が、故意又は重大な過失により法令の規定に違反して支出をしたことにより当該普通地方公共団体に損害を与えたときは、その損害を賠償する責任を負うが、支出負担行為をする権限を有する職員が故意又は重大な過失により法令の規定に違反して支出負担行為をしたことにより当該普通地方公共団体に損害を与えたとしても、その損害を賠償する責任を負わない。

5　会計管理者は、普通地方公共団体の長の支出命令を受けた場合、支出負担行為が法令又は予算に違反していないことを確認すればよく、支出負担行為に係る債務が確定していることを確認しなくても、支出することができる。

Key Point

　支出負担行為は、普通地方公共団体の支出の原因となる契約等の法律上の行為をいい、経理上の手続である支出命令とは別個の行為として区分されている。

支出負担行為は、予算に基づいてなされる支出の原因となる契約その他の行為であり、歳出予算、継続費、繰越明許費及び債務負担行為の経費の金額の範囲内で行われるものである（法第232条の3）。すなわち、支出負担行為は、普通地方公共団体が支払の義務を負う予算の執行の第一段階の行為をいうものであるから、工事、製造等の請負契約又は物品の購入契約のような債務を負担する行為、補助金の交付決定のような行為、普通地方公共団体の不法行為に基づく損害賠償金の支出の決定行為等が含まれる。

　職員給与、公務災害補償費、旅費のような定型的支出であっても、支出負担行為手続をとらないで、直ちに支出手続のみを行うことはできず（昭38.12.19通知）、また、会計管理者は、支出負担行為が法令又は予算に違反していないこと及び支出負担行為に係る債務が確定していることを確認したうえでなければ、支出をすることはできない（法第232条の4第2項）。

　支出負担行為をする権限を有する職員が、故意又は重大な過失により法令の規定に違反して支出負担行為をしたこと又は怠ったことにより、普通地方公共団体に損害を与えたときは、その損害を賠償しなければならない（法第243条の2の2第1項第1号［法第243条の2の8第1項第1号］）。

1　**誤り**。支出負担行為ではなく、債務負担行為として定めておかなければならない（法第214条）。

2　**正しい**（法第232条の3）。

3　**誤り**。支出負担行為の手続をとらずに、直ちに支出手続のみを行うことはできない（昭38.12.19通知）。

4　**誤り**。支出負担行為を行う権限を有する職員も（法第243条の2の2第1項第1号［法第243条の2の8第1項第1号］）損害の賠償責任を負う。

5　**誤り**。会計管理者は、支出負担行為に係る債務が確定していることを確認したうえでなければ、支出をすることはできない（法第232条の4第2項）。

正答　2

財
務

支　　出②

No.98　　地方自治法に定める普通地方公共団体の支出に関する記述として妥当なのは、次のどれか。

1　普通地方公共団体は、当該普通地方公共団体の事務を処理するために必要な経費のみを支弁する。

2　普通地方公共団体の支出の原因となるべき契約その他の行為を、債務負担行為という。

3　普通地方公共団体は、債権者以外の者に対して支出することができないので、債権者から正規に代金受領の委任を受けた者に対しても、支払いをすることはできない。

4　資金前渡は、特に必要があるときは、他の普通地方公共団体の職員に対してもすることができる。

5　普通地方公共団体の支出の事務については、歳入の徴収又は収納の事務と異なり、私人に委託することはできない。

Key Point

　　普通地方公共団体は、当該団体の事務を処理するために必要な経費その他法律又は政令により当該団体の負担に属する経費を、契約その他の支出負担行為に基づき支出する。

　　支出は、直接債権者に対して行うのが原則だが、資金前渡、口座振替払等のほか、代理人に対する支払いも可能である。

解説　会計管理者は、普通地方公共団体の長の政令で定めるところによる命令がなければ、支出をすることができない（法第232条の４第１項）。この場合において、会計管理者は、当該支出負担行為が法令又は予算に違反していないこと及び当該支出負担行為に係る債務が確定していることを確認した上でなければ、支出をすることができない（法第232条の４第２項）。平成16年の改正（「政令で定めるところによる」の追加）により公共料金などの支出命令等の一括処理など、支出命令の簡素化が措置された。

　普通地方公共団体の支出は、債権者のためでなければ、これをすることができない（法第232条の５第１項）とされているので、支出に当たっては、債務である金額が定まり、支払いの期限が到来しており、支出の相手方が正当な債権者であることが必要であるが、この通常の支出方法に対して、**資金前渡、概算払、前金払、繰替払、隔地払、口座振替払及び私人への支出事務の委託**の各特例がある（法第232条の５第２項、令第161条から第165条の３まで）。

1　**誤り**。その他法律又はこれに基づく政令により普通地方公共団体の負担に属する経費も支弁する（法第232条第１項）。
2　**誤り**。支出負担行為に関する記述である（法第232条の３）。
3　**誤り**。法には、「債権者のため」でなければ支出をすることができない旨が定められており（法第232条の５第１項）、債権者から正規に代金受領の委任を受けた者に対して支払うことは可能である。
4　**正しい**（令第161条第３項）。
5　**誤り**。一定の支出については、私人に支出の事務を委託することができる（令第165条の３第１項）。

正答　4

決　　算

No.99　　地方自治法に規定する市町村の決算に関する記述として、妥当なのはどれか。　　　　　　　　　　**（特別区管理職試験改題）**

1　市町村長は、議会による決算の認定後の誤りを発見し決算金額に異動を生じた場合、決算報告の内容を修正した上で、決算を議会の再認定に付すことができる。

2　市町村長が決算の議案を翌年度の通常予算を審議する議会に同時に提出することは、違法である。

3　市町村の会計管理者は、毎会計年度、決算を調製し、出納の閉鎖後３か月以内に、証書類と併せて、当該決算を監査委員の審査に付さなければならない。

4　市町村長は、決算の認定に関する議案が否決された場合において、当該議決を踏まえて必要と認める措置を講じたときは、速やかに当該措置の内容を議会に報告する必要があるが、公表はしなくても良い。

5　市町村は、各会計年度において決算上剰余金を生じた場合、当該剰余金の一部を翌年度に繰り越さないで基金に編入する条例を制定することができない。

Key Point

　　決算は、会計管理者が出納閉鎖後３か月以内に長に提出し、長が監査委員の意見を付けて、次の通常予算を審議する会議までに（同時でも可）、議会の認定に付し、その要領を住民に公表しなければならない。

解説　　**決算**とは、一会計年度の歳入歳出予算の執行の結果の実績を表示するため調製される計算表である。

　　　決算は、毎会計年度、会計管理者が調製し、出納の閉鎖後３か月以内に、証書類等と併せて普通地方公共団体の長に提出しなければならない（法第233条第１項）。長は、これを監査委員の審査に付し、その意見（監査委員の合議による。）を付けて、次の通常予算を議する会議までに議会の認定に付さなければならない（法第233条第２項から第４項まで）。

　決算は議会の認定を経て初めて確定するものであるが、認定されなくても、既に行われた収入、支出等の効力には影響を及ぼさない。ただし、普通地方公共団体の長は、決算の認定に関する議案が否決された場合において、当該議決を踏まえて必要と認める措置を講じたときは、速やかに、当該措置の内容を議会に報告するとともに、これを公表しなければならない（法第233条第７項）。

　普通地方公共団体の長は、議会の認定に付した決算の要領を住民に公表しなければならない（法第233条第６項）。

財務

1　**正しい**（行実昭28.7.7）。
2　**誤り**。決算の議案を通常予算を審議する議会に同時に提出することは、違法ではない（行実昭29.3.9）。
3　**誤り**。会計管理者は決算及び証書類等を普通公共団体の長に提出し、長はこれを監査委員の審査に付さなければならない（法第233条第１項及び第２項）。
4　**誤り**。講じた措置の内容を公表しなければならない（法第233条第７項）。
5　**誤り**。条例の定めるところにより、又は普通地方公共団体の議会の議決により、剰余金の一部を翌年度に繰り越さないで基金に編入することができる（法第233条の２ただし書）。

正答　1

契　　約

No.100　　地方自治法に定める契約に関する記述として妥当なのは、次のどれか。　　　　　　　　　　　**（東京都管理職試験出題）**

1　普通地方公共団体は、指名競争入札の方法による契約については、政令で定める場合に限られず、条例により指名競争入札の方法によることができる場合を独自に定めることが認められている。

2　競争入札の方法による契約については、契約書を作成する場合においても、落札のときに契約が確定するものであり、当該契約書の作成は契約の証拠手段にすぎない。

3　一般競争入札においては、予定価格の制限の範囲内の価格で最低制限価格以上の価格の入札がなかったとき、再度入札ができるが、この再度入札は初回の入札の継続として行うものであるから入札条件の変更はできない。

4　契約保証金については、契約の相手方の債務不履行により損害が発生し、その損害の額が契約保証金の額未満であるときは、特約のない限り、その差額を契約の相手方に返還しなければならない。

5　契約の適正な履行を確保するための監督又は検査は、地方公共団体の職員の義務とされているので、職員以外の者に監督又は検査を委託することは禁じられている。

Key Point

　　普通地方公共団体の契約は、原則として一般競争入札によるものとされ、政令で定める場合にのみ他の方法によることができる。契約書等を作成する契約は、契約書への記名押印等をもって確定する。一般競争入札に付し、予定価格の範囲内の価格の入札がないときは、直ちに再度の入札を行うことができる。

解説　売買、貸借、請負その他の契約は、**一般競争入札、指名競争入札、随意契約**又は**せり売り**の方法により締結するものとされている（法第234条第1項）が、このうち、一般競争入札が原則的な契約締結の方法とされ、指名競争入札、随意契約又はせり売りは、政令で定める場合に該当するときに限り、これによることができるとされている（法第234条第2項）。

　一般競争入札は、契約に関し公告をし、一定の資格を有する不特定多数人に入札の方法によって競争させ、普通地方公共団体に最も有利な条件を提供した者との間に契約を締結する方法である。

　指名競争入札は、資力信用その他について適当である特定多数の者を選んで入札の方法によって競争させ、普通地方公共団体に最も有利な条件を提供した者との間に契約を締結する方法である。

1　**誤り**。指名競争入札は、政令で定める場合に該当するときに限り認められ、指名競争入札による場合を条例又は規則で一般的に規定することはできない（法第234条第2項、昭38.12.19通知）。

2　**誤り**。契約書又は契約内容を記録した電磁的記録を作成する場合には、両当事者が契約書に記名押印し、又は総務省令で定める措置を講じなければ当該契約は確定しない（法第234条第5項、法施行規則第12条の4の2）。

3　**正しい**（令第167条の8第4項）。

4　**誤り**。特約のない限り、その差額を返還する必要はないし、逆に実損額が契約保証金の額以上に及んでも追徴できない（法第234条の2第2項）。

5　**誤り**。当該地方公共団体の職員によって監督又は検査を行うことが困難であり、又は適当でないと認められるときは、職員以外の者に委託して当該監督又は検査を行わせることができる（令第167条の15第4項）。

財務

正答　3

現金及び有価証券①

No.101　地方自治法に定める公金取扱金融機関に関する記述として妥当なのは、次のどれか。　　**(東京都主任試験出題)**

1　指定金融機関は、普通地方公共団体の公金の収納及び支払の事務を取り扱う金融機関であり、指定にあたっては議会の議決を必要とする。

2　指定金融機関は、自ら行う公金の収納及び支払事務について普通地方公共団体に対し責任を負うが、収納代理金融機関が行う公金の収納事務について責任を負うことは義務づけられていない。

3　指定金融機関は、都道府県にあっては任意で指定することができるが、市町村にあっては指定することが地方自治法で義務づけられている。

4　収納代理金融機関は、普通地方公共団体の長があらかじめ指定金融機関の意見を聴いて指定するが、指定にあたっては議会の議決を必要とする。

5　収納代理金融機関は、指定代理金融機関の事務の一部を取り扱う金融機関であるが、普通地方公共団体ごとに、指定金融機関以外の金融機関のうちから1行しか指定することができない。

Key Point

　　指定金融機関は、議会の議決を経て指定され、指定代理金融機関及び収納代理金融機関における収納又は支払いの事務についても責任を負う。都道府県にあっては指定する義務があるが、市町村にあっては任意である。収納代理金融機関は、指定金融機関の意見を聴いた上で、複数指定できる。

解説 都道府県は、議会の議決を経て、**指定金融機関**を指定して、公金の収納及び支払の事務を取り扱わせなければならない（法第235条第1項及び令第168条第1項)。

市町村は、議会の議決を経て、**指定金融機関**を指定して、公金の収納及び支払の事務を取り扱わせることができる（法第235条第2項及び令第168条第2項)。

普通地方公共団体の長は、あらかじめ指定金融機関の意見を聴いて（令第168条第7項)、**指定代理金融機関**（指定金融機関の取り扱う収納及び支払の事務の一部を取り扱う金融機関。令第168条第3項）及び**収納代理金融機関**（指定金融機関の取り扱う収納の事務の一部を取り扱う金融機関。令第168条第4項）を指定し、又はその取消しをすることができる。

財

務

1 **正しい**（法第235条、令第168条第1項及び第2項)。

2 **誤り**。指定金融機関は、収納代理金融機関等が行う公金の収納事務についても責任を負う（令第168条の2第2項)。

3 **誤り**。都道府県と市町村の記述が逆である（法第235条)。

4 **誤り**。指定金融機関の意見は聴かなければならない（令第168条第7項）が、議会の議決は必要としない。

5 **誤り**。指定金融機関については、一つしか指定できない（令第168条第1項及び第2項）が、収納代理金融機関についてはそのような定めはない。

正答　1

現金及び有価証券②

No.102　　地方自治法に定める現金及び有価証券に関する記述として、妥当なのはどれか。　　**（東京都主任試験改題）**

1　歳計現金とは、地方公共団体の歳入歳出に属する現金のことであり、歳計現金であるかどうかは歳入歳出となるか否かによって決定される。

2　歳計現金は、最も有利かつ安全な方法によって保管しなければならず、支払準備金に支障がない場合であっても、証券会社の行う国債証券や地方債証券の運用による現金の保管は認められない。

3　歳入歳出外現金とは、地方公共団体の所有に属する現金のうち、法令によらないで保管できる現金のことをいう。

4　歳入歳出外現金の出納及び保管は歳計現金の出納及び保管とは異なり、会計管理者の職務権限には属さない。

5　現金又は有価証券を保管する職員が、現金又は有価証券を故意又は過失により亡失したときは、原則としてこれによって生じた損害を賠償しなければならない。

Key Point

　歳計現金は、確実な金融機関への預金その他の最も確実かつ有利な方法により保管しなければならない。預金先の金融機関は指定金融機関等に限られず、預金以外の運用も可能である。

　歳入歳出外現金は、法律または政令の定めるところにより普通地方公共団体が保管する現金で、原則として利子は付さない。

解説　会計管理者は、普通地方公共団体の歳入歳出に属する現金（**歳計現金**）を指定金融機関その他の確実な金融機関への預金その他の最も確実かつ有利な方法によって保管しなければならない（法235条の４第１項及び令第168条の６）。

　債権の担保として徴するもののほか、普通地方公共団体の所有に属しない現金（**歳入歳出外現金**）又は普通地方公共団体の所有に属しない有価証券は、法律または政令の規定によるのでなければ、これを保管することができない（法第235条の４第２項）。

　また、会計管理者は、普通地方公共団体の長の通知がなければ、歳入歳出外現金又は普通地方公共団体が保管する有価証券で当該普通地方公共団体の所有に属しないものの出納をすることができない（令第168条の７第２項）。

1　**正しい。**
2　**誤り。**歳計現金は、最も確実かつ有利な方法によって保管しなければならず（法235条の４第１項及び令第168条の６）、支払準備金に支障のない範囲で、かつ、金融機関への預金に比べて有利な場合には、証券会社の行う国債証券、地方債証券等の元本の償還及び利息の支払いが確実な証券を対象としたいわゆる買い現先の方法により歳計現金の保管を行うことも差し支えない（行実昭57.7.20）
3　**誤り。**普通地方公共団体が歳入歳出外現金を保管するときは、法律又は政令の根拠を必要とする（法235条の４第２項）。
4　**誤り。**歳入歳出外現金の出納及び保管は、歳計現金の出納及び保管の例によらなければならない（令第168条の７第３項）。
5　**誤り。**現金については故意又は過失の場合に賠償責任が追及されるが、物品、有価証券、占有動産については、故意又は重大な過失が要件とされている（法第243条の２の２第１項［法第243条の２の８第１項]）。

正答　1

時　効

No.103　　地方自治法に定める時効に関する記述として妥当なのは、次のどれか。

1　金銭の給付を目的とする普通地方公共団体の権利は、時効に関し他の法律に定めがあるものを除くほか、２年間これを行わないときは、時効により消滅する。

2　普通地方公共団体に対する権利で、金銭の給付を目的とするものについては、当事者が時効を援用しなければ、その権利は消滅しない。

3　金銭の給付を目的とする普通地方公共団体の権利について、消滅時効の完成猶予、更新その他の事項に関し、適用すべき法律の規定がないときは、民法の規定を準用する。

4　金銭の給付を目的とする普通地方公共団体の権利の時効による消滅については、時効の利益を放棄することができる。

5　法令の規定により普通地方公共団体がする督促は、６か月以内に、裁判上の請求、差押え等の裁判手続をしなければ、時効中断の効力を有しない。

Key Point

　普通地方公共団体を一方の当事者とする金銭の給付を目的とする債権は、民法その他の法律に定めがあるものを除くほか、５年間行わないときは時効により消滅する。この場合においては、法律に特別の定めがあるものを除くほか、時効の援用を要せず、また、時効の利益を放棄することができない。

金銭の給付を目的とする普通地方公共団体の権利及び
普通地方公共団体に対する権利で金銭の給付を目的とす
るものは、時効に関し他の法律に定めがあるものを除く
ほか、これを行使することができる時から5年間行使しないときは、
時効によって消滅する（法第236条第1項）。

　また、これらの権利の時効による消滅については、法律に特別の
定めがある場合を除くほか、**時効の援用を要せず**、また、その**利益
を放棄することもできない**（法第236条第2項）。

　これらの権利について、消滅時効の完成猶予、更新その他の事項
に関し、適用すべき法律の規定がないときは、民法の規定を準用す
る（法第236条第3項）。

　法令の規定により普通地方公共団体がする納入の**通知及び督促**
は、**時効の更新の効力を有する**（法第236条第4項）。

財

務

1　**誤り**。行使することができる時から5年間行使しないときは、
　時効によって消滅する（法第236条第1項）。
2　**誤り**。法律に特別の定めがある場合を除くほか、時効の援用を
　要しない（法第236条第2項後段）。
3　**正しい**（法第236条第3項）。
4　**誤り**。法律に特別の定めがある場合を除くほか、時効の利益を
　放棄することができない（法第236条第2項前段）。
5　**誤り**。督促のみでも時効の更新の効力を有する（法第236条第
　4項）。

正答　3

財　　産①

No.104　　地方自治法に定める行政財産又は普通財産に関する記述として、妥当なのはどれか。　　　　　　　**（東京都管理職試験改題）**

1　行政財産とは、公有財産のうち公用又は公共用に供している財産をいい、道路予定地のように将来公共用に供すべきことを決定した公有財産であっても現実にその用途に供していないものは、行政財産ではない。

2　行政財産に対する私権の設定は、行政執行の目的を阻害するものとして一般的に禁止されており、これに違反した場合は無効であり、特に行政財産のうち建物については、一切の貸付けが認められていない。

3　行政財産は、効率的活用の見地から、その用途又は目的を妨げない限度において目的外の使用を許可することが認められており、この場合においては、借地借家法の規定が適用されない。

4　普通財産とは、行政財産以外の一切の公有財産をいい、行政財産の場合とは異なり、一般私法の適用のもとに交換し、出資の目的とし、支払手段として使用することができ、この場合において条例の制定や議会の議決は不要とされている。

5　普通財産である土地は信託を行うことができ、信託を行うにあたっては、受益者は当該地方公共団体に限定されているが、信託は極めて弾力性に富む制度であるため、信託の目的は限定されていない。

Key Point

公有財産とは、地方公共団体の所有に属する財産である。さらに公有財産は、行政財産と普通財産に分類される。行政財産とは、公用又は公共用に供し、又は供することを決定した財産であり、普通財産とは、行政財産以外の一切の財産をいう。

地方自治法上「財産」とは、公有財産、物品及び債権並びに基金をいう（法第237条第1項）。このうち公有財産は行政財産と普通財産に分類される（法第238条第3項）。財産は、**条例又は議会の議決による場合でなければ**、これを交換し、出資の目的とし、若しくは支払手段として使用し、又は適正な対価なくして譲渡、貸し付けてはならない(法第237条第2項)。

　行政財産は、行政目的の執行として用いるため、交換、売り払いや貸付、私権の設定を原則として禁止する。その上で、用途及び目的を妨げない限度において、貸付や地上権・地役権の設定や使用の許可ができる。私権の設定ができる場合は、合築の場合などに限定されているが、平成18年の自治法改正により、土地を貸し付けられる範囲を拡大するとともに庁舎の空きスペースの有効活用による貸し付けなど建物の一部貸付等ができるようになった（法第238条の4第2項）。これらの規定に反した私権の設定は、無効とされる（同条第6項）。

　普通財産である土地は、貸し付け、交換、売り払い等ができるほか、当該普通地方公共団体を受益者として、信託することができる（法第238条の5第2項）。

1　**誤り**。行政財産とは、公用又は公共用に供し、又は供することを決定した財産である（法第238条第4項）。

2　**誤り**。行政財産については、一定の場合に貸し付けすることができる。建物についても庁舎等の空きスペースの貸し付けができる（法第238条の4第2項）。

3　**正しい**（法第238条の4第7項及び第8項）。

4　**誤り**。普通財産といえども、条例又は議会の議決による場合でなければ、交換し、出資の目的とし、支払手段として使用することはできない（法第237条第2項）。

5　**誤り**。信託できるのは普通財産である土地または国債等であり、土地の信託の目的についても、政令で定める信託の目的に限られる（法第238条の5第2項及び第3項、令第169条の6）。

財務

正答　3

財　　産②

No.105　　地方自治法に定める公有財産に関する記述として、妥当なのはどれか。　　　　　　　　　　　　　　　（**東京都管理職試験出題**）

1　公有財産は、普通地方公共団体の所有に属する財産であり、公有財産には株券や社債券などの有価証券、出資による権利、不動産の信託の受益権のほか、公法上の債権が含まれる。

2　公有財産に関する事務に従事する職員は、その取扱いに係る公有財産を譲り受けることができないが、公募抽せんの場合には公正を害することがないので、その公有財産を譲り受けることができる。

3　普通財産を貸し付けた場合、貸付期間中に公用又は公共用に供するため必要を生じたときは貸付けに係る契約を解除することができるが、この解除は契約の中に解除権の留保を規定していない場合でも行うことができる。

4　行政財産である土地は、一定の条件の下で貸し付けることができるが、公用又は公共用に供するため必要を生じたときは貸付けに係る契約を解除することができ、借受人は契約解除によって生じた損失の補償を請求することができない。

5　旧来の慣行により公有財産を使用する権利を有する者がある場合、この旧慣を廃止するときは議会の議決を必要としないが、旧慣により使用されてきた公有財産を新たに使用しようとする者があるときは議会の議決を必要とする。

Key Point

　　普通財産の貸付期間中、国、地方公共団体その他公共団体において公用又は公共用に供するため必要が生じたときは、普通地方公共団体の長は、その契約を解除することができる。この場合において、借受人は、これによって生じた損害につき補償を求めることができる。

普通財産は、行政財産のように行政執行上、直接行政目的のために使用されるものではなく、主としてその経済的価値を発揮することにより、地方公共団体の行政目的に資するために管理又は処分されるものである。原則として一般私法の適用を受けることになる。

　普通財産は、これを貸し付け、交換し、売り払い、譲与し、若しくは出資の目的とし、又はこれに私権を設定することができる（法第238条の5第1項）。普通財産を貸し付けた場合、その貸付期間中に**公用又は公共用に供するため必要を生じたときは、普通地方公共団体の長は、その契約を解除することができる**（法第238条の5第4項）。

1　**誤り**。「財産」とは、公有財産、物品及び債権並びに基金である（法第237条第1項）。そのうち公有財産とは、不動産、地上権、特許権、株式、出資による権利などであり、公法上の債権は含まない（法第238条第1項）。
2　**誤り**。公有財産に関する事務に従事する職員は、その取扱いに係る公有財産を譲り受け、又は自己の所有物と交換することができない（法第238条の3）。この職員の行為の制限の規定は、処分の方法（例えば、公募抽せんの方法）を問わず適用される（行実昭52.7.13）。
3　**正しい**。解除権は、契約中に解除権を留保していない場合においても、法第238条の5第4項を直接の根拠として、行使することができる（行実昭40.11.26）。
4　**誤り**。契約を解除した場合、借受人は、これによって生じた損失につきその補償を求めることができる（法第238条の4第5項、第238条の5第5項）。
5　**誤り**。旧慣を廃止するときも、市町村の議会の議決が必要である（法第238条の6第1項）。

正答　3

財

務

財　　産③

No.106　地方自治法に定める物品に関する記述として、妥当なのはどれか。　　　　　　　　　　　　　　　　**（東京都管理職試験改題）**

1　物品とは、普通地方公共団体が所有する動産及び普通地方公共団体が使用のために保管する動産をいうが、この動産には、株券や社債券などの有価証券が含まれる。

2　物品の出納に関する事務は会計管理者の職務権限に属しており、会計管理者は、普通地方公共団体の長の通知なしに物品の出納を行うことができる。

3　物品に関する事務に従事する職員は、その取扱いに係る物品については、証紙その他その価格が法令の規定により一定しているものや売払いを目的とするものであっても、普通地方公共団体から譲り受けることができない。

4　物品は、売払いを目的とするもの及び不用の決定をしたもののほか、普通地方公共団体の条例で定めた場合に該当するものは、普通地方公共団体の長が必要と認めた時にいつでも売り払うことができる。

5　使用中の物品については、当該物品を使用している職員が保管責任を有し、故意又は重大な過失により当該物品を亡失又は損傷したときは、当該使用職員がこれによって生じた損害を賠償しなければならない。

Key Point

　物品は、地方公共団体の財産の一つである。地方自治法上「物品」とは、①現金、公有財産に属するもの及び基金に属するものを除いた普通地方公共団体の所有に属する動産並びに、②普通地方公共団体が使用のために保管する動産である。

　物品を使用する職員には、賠償責任が負わされる場合がある。

地方自治法上、「**物品**」とは、普通地方公共団体の**所有に属する動産**と、普通地方公共団体の所有には属さないが**使用のために保管する動産**をいう。ただし、現金、公有財産に属するもの、基金に属するものは除かれている（法第239条第1項）。

　物品に関する事務に従事する職員は、その取扱いに係る物品（政令で定める物品を除く。）を普通地方公共団体から譲り受けることができない（法第239条第2項）。たとえ譲り受けたとしても**当該行為は無効**である（法第239条第3項）。

　物品の出納及び保管を行うことは会計管理者の職務権限に属する（法第170条第2項第4号）。

1　**誤り**。動産には、公有財産に属するものは含まれない（法第239条第1項第2号）。株式、社債は公有財産に含まれる（法第238条第1項第6号）。
2　**誤り**。会計管理者は、普通地方公共団体の長の通知がなければ、物品の出納をすることができない（令第170条の3）。
3　**誤り**。証紙その他その価格が法令の規定により一定している物品及び売払いを目的とする物品又は不用の決定をした物品で普通地方公共団体の長が指定するものについては、関係職員の譲受けは制限されない（法第239条第2項、令第170条の2）。
4　**誤り**。物品は、売払いを目的とするもののほか、不用の決定をしたものでなければ、売り払うことができない（令第170条の4）。
5　**正しい**。物品を使用している職員が故意又は重大な過失（現金については、故意又は過失）により、その保管に係る現金、有価証券、物品等を亡失し、又は損傷したときは、これによって生じた損害を賠償しなければならない（法第243条の2の2第1項[法第243条の2の8第1項]）。

正答　5

財　　産④

No.107　地方自治法に定める債権に関する記述として、妥当なのはどれか。　　　　　　　　　　　　　**（東京都主任試験出題）**

1　地方自治法に定める債権とは、法令又は条例に基づく収入金に係る債権を指しており、貸付料等の契約に基づく収入金に係る債権は含まない。

2　地方税法の規定に基づく債権及び過料に係る債権については、地方自治法の債権管理の規定が適用される。

3　普通地方公共団体の長は、債権について、履行期限までに履行しない者があるときは、期限を指定して督促しなければならない。

4　債権金額が少額で取立てに要する費用に満たないときは、履行が著しく困難な場合でも、普通地方公共団体の長は必ず債権の取立てをしなければならない。

5　債務者が無資力に近い状態にあるため、履行延期の特約をした債権を免除するときは、特約後の債務者の資力にかかわらず、議会の議決が必要である。

Key Point

　債権とは、金銭の給付を目的とする地方公共団体の権利をいう（法第240条第1項）。地方公共団体の長は、分担金、使用料、加入金、手数料及び過料その他の普通地方公共団体の収入を除き、債権について履行期限までに履行しない者があるときは、期限を指定して、これを督促しなければならない（令第171条）。

解説 地方自治法に定める債権とは、地方税、分担金等の法令又は条例に基づく収入金（公法上の収入金）に限らず、物件の売払い代金等の収入金（私法上の収入金）や歳出金の誤払い等に基づく返還金に係る債権を含むものである。

普通地方公共団体の長は、債権（分担金、使用料、加入料、手数料及び過料その他の普通地方公共団体の収入を除く。）について、督促、強制執行その他その保全及び取立てに関し必要な措置を執らなければならないが、強制徴収により徴収する債権以外の債権について一定の場合には、その徴収停止、履行期限の延長又は当該債権に係る債務の免除をすることができる（法第240条第2項及び第3項）。

なお、債権（令第171条の7に規定するものを除く。）に係る債務の免除をしようとするときは、法律又はこれに基づく政令に定めがある場合を除くほか、条例における特別の定め又は議会の議決を要する（法第96条第1項第10号）。

1 **誤り**。地方自治法に定める債権とは、地方税、分担金等の公法上の収入金に係る債権及び物件の売払代金、貸付料等の私法上の収入金に係る一切の債権を含む（法第240条第1項）。

2 **誤り**。地方税法の規定に基づく徴収金に係る債権、過料に係る債権は、地方自治法の債権管理の規定は適用されない（法第240条第4項第1号、第2号）。

3 **正しい**（令第171条）。

4 **誤り**。長は、履行期限後相当の期間を経過してもなお完全に履行されていないものについて、債権金額が少額で、取立てに要する費用に満たないと認めるときであって、履行させることが著しく困難又は不適当であると認めるときは、以後その保全及び取立てをしないことができる（令第171条の5）。

5 **誤り**。履行期限の特約等をした債権については、なお、債務者が無資力等の場合は、当該債権を免除することができるが、この免除については、議会の議決を要しない（令第171条の7）。

正答 3

財　　産⑤

No.108　地方自治法に定める基金に関する記述として、妥当なのはどれか。　　　　　　　　　　　　　　　　**（東京都主任試験改題）**

1　普通地方公共団体は、規則の定めるところにより、特定の目的のために財産を維持し、資金を積み立て、又は定額の資金を運用するための基金を設けなければならない。

2　普通地方公共団体は、特定の目的のために資金を積み立てるための基金を設置した場合、当該目的のためでなければ、これを処分することができない。

3　特定の目的のために定額の資金を運用するための基金は、特定の事務又は事業の運営の手段として設けられるものであり、例えば、施設の建設資金を調達するための積立金等が該当する。

4　基金の運用から生ずる収益は、基金の目的外での利用を防止するため、毎会計年度の歳入歳出予算に計上してはならず、基金の管理に要する経費は、毎会計年度の歳入歳出予算に計上しなければならない。

5　特定の目的のために定額の資金を運用するための基金について、普通地方公共団体の長は、3年に一度、その運用の状況を示す書類を作成し、会計管理者の意見を付けて、議会に提出しなければならない。

Key Point

　基金とは、普通地方公共団体が条例で定めるところにより、特定の目的のために財産を維持し、資金を積み立て、又は定額の資金を運用するために設置されるものである。特定の目的のために財産を取得し、又は資金を積み立てるための基金については、当該目的のためでなければ処分することができない。

解説　　基金には、大別して、①**特定の目的のために財産を維持し、又は資金を積み立てるための基金**と②**特定の目的のために定額の資金を運用するための基金**とがあり、条例により設置される（法第241条第1項）。

　①の基金は、特定財源を確保するために設けられるものであり、例えば「学校建設資金を調達するために維持する山林」や「地方債償還のために積み立てる現金」等をいい、基金の運用から生ずる収益及び基金の管理に要する経費は、それぞれ毎会計年度の歳入歳出予算に計上しなければならない（法第241条第4項参照）。

　②の基金は、一定額の原資金を使って、特定の事務又は事業を運営するために設けられたものであり、例えば、物品の集中購買等のために設置される基金がある。②の基金の設置に当たっては、基金繰出金が歳入歳出予算に計上されるが、基金の運用については歳入歳出予算と関係なく経理されるため、その運用の状況を示す書類を議会へ提出することが求められている（法第241条第5項参照）。

1　**誤り。**基金を設けることが**できる**（法第241条第1項）。

2　**正しい**（法第241条第3項）。

3　**誤り。**本件の積立金は、特定の目的のために財産を維持し、又は資金を積み立てるための基金である。

4　**誤り。**基金の運用から生ずる収益及び基金の管理に要する経費は、それぞれ毎会計年度の歳入歳出予算に計上しなければならない（法第241条第4項）。

5　**誤り。**長は、毎会計年度、その運用の状況を示す書類を作成し、これを監査委員の審査に付し、その意見を付けて、主要な施策の成果を説明する書類等と併せて議会に提出しなければならない（法第241条第5項）。

正答　2

住民監査請求及び住民訴訟①

No.109　地方自治法に定める住民監査請求に関する記述として、妥当なのはどれか。　**（東京都主任試験出題）**

1　住民監査請求は、地方公共団体の執行機関又は職員による違法又は不当な財務会計上の行為についてだけでなく、財務に関する怠る事実についても対象となっている。

2　住民監査請求の請求権者は地方公共団体の住民であるため、法人が住民監査請求をすることはできない。

3　住民監査請求をするには、選挙権を有する者の総数の50分の1以上の者の連署が必要であり、1人でも行うことができる事務の監査請求とは異なっている。

4　住民監査請求の請求権者は、当該行為のあった日又は終わった日から60日を経過したときは、住民監査請求をすることができない。

5　監査委員は、住民の請求に理由があると認める場合は、請求人に通知しなければならないが、住民の請求に理由がないと認める場合は、請求人に通知する必要はない。

Key Point

　住民監査請求の請求権者は、普通地方公共団体の住民であり、法人であると個人であるとを問わず監査請求をすることができる。請求については、住民一人でも行うことができ、住民監査請求の対象となるのは、違法若しくは不当な財務会計上の行為又は一定の怠る事実である。

解説 　住民監査請求は、普通地方公共団体の住民が当該普通地方公共団体の執行機関又は職員の**違法若しくは不当な財務会計上の行為又は怠る事実**について是正を求めるための制度である（法第242条第１項）。

　住民監査請求があった場合、監査委員は、請求に理由があると認めるときは、執行機関等に必要な措置を講ずべきことを勧告するとともに、請求人に勧告の内容を通知し、公表しなければならない（法第242条第５項）。また、監査委員の監査及び勧告は、請求があった日から60日以内に行わなければならない（法第242条第６項）。

1　**正しい**。住民監査請求の対象となる行為は、違法若しくは不当な財務会計上の行為又は一定の怠る事実である（法第242条第１項）。

2　**誤り**。住民である限り、国籍、選挙権、納税の有無を問わず、法律上の行為能力を有する限り、自然人たると法人たるとを問わない（行実昭23.10.30）。

3　**誤り**。直接請求制度とは異なり、住民が単独で請求することができる。

4　**誤り**。住民監査請求は、当該行為のあった日又は終わった日から１年を経過したときは、これをすることができない。しかし、正当な理由があるときは、この限りでない（法第242条第２項）。

5　**誤り**。請求に理由がないと認めるときは、理由を付してその旨を書面により請求人に通知するとともに、これを公表しなければならない（法第242条第５項）。

正答　1

財務

住民監査請求及び住民訴訟②

No.110　　地方自治法に定める住民監査請求に関する記述として妥当なのは、次のどれか。　　**（東京都管理職試験改題）**

1　普通地方公共団体の住民は、当該普通地方公共団体の長又は職員によりなされた財務会計上の行為について住民監査請求を行うことができるが、行政委員会の行為についてはこれを行うことができない。

2　監査委員は、監査の結果、住民監査請求に理由がないと認めるときは、理由を付してその旨を書面により請求人に通知するとともに、これを公表しなければならない。

3　普通地方公共団体の住民は、住民監査請求の対象となる行為があった日又は終わった日から60日を経過したときは、いかなる場合にもその行為について監査請求を行うことができない。

4　監査委員は、住民監査請求があった場合、職員の違法な公金の支出に関してはこれを受理しなければならないが、職員の不当な公金の支出に関してはこれを受理する必要はない。

5　監査委員は、住民監査請求に基づく監査の結果、請求に理由があると認めたときは、監査内容を公表するとともに、長又は職員に対し必要な措置を講ずべきことを命令することができる。

Key Point

　住民監査請求は長、委員会、委員、職員に対して行うことができる。議会の行為は対象とはならない。

　監査委員は、監査の結果、請求に理由があると認めるときは、議会、長その他の執行機関又は職員に対し必要な措置を講ずべきことを勧告する。

解説 　　住民監査請求の対象となるのは**違法又は不当な財務会計上の行為及び一定の怠る事実**であり（法第242条第1項）、監査結果に不服がある等のときは、住民は住民訴訟を提起できる（法第242条の2）。

　住民一人でも監査請求を行うことができ、直接請求の一つとしての事務監査請求とは異なっている（法第12条第2項、第75条）。

　「違法」とは、法令の規定に違反することをいい、「不当」とは、違法ではないが行政上実質的に妥当性を欠くこと又は適当でないことである。

1　**誤り**。住民監査請求の対象は、当該普通地方公共団体の長若しくは委員会若しくは委員又は当該普通地方公共団体の職員であり、行政委員会も含む（法第242条第1項）。

2　**正しい**（法第242条第5項）。

3　**誤り**。正当な理由がない限り、当該行為のあった日又は終わった日から1年を経過したときは、これを請求することができない（法第242条第2項）。

4　**誤り**。違法な公金の支出と不当な公金の支出との間で、異なった取扱いがされることはない（法第242条第1項）。

5　**誤り**。請求に理由があるときは、議会、長その他の執行機関又は職員に対し必要な措置をとるべき旨を勧告（命令ではない）し、その内容を請求人に通知し、これを公表する（法第242条第5項）。

正答　　2

住民監査請求及び住民訴訟③

No.111　地方自治法に規定する住民監査請求に関する記述として
妥当なのは、次のどれか。　　　　　　　　　　　（東京都管理職試験出題）

1　請求権者は、法律上の行為能力を有する普通地方公共団体の住
民であればよく、選挙権や納税義務の有無を問わず、また単独で
請求することができる。

2　請求の対象となる行為の主体は、当該普通地方公共団体の長及
び議会の議員に限られ、職員及び行政委員会はこれに含まれない。

3　請求の対象となる行為は、違法又は不当な財務会計上の行為で
あり、不作為及び確実な実行が予測される行為については請求の
対象とはならない。

4　請求は、請求の対象となる行為のあった日又は当該行為を知っ
た日から60日以内に行わなければならず、この後はいかなる場合
も請求することはできない。

5　請求に基づく監査は、監査委員が請求に理由がないと認めると
きは行う必要はなく、また監査結果の決定は合議によらず単独で
行わなければならない。

Key Point

　　住民監査請求の対象となるのは、長、委員会、委員、職員の
違法又は不当な財務会計上の行為及び一定の怠る事実である。
また、住民監査請求は一人でも行うことができ、個人であると
法人であるとを問わない。住民監査請求の監査及び勧告につい
ての決定は、監査委員の合議により行う。

解説 　住民監査請求による監査委員の監査及び勧告は、請求のあった日から60日以内に行わなければならない（法第242条第6項）。

そして、監査及び勧告についての決定は、監査委員の合議により行うこととされている（法第242条第11項）。

監査の対象については、形式的には、普通地方公共団体の議会の議員は除かれるが、議長交際費の使途等に関し当該議長を対象とした請求は受理すべきとされている（行実昭40.5.12）。

1　**正しい。**住民である限り、年齢、国籍、選挙権や納税義務の有無を問わず請求が可能であり、法律上の行為能力を有する限り、自然人たると法人たるとを問わない。また、事務監査請求等の直接請求制度と異なり、住民は単独で請求し得る（行実昭23.10.30）。

2　**誤り。**請求の対象となる行為の主体は、長、委員会又は委員、当該普通地方公共団体の職員である（法第242条第1項）。ここで職員とは、一般職、特別職の区別はなく、すべての職員を包含すると解されている。

3　**誤り。**請求の対象となる違法又は不当な財務会計上の行為の範囲には、当該行為がなされることが相当の確実さをもって予測される場合も含まれる（法第242条第1項）。

4　**誤り。**請求は、当該行為のあった日又は終わった日から1年以内に行わなければならない。しかし、正当な理由があるときは、この限りでない（法第242条第2項）。

5　**誤り。**請求の瑕疵が客観的に明白である場合を除き、監査委員は監査を行わなければならない。監査の結果、請求に理由がないと認めるときは、理由を付し、その旨を書面にて請求人に通知しなければならない。また、監査の結果についての決定は、監査委員の定数が2人以上である場合においては、合議による（法第242条第5項及び第11項）。

財務

正答　1

住民監査請求及び住民訴訟④

No.112　地方自治法に定める住民訴訟に関する記述として妥当なのは、次のどれか。

1　住民訴訟の対象となるのは、監査請求に係る違法又は不当な財務会計上の行為又は怠る事実である。

2　住民訴訟において損害賠償や不当利得の返還を求める場合は、直接当該職員に賠償の請求ができる。

3　住民は、普通地方公共団体の機関又は職員に違法な行為があると認めるときは、監査請求の有無に関わらず住民訴訟を提起できる。

4　普通地方公共団体は、条例で、当該普通地方公共団体の長等の当該普通地方公共団体に対する損害を賠償する責任を、普通地方公共団体の長等が職務を行うにつき善意のときは、普通地方公共団体の長等が賠償の責任を負う額から普通地方公共団体の長等の職責その他の事情を考慮して政令で定める基準を参酌して、政令で定める額以上で当該条例で定める額を控除して得た額について免れさせる旨を定めることができる。

5　普通地方公共団体の議会は、地方自治法に定める普通地方公共団体の長等の賠償責任の一部を免れさせる旨を定める条例の制定又は改廃に関する議決をしようとするときは、あらかじめ監査委員の意見を聴かなければならない。

Key Point

　平成29年の地方自治法の一部改正において、普通地方公共団体の長等の損害賠償責任の一部免責の制度が新設された（令和2年4月1日施行）。

住民訴訟は、当該普通地方公共団体の機関又は職員の違法な行為の是正等を求める訴訟及び普通地方公共団体の執行機関等が損害賠償等の請求をすることを求める訴訟である。**訴訟を提起できる者は、住民監査請求をした者**であり、監査請求をしない限り住民訴訟を提起することはできない。

　損害賠償又は不当利得返還の請求を命ずる判決が確定した場合においては、普通地方公共団体の長は、判決の確定した日から60日以内に当該請求に係る損害賠償金又は不当利得の返還金の支払を請求しなければならない（法第242条の3第1項)。当該請求後も、なお損害賠償金又は返還金が支払われないときは、当該地方公共団体は、当該損害賠償又は不当利得返還の請求を目的とする訴訟を提起しなければならない（法第242条の3第2項)。

1　**誤り**。訴訟の対象となる行為は、違法な行為又は怠る事実である（法第242条の2第1項)。住民監査請求と違って不当な行為は対象とはならない。

2　**誤り**。当該職員又は当該行為若しくは怠る事実に係る相手方に損害賠償又は不当利得返還の請求をすることを当該普通地方公共団体の執行機関又は職員に対して求めることができるにとどまる（法第242条の2第1項第4号)。

3　**誤り**。監査請求前置主義がとられており、住民監査請求を経ていなければ、住民訴訟を提起できない（法第242条の2第1項)。

4　**誤り**。普通地方公共団体の長等の損害賠償責任の一部を免除することができるのは、「善意でかつ重大な過失がないとき」である（法第243条の2第1項［法第243条の2の7第1項])。

5　**正しい**。（法第243条の2第2項［法第243条の2の7第2項])。

正答　5

職員の賠償責任

No.113　地方自治法における職員の賠償責任に関する記述として妥当なのは、次のどれか。　**（東京都管理職試験改題）**

1　会計管理者は、その保管に係る現金を亡失したときは、いかなる場合においても、これによって生じた損害を賠償しなければならず、また会計管理者は、この損害を賠償したときは、普通地方公共団体の長及び議会に報告しなければならない。

2　物品を使用している職員は、その使用に係る物品を損傷したときは、いかなる場合においても、これによって生じた損害を賠償しなければならず、またこの職員に対する賠償命令は、退職後はすることができない。

3　資金前渡を受けた職員は、故意又は過失により、その保管に係る現金を亡失したときは、これによって生じた損害を賠償しなければならず、またこの職員には、資金前渡を受けた他の普通地方公共団体の職員も含まれる。

4　占有動産を保管している職員は、故意又は過失により、その保管に係る占有動産を亡失したときは、これによって生じた損害を賠償しなければならず、またこの職員の賠償責任については、賠償に関する民法の規定が適用される。

5　会計管理者の事務を補助する職員は、その保管に係る現金を故意に亡失したときにのみ、これによって生じた損害を賠償しなければならず、またこの職員が2人以上のときは、これらの職員が連帯して賠償責任を負う。

Key Point

　　会計管理者が、故意又は重大な過失（現金については故意又は過失）により現金、物品等を亡失し、又は損傷したときは、これによって生じた損害を賠償しなければならない。また、損害が2人以上の職員によって生じた場合は、その職分、損害発生の原因の程度に応じ賠償をしなければならない。

解説 　会計管理者、その事務を補助する職員、資金前渡を受けた職員、占有動産を保管している職員、物品を使用している職員が**故意又は重大な過失（現金については、故意又は過失）**により、その保管に係る現金、物品等又は使用に係る物品を亡失し、又は損傷したときは、これによって生じた損害を賠償しなければならない（法第243条の2の2第1項［法第243条の2の8第1項］）。

　長は、職員がこれら現金等の亡失等により当該普通地方公共団体に損害を与えたと認めるときは、監査委員に対しその事実の監査、賠償責任の有無及び賠償額を決定することを求め、その決定に基づき期限を定めて賠償を命じなければならない（法第243条の2の2第3項［法第243条の2の8第3項］）。

1　**誤り**。現金の亡失について会計管理者が賠償責任を負うのは故意又は過失があったときである（法第243条の2の2第1項［法第243条の2の8第1項］）。
2　**誤り**。賠償責任が生ずるのは、損傷につき故意又は重大な過失があった場合である（法第243条の2の2第1項［法第243条の2の8第1項］）。また、退職後の職員も責任を免れ得ない（行実昭25.10.12）。
3　**正しい**（法第243条の2の2第1項［法第243条の2の8第1項］）。
4　**誤り**。職員の賠償責任については、民法の規定は適用されない（法第243条の2の2第14項［法第243条の2の8第14項］）。
5　**誤り**。故意又は過失による亡失の場合に、賠償しなければならない（法第243条の2の2第1項［法第243条の2の8第1項］）。損害が2人以上の職員の行為によって生じたときは、それぞれの職分に応じ、かつ、損害の発生原因の程度に応じて賠償する（法第243条の2の2第2項［法第243条の2の8第2項］）。

正答　3

公の施設①

No.114　　地方自治法に定める公の施設に関する記述として妥当なのは、次のどれか。　　　　　　　　　　　　**（東京都管理職試験改題）**

1　公の施設とは、普通地方公共団体が住民の利用に供するため設ける施設であり、行政主体のために供される庁舎は該当しないが、競馬場など財政上の必要で設けられた施設であっても住民の利用に供されていれば公の施設に該当する。

2　普通地方公共団体は、条例の定めるところにより、当該普通地方公共団体が指定するものに公の施設の管理を行わせることができるが、指定できるのは法人その他の団体に限られ、個人は対象とならない。

3　公の施設の管理を指定管理者に行わせる場合、対象となる業務は積極的に公物本来の目的を達成させることを目的とするものに限られ、施設の使用許可などの処分や過料の賦課徴収など権力的色彩の強いものは対象とならない。

4　公の施設の利用料金は、当該公の施設の管理を指定管理者に行わせた場合であっても、指定管理者の収入ではなく普通地方公共団体の収入とされるため、当該普通地方公共団体は歳入として予算に計上しなければならない。

5　公の施設の廃止とは、公の施設をその設置目的に従って住民の利用に供しないとして財産を対外的に処分することをいい、条例で定める特に重要な施設の場合を除いて、当該普通地方公共団体の議会の同意は必要とはされない。

Key Point

　　公の施設は、住民の福祉を増進する目的をもってその利用に供するための施設である。

　　公の施設の管理については、条例の定めるところにより、法人その他の団体であって当該普通地方公共団体が指定するもの（指定管理者）に行わせることができる。

解説 公の施設とは、**住民の福祉を増進する**目的をもって**その利用に供する**ための施設である（法第244条第1項）。

公の目的のために設置された施設であっても、競馬場、競輪場のように住民の福祉を増進することを目的としないもの、庁舎のように住民の利用に供することを目的としないものは公の施設ではない。

普通地方公共団体は、公の施設の設置の目的を効果的に達成するため必要があると認めるときは、条例の定めるところにより、**法人その他の団体**であって当該普通地方公共団体が指定するもの（**指定管理者**）に、当該公の施設の管理を行わせることができる（法第244条の2第3項）。また、指定管理者に当該公の施設の利用に係る料金（**利用料金**）を当該指定管理者の収入として収受させることができる（法第244条の2第8項）。

1 **誤り**。公の施設は、住民の福祉を増進する目的をもってその利用に供するための施設であって（法第244条第1項）、競馬場など財政上の必要で設けられた施設は、これに該当しない。

2 **正しい**（法第244条の2第3項）。

3 **誤り**。使用（利用）許可などの行政処分を含めて管理を行わせることができる。ただし、使用料の強制徴収、過料の賦課徴収、不服申立てに対する決定等を行わせることはできない（平15.7.17通知）。

4 **誤り**。普通地方公共団体は、公の施設の指定管理者に当該公の施設の利用料金を当該指定管理者の収入として収受させることができる（法第244条の2第8項）。

5 **誤り**。公の施設の廃止とは、公の施設をその設置目的に従って住民の利用に供しないこととすることである（法第244条の2第2項）。財産を対外的に処分することではない。また、後段は正しい。

公の施設

正答　2

公の施設②

No.115　地方自治法に規定する公の施設に関する記述として、妥当なのはどれか。　　　　　　　　　　　　**（特別区管理職試験出題）**

1　普通地方公共団体は、法律又はこれに基づく政令に特別の定めがあるものを除くほか、公の施設の設置及びその管理に関する事項は、規則でこれを定めなければならない。

2　普通地方公共団体の委員会は、指定管理者の管理する公の施設の管理の適正を期するため、指定管理者に対して、当該管理の業務に関し報告を求め、実地について調査することはできるが、必要な指示をすることはできない。

3　普通地方公共団体の長以外の機関がした公の施設を利用する権利に関する処分についての審査請求は、普通地方公共団体の長が当該機関の最上級行政庁でない場合においても、当該普通地方公共団体の長に対してするものとする。

4　普通地方公共団体の長は、公の施設を利用する権利に関する処分についての審査請求がされた場合において、当該審査請求が不適法であり、却下したときは、その旨を議会に報告する必要はない。

5　普通地方公共団体は、その区域外においても、関係普通地方公共団体との協議により、公の施設を設けることができるが、当該協議については、関係普通地方公共団体の議会の議決を経る必要はない。

Key Point

　公の施設の設置及び管理に関する事項は、法律又はこれに基づく政令に特別の定めがあるものを除くほか、条例で定める必要がある。また、普通地方公共団体の長以外の機関がした公の施設を利用する権利に関する処分についての審査請求は、当該普通地方公共団体の長が最上級行政庁でない場合でも当該長に対して行う。

解説　　公の施設とは、地方公共団体が**住民の福祉を増進する目的**をもってその利用に供するための施設をいう（法第244条第1項）。

　公の施設の制度は、地方自治法上、公の施設の平等利用権に関する規定（法第244条）、施設の設置・管理・廃止に関する規定（法第244条の2）、公の施設の区域外設置（法第244条の3）、公の施設の平等利用権に関する救済規定（法第244条の4）が定められている。

　また、普通地方公共団体は、公の施設の設置の目的を効果的に達成するため必要があると認めるときは、**条例の定めるところにより**、指定管理者に公の施設の管理を行わせることができる（法第244条の2第3項）。そして、普通地方公共団体の長又は委員会は、指定管理者の管理する公の施設の管理の適正を期するため、指定管理者に対して、当該管理の業務又は経理の状況に関し報告を求め、実地について調査し、又は必要な指示をすることができる（法第244条の2第10項）。

1　**誤り**。公の施設の設置及びその管理に関する事項は、規則ではなく、条例でこれを定めなければならない（法第244条の2第1項）。

2　**誤り**。普通地方公共団体の長又は委員会は、指定管理者に対して、当該管理の業務又は経理の状況に関し報告を求め、実地について調査し、又は必要な指示をすることができる。（法第244条の2第10項）。

3　**正しい**（法第244条の4第1項）。

4　**誤り**。審査請求が不適法であり、却下したときは、その旨を議会に報告する必要がある（法第244条の4第4項）。

5　**誤り**。関係普通地方公共団体の議会の議決を経なければならない（法第244条の3第3項）。

公の施設

正答　3

公の施設③

No.116　地方自治法に規定する公の施設に関する記述として、妥当なのはどれか。　　　　　　　　　　　　　　　　**（特別区管理職試験出題）**

1　普通地方公共団体は、公の施設の設置の目的を効果的に達成するため、当該普通地方公共団体が設置するすべての公の施設の管理を指定管理者に行わせなければならない。

2　普通地方公共団体が設置する公の施設の管理を指定管理者に行わせるために定める条例には、指定管理者が行う管理の基準及び業務の範囲についてのみ定めるものとする。

3　普通地方公共団体は、当該普通地方公共団体が設置する公の施設の指定管理者を指定しようとするとき、当該普通地方公共団体の議会の議決を経る必要はない。

4　普通地方公共団体は、適当と認めるときは、指定管理者にその管理する公の施設の利用料金を当該指定管理者の収入として収受させることができる。

5　普通地方公共団体が設置する公の施設の管理を行う指定管理者の指定に当たっては、期間を定めて行う必要はない。

Key Point

　普通地方公共団体は、条例の定めるところにより、法人その他の団体を指定して当該公の施設の管理を行わせることができる。条例には、指定管理者の指定の手続、指定管理者が行う管理の基準及び業務の範囲その他必要な事項を定める。指定管理者の指定は、期間を定めて行い、指定に際しては議会の議決をあらかじめ経る必要がある。

普通地方公共団体は、公の施設の設置の目的を効果的に達成するために必要があると認めるときは、**条例の定めるところにより**、法人その他の団体であって当該普通地方公共団体が指定するもの（指定管理者）に、当該公の施設の管理を行わせることができる（法第244条の２第３項）。この条例には、指定管理者の**指定の手続**、指定管理者が行う**管理の基準及び業務の範囲**その他必要な事項を定める（法第244条の２第４項）。

　「指定の手続」としては申請の方法や選定基準等を、「管理の基準」としては住民が当該公の施設を利用するに当たっての基本的な条件（休館日、閉館時間、使用制限の要件など）のほか、管理を通して取得した個人に関する情報の取扱いなどの当該公の施設の適正な管理の観点から必要不可欠である業務運営の基本的事項を、「業務の範囲」としては指定管理者が行う管理の業務についてその具体的範囲を規定するものとされる（平15.7.17通知）。

　指定管理者の指定をしようとするときは、**あらかじめ議会の議決を経なければならない**（法第244条の２第６項）。議決すべき事項は、指定管理者に管理を行わせようとする公の施設の名称、指定管理者となる団体の名称、指定の期間等である（平15.7.17通知）。

公の施設

1　**誤り**。すべての公の施設の管理を指定管理者に行わせなければならないものではない（法第244条の２第３項）。
2　**誤り**。指定の手続についても定める必要がある（法第244条の２第４項）。
3　**誤り**。あらかじめ議会の議決を経る必要がある（法第244条の２第６項）。
4　**正しい**（法第244条の２第８項）。
5　**誤り**。指定は期間を定めて行う（法第244条の２第５項）。

正答　4

公の施設④

No.117　公の施設に関する記述として、地方自治法上、妥当なのはどれか。　**(特別区管理職試験改題)**

1　普通地方公共団体は、当該普通地方公共団体の区域外に公の施設を設置する場合、当該公の施設が設置される地域の住民との間に使用関係を生じないときであっても、その地域の普通地方公共団体に協議しなければならない。

2　普通地方公共団体は、公の施設を設置するに当たっては、当該公の施設に係る所有権を取得しなければならない。

3　普通地方公共団体は、条例で定める重要な公の施設のうち、条例で定める特に重要なものについて、条例で定める長期かつ独占的な利用をさせようとするときは、議会において、出席議員の3分の2以上の者の同意を得る必要がある。

4　普通地方公共団体は、公の施設の手数料の徴収に関し、条例で科料を科する規定を設けることができる。

5　普通地方公共団体は、公の施設の設置の目的を効果的に達成するため必要があると認めるときは、条例の定めるところにより、その管理を法人その他の団体又は個人を指定して行わせることができる。

Key Point

　条例で定める重要な公の施設のうち条例で定める特に重要なものについて、廃止又は長期的かつ独占的な利用をさせようとするときは、議会において出席議員の3分の2以上の者の同意を必要とする。

　公の施設の利用につき使用料を徴収することができるが、徴収に関しては、条例で過料を科する規定を設けることができる。

解説 普通地方公共団体は、公の施設の利用につき使用料を徴収することができる（法第225条）。使用料に関する事項については、条例で定めなければならない（法第228条第1項）。使用料の徴収に関しては、条例で5万円以下の過料を科する規定を設けることができる（法第228条第2項）。

公の施設の設置及び管理に関する事項は、条例で定めなければならない（法第244条の2第1項）。そのうち条例で定める重要な公の施設のうち条例で定める特に重要なものについて、**廃止又は長期的かつ独占的な利用**をさせようとするときは、議会において**出席議員の3分の2以上の者の同意**を得なければならない（法第244条の2第2項）。

1 **誤り**。設置される地域の住民との間に使用関係を生じないときは、協議を要しない（行実昭25.8.2）。

2 **誤り**。当該施設に係る所有権を取得することは必要でなく、賃借権等当該施設を住民に利用させる権原を取得することをもって足りる。

3 **正しい**（法第244条の2第2項）。

4 **誤り**。普通地方公共団体は、公の施設の利用につき使用料を徴収することができ（法第225条）、使用料の徴収に関し、条例で5万円以下の過料を科する規定を設けることができる（法第228条第2項）。科料ではない。

5 **誤り**。普通地方公共団体は、公の施設の設置の目的を効果的に達成するため必要があると認めるときは、条例の定めるところにより、法人その他の団体であって当該普通地方公共団体が指定するものに、当該公の施設の管理を行わせることができる（法第244条の2第3項）。個人を指定することはできない。

正答 3

公の施設⑤

No.118　地方自治法に規定する普通地方公共団体の公の施設に関する記述として、妥当なのはどれか。　**（特別区管理職試験出題）**

1　普通地方公共団体は、条例で定める特に重要な公の施設について、条例の改廃を伴わない一部廃止をするときは、当該普通地方公共団体の議会において、出席議員の3分の2以上の者の同意を得なければならない。

2　普通地方公共団体は、公の施設の設置の目的を効果的に達成するため必要があると認めるときは、期間を定めずに、指定管理者に当該公の施設の管理を行わせることができる。

3　普通地方公共団体が指定管理者に公の施設の管理を行わせる場合に、当該指定管理者は、清掃、警備といった個々の具体的業務のほか、当該公の施設の管理に係る業務を一括して第三者に委託することができる。

4　指定管理者は、その管理する公の施設の利用料金を当該指定管理者の収入として収受することができ、また、普通地方公共団体の承認を受けずに利用料金を定めることができる。

5　普通地方公共団体は、その区域外においても公の施設を設置することができ、設置される地域の住民との間に使用関係を生じないときは、関係普通地方公共団体との協議を要しない。

Key Point

　指定管理者は、公の施設の管理に係る業務を一括して第三者に委託することはできない。

　普通地方公共団体は、公の施設を区域外に設置しようとする場合において、設置される地域の住民との間に使用関係を生じないときは、関係普通地方公共団体との協議を要しない。

条例で定める**特に重要な公の施設**について、**これを廃止し、又は条例で定める長期かつ独占的な利用をさせようとするとき**は、議会において出席議員の３分の２以上の者の同意を得なければならない（法第244条の２第２項）。また、普通地方公共団体は、その区域外においても、関係普通地方公共団体との協議により、公の施設を設けることができるところ（法第244条の３第１項）、設置される地域の住民との間に使用関係を生じないときは、関係普通地方公共団体との協議を要しない（行実昭18.6.23）。

　利用料金を指定管理者の収入として収受させる場合、公益上必要があると認める場合を除くほか、条例の定めるところにより、指定管理者が定める。**指定管理者は、あらかじめ当該利用料金について、普通地方公共団体の承認を受けなければならない**（法第244条の２第９項）

1　**誤り**。議会において出席議員の３分の２以上の者の同意を得なければならないのは、条例の改廃を伴わない一部廃止をするときではなく、廃止し、又は条例で定める長期かつ独占的な利用をさせようとするときである（法第244条の２第２項）。

2　**誤り**。指定管理者の指定は、期間を定めて行うものとされている（法第244条の２第５項）。

3　**誤り**。清掃、警備といった個々の具体的業務を指定管理者から第三者へ委託することは差し支えないが、管理に係る業務を一括して第三者へ委託することはできない（通知平15.7.17）。

4　**誤り**。指定管理者は、あらかじめ利用料金について当該普通地方公共団体の承認を受けなければならない（法第244条の２第９項）。

5　**正しい**（行実昭18.6.23）。

　　　　　　　　　　　　　　　　　　　　正答　5

公の施設

国と地方公共団体との関係及び地方公共団体相互間の関係①

No.119　地方自治法に定める国と普通地方公共団体に関する記述として、妥当なのはどれか。　　　　　**（東京都管理職試験改題）**

1　国は普通地方公共団体に対して、是正の要求や資料の提出の要求などの関与を行うことができるが、これらの関与は、法律又はこれに基づく政令に定められていなくても行うことができる。

2　都道府県以外の普通地方公共団体の名称を変更する際には、当該普通地方公共団体の長は、都道府県知事に協議を行い、総務大臣の許可を得ることが必要である。

3　総務大臣は、普通地方公共団体の財務に関係のある事務に関し、都道府県については自ら実地検査を行うことができるが、市町村については自ら行うことはできず、必ず都道府県知事をして行わせなければならない。

4　国の行政機関は、普通地方公共団体に対し、助言・勧告を書面によらないで行った場合において、当該団体から助言・勧告の趣旨及び内容を記載した書面の交付を求められたときは、原則として、これを交付しなければならない。

5　普通地方公共団体の監査委員は、各大臣から、当該普通地方公共団体の事務の執行に関し監査の要求があったときは、その要求に係る事項について、監査をしなければならない。

Key Point

　　普通地方公共団体に対する国又は都道府県の関与は、法律又はこれに基づく政令によらなければならない。当該関与を法令で定める場合の基本原則は、必要最小限度、地方公共団体の自主性・自立性への配慮の視点のほか、関与の種類ごとに定められている。関与の方式は、書面の交付が原則である。

解説　普通地方公共団体に対する国又は都道府県の関与は、法律又はこれに基づく政令によらなければならない（**関与の法定主義**。法第245条の２）。当該関与を法令で定める場合、国は、目的達成に必要最小限度のものとするとともに、地方公共団体の自主性・自立性に配慮しなければならないほか、次のように定められている（**関与の基本原則**。法第245条の３）。

自治事務	○　助言・勧告、資料の提出要求、是正の要求 △　同意、許可、認可、承認、指示、協議 ×　代執行、その他の関与
法定受託事務	○　助言・勧告、資料の提出要求、是正の要求（２号法定受託事務）、同意、許可、認可、承認、是正の指示、代執行 △　協議　　×　その他の関与

備考　○可、△一定の場合は可、×原則として不可

　関与の方式は、次のとおりである（法第246条〜第250条の６）。

書面の交付を求められたときに交付義務がある場合（①例外あり）	①助言・勧告、②資料の提出要求、③協議
あらかじめ書面による交付義務がある場合（①、②、④の場合緊急時は事後可）	①是正の要求、②指示、③許可、認可、承認、同意の拒否・取消し、④国の行政機関が自治事務と同一の内容の事務を自らの事務として処理する場合

1　**誤り**。国の普通地方公共団体に対する関与は、法律又はこれに基づく政令による必要がある（法第245条の２）。

2　**誤り**。都道府県以外の地方公共団体の名称変更は、都道府県知事がその旨を総務大臣へ通知する（法第３条第６項）。

3　**誤り**。総務大臣は、緊急を要する場合等には、市町村の実地検査を自ら行うことができる（法第252条の17の６第４項）。

4　**正しい**（法第247条第１項）。

5　**誤り**。監査委員は、当該地方公共団体の長から要求があったときは監査をしなければならない（法第199条第６項）。

正答　4

国と地方公共団体との関係及び地方公共団体相互間の関係②

No.120　地方自治法に規定する市町村に対する都道府県の関与に関する記述として、妥当なのはどれか。　**（特別区管理職試験出題）**

1　都道府県は、市町村の事務の処理に関し、許認可や指示などの関与を行うことができるが、これらの関与は、法令又は都道府県の条例に定めがある場合に限り認められる。

2　都道府県の執行機関は、市町村の執行機関が担任する自治事務の処理が法令の規定に違反していると認めるときに限り、当該市町村に対し、当該自治事務の処理について違反の是正又は改善のため必要な措置を講ずべきことを勧告することができる。

3　都道府県の機関は、市町村に対し、申請等に係る許認可等を拒否する処分をするとき又は許認可等の取消し等をするときは、当該許認可等を拒否する処分又は許認可等の取消し等の内容及び理由を記載した書面を交付しなければならない。

4　市町村の執行機関が担任する事務に関する都道府県の関与のうち、自治紛争処理委員による審査に付することができるのは、是正の要求、許可の拒否その他の処分その他公権力の行使及び都道府県の不作為であり、市町村長の協議申出に係る協議の不調は審査に付することができない。

5　自治紛争処理委員による審査を申し出た市町村の執行機関は、都道府県の行政庁を被告として、訴えをもって違法な都道府県の関与の取消しを求めることができるが、都道府県の不作為の違法の確認を求めることができない。

Key Point

　是正の要求、是正の勧告及び是正の指示を行うことができる要件は、事務処理が①法令の規定に違反しているとき、又は②著しく適正を欠き、かつ、明らかに公益を害していると認めるときである。許認可等の拒否・取消しと是正の要求、指示を行う際には、内容等を記載した書面の交付が必要である。

解説 　是正の要求、是正の勧告及び是正の指示の関与の流れ、対象、要件及び効果は、次のとおりである（法第245条の5～第245条の7）。

	関与の流れ	対　象	要　件	効　　果
是正の要求	①各大臣→都道府県 ②各大臣からの指示→都道府県の執行機関→市町村 ③各大臣→市町村（緊急時等）	自治事務（市町村は第2号法定受託事務も対象）	①法令の規定に違反しているとき、又は②著しく適正を欠き、かつ、明らかに公益を害しているとき。	必要な措置を講ずる法的義務（具体的措置内容は地方公共団体の裁量）
是正の勧告	都道府県の執行機関→市町村	自治事務		必要な措置を講ずべき勧告の尊重義務
是正の指示	①各大臣→都道府県 ②都道府県の執行機関→市町村（第1号法定受託事務は各大臣が都道府県の執行機関の指示に関して指示可） ③各大臣→市町村（第1号法定受託事務のみ、緊急時等）	法定受託事務		必要な措置を講ずる法的義務（具体的措置内容まで指示に従う義務あり）

　許認可等の拒否・取消し等の関与の方式は、No.119の解説を参照。

1　**誤り**。都道府県の市町村に対する関与は、法律又はこれに基づく政令の定めがある場合に限られる（法第245条の2）。

2　**誤り**。著しく適正を欠き、かつ、明らかに公益を害していると認めるときにも是正の勧告ができる（法第245条の6）。

3　**正しい**（法第250条の4）。

4　**誤り**。自治紛争処理委員の審査の対象には、市町村の法令に基づく協議の申出に係る協議の不調も含まれる（法第251条の3第1項～第3項）。

5　**誤り**。市町村の執行機関は、都道府県の不作為の違法の確認を求めることもできる（法第251条の6第1項）。

　　　　　　　　　　　　　　　　　　　　　　　　　　正答　3

国と地方公共団体との関係及び地方公共団体相互間の関係③

No.121　地方自治法に定める国と地方公共団体との関係及び地方公共団体相互間の関係に関する記述として妥当なのは、次のどれか。

1　都道府県知事は、市町村の自治事務の処理が法令の規定に違反していると認めるときは、各大臣の指示を受けることなく、当該事務の処理について違反の是正又は改善のため必要な措置を講ずべきことを求めることができる。

2　市町村は、都道府県知事からその自治事務の処理について違反の是正又は改善のための必要な措置を講ずるよう求めを受けたときは、当該意見を尊重しなければならないが、当該事務の処理について違反の是正又は改善のための必要な措置を講じる義務はない。

3　都道府県知事は、市町村の自治事務の処理が法令の規定に違反していると認めるときにおいても、各大臣の指示を受けなければ、当該市町村に対し、当該自治事務の処理につき違反の是正又は改善のため必要な措置を講ずべきことを勧告することができない。

4　各大臣は、市町村の法定受託事務の処理が法令の規定に違反していると認める場合において、緊急を要するときは、自ら当該市町村に対し、すべての法定受託事務の処理について違反の是正又は改善のため講ずべき措置に関し、必要な指示をすることができる。

5　都道府県知事は、市町村の法定受託事務の処理について、市町村が当該法定受託事務を処理するに当たりよるべき基準を通知で定めることができる。

Key Point

　　各大臣は都道府県の法定受託事務の処理について、都道府県の執行機関は市町村の法定受託事務の処理について、それぞれ処理基準を設けることができる。処理基準の形式は、通知によることも可能である。また、是正の要求、是正の勧告及び是正の指示の相違についても再度押さえよう。

公と国
共の団と
団体係地
体係地方
相及び公
関間地団
係の方体

解説 　各大臣は、都道府県の**法定受託事務**の処理について、よるべき**処理基準**を定めることができる（法第245条の9）。都道府県の執行機関は、市町村の法定受託事務の処理について処理基準を設けることができるが、各大臣が市町村の第1号法定受託事務の処理について処理基準を定めた場合にあっては、その基準に反するものであってはならない。また、各大臣は、第1号法定受託事務の処理について、都道府県の執行機関が定める処理基準に関し、必要な指示をすることができる。

　処理基準は、目的達成に必要な最小限度のものでなければならない。**処理基準と異なる事務処理が行われた場合**において、法的な義務を果たしていないという評価を受ければ、違法とされることもあり得る。

　是正の要求、是正の勧告及び是正の指示の相違については、No. 120の解説を参照のこと。

1　**誤り**。都道府県知事は、各大臣の指示を受けなければ是正の要求ができない（法第245条の5）。

2　**誤り**。普通地方公共団体は、是正の要求を受けたときは、違反の是正又は改善のための必要な措置を講ずる法的義務がある（法第245条の5第5項）。

3　**誤り**。是正の勧告は、都道府県の執行機関が自らの判断に基づき市町村に対し行う関与であり、都道府県が自治事務として行う関与と位置付けられている（法第245条の6）。

4　**誤り**。各大臣は、緊急を要するときその他特に必要があると認めるときは、第1号法定受託事務の処理に限り、自ら市町村に対し是正の指示ができる（法第245条の7第4項）。

5　**正しい**。処理基準の形式は、告示等に限られず、各大臣等が処理基準を定め、通知として各地方公共団体に示すことも可能である。

正答　5

国と地方公共団体との関係及び地方公共団体相互間の関係④

No.122　地方自治法に定める国と地方公共団体との関係及び地方公共団体相互間の関係に関する記述として妥当なのは、次のどれか。

1　市町村長は、都道府県知事に対し、その担任する事務の管理及び執行について技術的な助言又は勧告を求めることはできるが、各大臣に対し、その担任する事務の管理及び執行について技術的な助言又は勧告を求めることはできない。

2　都道府県知事は、市町村に対し、勧告を書面によらないで行った場合において、既に書面により当該市町村に通知されている事項と同一の内容であるものであっても、当該市町村から当該勧告の趣旨及び内容を記載した書面の交付を求められたときは、これを交付しなければならない。

3　各大臣は、都道府県知事の自治事務の執行が法令の規定に違反している場合は、裁判等の一定の手続を経て、都道府県知事に代わって当該違反の是正を行うことができる。

4　都道府県の機関は、市町村からの法令に基づく申請があった場合において、許認可等をするかどうかを法令の定めに従って判断するために必要とされる基準を定め、かつ、これを公表するよう努めなければならない。

5　都道府県の機関は、市町村からの法令に基づく申請が当該都道府県の機関の事務所に到達してから当該申請に係る許認可等をするまでに通常要すべき標準的な期間を定め、かつ、これを公表するよう努めなければならない。

Key Point

　国の行政機関又は都道府県の機関は、普通地方公共団体からの申請等に係る許認可等の基準については、これを定め、かつ、行政上特別の支障があるときを除き、公表しなければならない。許認可等の取消しの基準及び許認可等の標準処理期間については、これを定め、かつ、公表するよう努めなければならない。

国と公
の団地
と体方
地相公
方互共
公間団
共の体
団関及
体係び

解説 　各大臣又は都道府県の執行機関は、その担任事務に関し、普通地方公共団体に対し、普通地方公共団体の事務の運営等について**技術的な助言・勧告**をし、又は当該助言・勧告などに必要な**資料の提出の要求**ができる（法第245条の４第１項）。

　また、普通地方公共団体の執行機関は、各大臣又は都道府県の執行機関に対し、その担任事務の管理執行について技術的な助言・勧告又は必要な情報の提供の要求ができる（法第245条の４第３項）。

　国の行政機関又は都道府県の機関は、普通地方公共団体からの法令に基づく申請等があった場合に**許認可等をするかどうかを判断するための基準**を定め、かつ、行政上の特別の支障があるときを除き、公表しなければならない（法第250条の２第１項）。**許認可等の取消し等の基準**もこれを定め、公表するように努めなければならない（法第250の２第２項）。また、**許認可等の標準処理期間**については、これを定め、かつ、公表するよう努めなければならない（法第250条の３）。

1　**誤り**。市町村長は各大臣に対し技術的な助言又は勧告を求めることができる（法第245条の４第３項）。
2　**誤り**。既に書面により通知されている事項等については、書面の交付は必要ではない（法第247条第２項）。
3　**誤り**。代執行は、都道府県知事又は市町村長の法定受託事務の管理執行等について、一定の要件のもとにできるが、自治事務についてはできない（法第245条の８）。
4　**誤り**。許認可等の基準は、これを定め、かつ、行政上特別の支障がある場合を除き、公表しなければならない（法第250条の２第１項）。
5　**正しい**（法第250条の３第１項）。

正答　5

国と地方公共団体との関係及び地方公共団体相互間の関係⑤

No.123　　地方自治法に定める国と普通地方公共団体との関係に関する記述として妥当なのは、次のどれか。**（東京都管理職試験改題）**

1　都道府県知事は、町村を市とし又は市を町村とする処分を関係市町村の申請に基づき行うこととされており、市を町村とする場合にはあらかじめ総務大臣に協議する必要があるが、町村を市とする場合には協議する必要はない。

2　都道府県知事は、一部事務組合を設置する場合は総務大臣の許可を受ける必要がないが、広域連合を設置する場合には総務大臣の許可を受けなければならない。

3　総務大臣は、都道府県知事の権限に属する市に関する事件で数都道府県にわたるものにつき、関係知事の協議によりその事件を管理すべき知事を定めることができない場合であっても、知事に代わりその権限を行うことができない。

4　総務大臣は、地方自治を尊重する見地から、都道府県知事の求めがない限り、当該都道府県の組織及び運営の合理化に資するための適切と認められる技術的な助言及び勧告をすることができない。

5　総務大臣は、必要があるときは、都道府県について財務に関係のある事務を報告させることができるほか、実地について財務に関係のある事務を検査することができる。

Key Point

総務大臣は、都道府県について財務に関係のある事務に関し実地検査ができる。都道府県知事は、市町村について同様に実地検査ができる。総務大臣は、知事に対し市町村の実地検査に関し必要な指示ができるほか、緊急時などの時は、市町村について自ら実地検査ができる。

解説 国と普通地方公共団体との関係及び普通地方公共団体相互間の関係について、法には、是正の要求等の関与等のほか、次の定めがある。

①組織及び運営の合理化に係る助言・勧告及び資料提出の要求（法第252条の17の5）No.124の解説を参照のこと。
②財務に係る実地検査（法第252条の17の6）財務に関係のある事務に関し、総務大臣は都道府県について、都道府県知事は市町村について、実地検査ができる。総務大臣は、都道府県知事に対し市町村の実地検査に関し必要な指示ができるほか、緊急時などの場合、市町村について自ら実地検査ができる。
③市町村に関する調査（法第252条の17の7）総務大臣は、①及び②による権限の行使のためその他市町村の適正な運営の確保のため、都道府県知事に対し市町村について指定する事項の調査を行うよう指示ができる。
④市町村に関する事件で数都道府県にわたる場合の所管知事の決定及び総務大臣の権限（法第253条）都道府県知事の権限に属する市町村に関する事件が数都道府県にわたるときは、関係都道府県知事の協議によりその事件を管理すべき都道府県知事を定めることができ、協議が不調のときは総務大臣が事件を管理すべき都道府県知事を定め、又は自ら権限を行うことができる。

1 **誤り**。町村を市とする場合にもあらかじめ総務大臣に協議する必要がある（法第8条第3項、第7条第2項）。

2 **誤り**。一部事務組合を設置する場合にも、総務大臣の許可が必要である（法第284条第2項）。

3 **誤り**。関係知事の協議が調わないときは、総務大臣は、知事に代わり権限を行うことができる（法第253条第2項）。

4 **誤り**。総務大臣は、都道府県知事の求めがなくても技術的な助言及び勧告ができる（法第252条の17の5第1項）。

5 **正しい**（法第252条の17の6第1項）。報告については、資料の提出要求（法第245条の4第1項）により行われる。

正答 5

国と地方公共団体との関係及び地方公共団体相互間の関係⑥

No.124　地方自治法に定める国と地方公共団体との関係及び地方公共団体相互間の関係に関する記述として妥当なのは、次のどれか。　　　　　　　　　　　　　　　　　　　　　　　**（東京都管理職試験改題）**

1　総務大臣又は都道府県知事は、現行地方自治制度上、普通地方公共団体の行政執行については関与することを認められているが、議決機関である議会に対する関与は認められていない。

2　総務大臣又は都道府県知事は、普通地方公共団体について財務に関係のある事務を定例的に報告させることはできるが、実地について財務に関係のある事務を検査することはできない。

3　総務大臣又は都道府県知事は、国の機関としての権限に基づく行政立法による統制又は行政争訟の裁定を行うなどの手段により、普通地方公共団体に関与することはできない。

4　総務大臣又は都道府県知事は、普通地方公共団体の処理する事務について、その長、委員会、その他の機関に対して、指揮監督を含む幅広い権力的な監督権を認められている。

5　総務大臣又は都道府県知事は、普通地方公共団体の組織及び運営の合理化に資するため、普通地方公共団体に対し、適切と認める技術的な助言又は勧告をすることができる。

Key Point

法には、各大臣又は都道府県の執行機関が、その担任する事務について行う、関与の一般ルールとしての助言・勧告等のほか、総務大臣又は都道府県知事が、普通地方公共団体の組織及び運営の合理化に資するために行う助言・勧告等の定めがある。

解説　　国と地方公共団体との関係及び地方公共団体相互間の関係について、法には、各大臣や都道府県の各執行機関が行う一般ルールとしての関与の定めのほか、組織及び運営の合理化に係る助言・勧告及び資料提出の要求（法第252条の17の5）や財務に係る実地検査（法第252条の17の6）など別の趣旨から総務大臣又は都道府県知事が行う関与が定められている。

このうち、**組織及び運営の合理化に係る助言・勧告及び資料提出の要求**については、次のように定められている。①総務大臣又は都道府県知事は、普通地方公共団体に対し、その組織及び運営の合理化に係る技術的な助言・勧告及び必要な資料の提出の要求ができる。②総務大臣は、都道府県知事が行う市町村への技術的な助言・勧告及び必要な資料の提出の要求に関し必要な指示ができる。③普通地方公共団体の長は、総務大臣又は都道府県知事に対し技術的な助言・勧告及び必要な資料の提出の要求を求めることができる（法第252条の17の5）。

1　**誤り**。議会において行う議長、副議長等の選挙に係る総務大臣又は都道府県知事の関与がある（法第118条第5項）。

2　**誤り**。報告は法第245条の4第1項により可能であり、実地検査も可能である（法第252条の17の6）。

3　**誤り**。従前の機関委任事務は廃止され、都道府県知事は国の機関としての権限に基づくものとして普通地方公共団体への関与はできないが、総務大臣は、法に基づく省令を定めるという行政立法による統制のほか、審査請求等の裁決を行うことができる（法第255条の5など）。

4　**誤り**。国又は都道府県の普通地方公共団体に対する関与は、個別的に法又はこれに基づく政令において定めることとされ（法第245条の2）、従前の機関委任事務のような幅広い権力的な監督権は認められていない。

5　**正しい**（法第252条の17の5第1項）。

正答　5

紛争処理①

No.125　国地方係争処理委員会に関する記述として、地方自治法上、**誤っている**のはどれか。

1　国地方係争処理委員会は、総務省に置かれ、国の関与に関して不服のある地方公共団体からの審査の申出を受けて、当該国の関与について審査し、国の行政庁に対する勧告等を行うことを任務とする機関である。

2　国地方係争処理委員会の委員は５人で、そのうち２人以内は常勤とすることができる。

3　国地方係争処理委員会の委員は、優れた識見を有する者のうちから、内閣総理大臣が、両議院の同意を得て任命する。委員の任命については、そのうち３人以上が同一の政党に属することとなってはならない。

4　国地方係争処理委員会の委員の任期は、３年である。ただし、補欠の委員の任期は、前任者の残任期間とされている。

5　常勤の委員は、在任中、総務大臣の許可がある場合を除き、報酬を得て他の職務に従事し、又は営利事業を営み、その他金銭上の利益を目的とする業務を行ってはならない。

Key Point

　国の関与に関する国と地方公共団体との係争について、これを行政部内において処理する第三者機関として、国地方係争処理委員会が設けられている。国地方係争処理委員会の委員は、優れた識見を有する者のうちから、両議員の同意を得て、総務大臣が任命する。委員は５人で、そのうち３人以上が同一の政党に属することとなってはならない。

地方分権一括法による地方自治法の改正により、地方公共団体に対する国又は都道府県の関与に関する係争処理の制度が設けられた。国の関与に関する国と地方公共団体との係争については、これを行政部内において処理する公平・中立な第三者機関として、**国地方係争処理委員会**が設けられている（法第250条の7）。都道府県と市町村との係争については、**自治紛争処理委員**による係争処理制度が設けられている（法第251条）。

	国地方係争処理委員会 （法第250条の7〜 法第250条の20）	自治紛争処理委員 （法第251条〜法第251条の4）
対象事件	地方公共団体に対する国の関与	地方公共団体相互の紛争 地方公共団体に対する都道府県の関与
構　　成	5人（2人以内は常勤可）	3人
任　　期	3年（補欠の委員の任期は、前任者の残任期間。再任可）	事件ごと
任　命 罷　免	**総務大臣（両議院の同意**が必要。任命について事後の同意が得られないときは、当該委員は罷免の対象となる）	**総務大臣又は都道府県知事**（任命については、関係する大臣又は都道府県の行政委員会若しくは委員への協議が必要）
兼　　職	原則禁止（常勤の委員）	規定なし

1　**正しい**（法第250条の7第1項）。

2　**正しい**（法第250条の8）。

3　**誤り**。委員は、総務大臣が任命する（法第250条の9第1項）。

4　**正しい**（法第250条の9第5項）。

5　**正しい**（法第250条の9第15項）。

正答　3

紛争処理②

No.126 　国地方係争処理委員会に関する記述として、地方自治法上、妥当なのはどれか。　　　　　　　　　　**(特別区管理職試験改題)**

1　国地方係争処理委員会は、普通地方公共団体に対する国又は都道府県の関与のうち国の行政機関が行うものに関する審査の申出につき、地方自治法の規定により、その権限に属させられた事項を処理する。

2　国地方係争処理委員会は、国の関与について審査の申出があった場合においては、その審査の権限は、国の関与の適法性審査に限定され、関与の当・不当の判断には及ばない。

3　普通地方公共団体の長は、その担任する事務に関する国の関与のうち是正の要求に不服があっても、国地方係争処理委員会に対し、当該国の関与を行った国の行政庁を相手方として、審査の申出をすることができない。

4　国地方係争処理委員会は、審査を行うため必要があると認めるときは、参加行政機関の申立てにより証拠調べをすることができるが、職権で証拠調べをすることができない。

5　普通地方公共団体の長は、申出をした審査に係る国地方係争処理委員会の勧告に不服があっても、当該審査の申出の相手方を被告として、訴えをもって、当該審査の申出に係る違法な国の関与の取消しを求めることができない。

Key Point

　　長は、国の関与に不服があるときは、国地方係争処理委員会に対し、当該国の関与を行った国の行政庁を相手方として、文書で審査の申出をすることができる。委員会は審査を行い、必要があると認める場合は、国に対して勧告をし、その結果を地方公共団体に通知するとともに公表しなければならない。

国地方係争処理委員会の処理の流れ

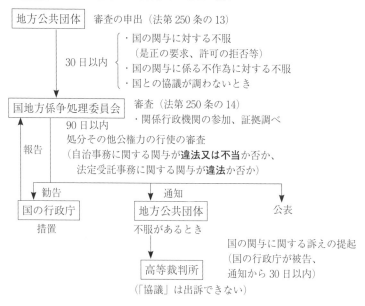

地方公共団体　審査の申出（法第250条の13）

30日以内　・国の関与に対する不服
　　　　　　（是正の要求、許可の拒否等）
　　　　　・国の関与に係る不作為に対する不服
　　　　　・国との協議が調わないとき

国地方係争処理委員会　審査（法第250条の14）
　　　　　　　　・関係行政機関の参加、証拠調べ

90日以内

報告

処分その他公権力の行使の審査
（自治事務に関する関与が**違法又は不当**か否か、
　　法定受託事務に関する関与が**違法**か否か）

勧告　　　　　　　通知

国の行政庁　　　　地方公共団体　　　　公表

措置　　　　　　　不服があるとき

国の関与に関する訴えの提起
（国の行政庁が被告、
　通知から30日以内）

高等裁判所

（「協議」は出訴できない）

1　**正しい**（法第250条の7第2項）。

2　**誤り**。自治事務に関しては、関与の適法・違法の判断のほか、関与の当・不当の判断にまで国地方係争処理委員会の審査権が及ぶ（法第250条の14第1項）。

3　**誤り**。文書で審査の申出をすることができる（法第250条の13第1項）。審査の申出は当該関与があった日から30日以内にしなければならない。

4　**誤り**。職権でも証拠調べをすることができる（法第250条の16第1項）。

5　**誤り**。高等裁判所に対し、国の行政庁を被告として、訴えをもって違法な国の関与の取消しを求めることができる（法第251条の5第1項）。

正答　1

紛争処理③

No.127　自治紛争処理委員に関するA～Dの記述のうち、地方自治法上、妥当なものを選んだ組合せはどれか。

（特別区管理職試験改題）

A　当事者の申請に基づき開始された自治紛争処理委員による調停においては、当事者は、総務大臣又は都道府県知事の同意を得て、当該申請を取り下げることができる。

B　自治紛争処理委員は、総務大臣若しくは都道府県知事が当事者に調停が成立した旨を通知したとき又は自治紛争処理委員が当事者に調停を打ち切った旨を通知したときに限り、その職を失う。

C　自治紛争処理委員は、調停案を作成して、これを当事者に示し、その受諾を勧告したときは、直ちに調停案の写しを添えてその旨及び調停の経過を総務大臣又は都道府県知事に報告しなければならない。

D　普通地方公共団体相互の間に紛争があるときは、この法律に特別の定めがあるものを除くほか、総務大臣又は都道府県知事は、紛争の解決のため、当事者の文書による申請に基づき、自治紛争処理委員の調停に付することができるが、職権により自治紛争処理委員の調停に付することはできない。

1　A　B
2　A　C
3　A　D
4　B　C
5　B　D

Key Point

都道府県と市町村との係争については、自治紛争処理委員による紛争処理制度が設けられている。自治紛争処理委員は、①自治体間の紛争の調停、②都道府県の関与に関する審査、③審査請求等に係る審理を処理する。

解説 自治紛争処理委員の処理の流れ（審査の場合）

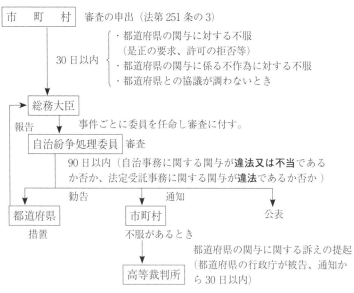

A～Dの各項目の正否は次のとおり。

A　**正しい**（法第251条の2第2項）。

B　**誤り**。当事者が調停の申請を取り下げたときなどにも、その職を失う（法第251条第4項）。

C　**正しい**（法第251条の2第4項）。

D　**誤り**。職権により自治紛争処理委員の調停に付することができる（法第251条の2第1項）。

正答　2

地方公共団体の協力方式①

No.128　地方自治法に定める普通地方公共団体の協議会に関する記述として、妥当なのはどれか。　　　**（東京都管理職試験出題）**

1　普通地方公共団体は、事務の管理及び執行について連絡調整を図るため、協議会を設置することができるが、この協議会の設置に当たっては、関係する普通地方公共団体の議会の議決を経なければならない。

2　普通地方公共団体の協会が作成した広域にわたる総合的な計画は、法的拘束力を持ち、計画に従わない関係普通地方公共団体には罰則が適用できる旨、規定されている。

3　普通地方公共団体の協議会の会長及び委員は、一般職でかつ常勤の関係地方公共団体の職員から選任することとされており、特別職や非常勤の職員は選任することができない。

4　普通地方公共団体の事務の一部を共同して管理し及び執行するための協議会を設ける場合の協議会の規約には、当該協議会の担任する事務に従事する関係普通地方公共団体の職員の身分取扱いについて必要に応じて定めることができる。

5　普通地方公共団体の協議会が、関係普通地方公共団体又はその長その他の執行機関の名においてした事務の管理及び執行は、関係普通地方公共団体の長その他の執行機関が管理し及び執行したものとしての効力を有する。

Key Point

　普通地方公共団体は、①普通地方公共団体の事務の一部を共同して管理し及び執行するため、若しくは②普通地方公共団体の事務の管理及び執行について連絡調整を図るため、又は③広域にわたる総合的な計画を共同して作成するため、協議により規約を定め、普通地方公共団体の協議会を設けることができる。

公と国
共の団地
体関体方
相及公
互び共
関間地団
係の方体

　　普通地方公共団体は、Key Point ①〜③の目的のため、**協議により規約を定め、普通地方公共団体の協議会を設けることができる**（法第252条の2の2第1項）。上記協議については、関係普通地方公共団体の議会の議決を経なければならないが、②の目的のために協議会を設ける場合は、この限りではない（法第252条の2の2第3項）。

　　また、規約については、法第252条の4第1項各号に掲げる事項につき規定を設けなければならず、①の目的のために協議会を設ける場合は、第1項各号に掲げるもののほか、法第252条の4第2項各号に掲げる事項についても規定を設けなければならない。

1　**誤り**。普通地方公共団体の事務の管理及び執行について連絡調整を図るため普通地方公共団体の協議会を設ける場合は、議会の議決は不要である（法第252条の2の2第3項ただし書き）。

2　**誤り**。計画に従わない関係普通地方公共団体に罰則が適用できる規定はない。

3　**誤り**。協議会の会長及び委員は、規約の定めるところにより常勤又は非常勤とし、関係普通地方公共団体の職員のうちから、これを選任する（法第252条の3第2項）。

4　**誤り**。普通地方公共団体の事務の一部を共同して管理し及び執行するため普通地方公共団体の協議会を設ける場合における規約には、協議会の担任する事務に従事する関係普通地方公共団体の職員の身分取扱いにつき規定を設けなければならない（法第252条の4第2項第3号）。

5　**正しい**（法第252条の5）。

正答　5

地方公共団体の協力方式②

No.129　地方自治法に定める地方公共団体の協力方式に関する記述として、妥当なのはどれか。　　　　　　　　**（東京都主任試験出題）**

1　一部事務組合は、二つ以上の地方公共団体がその事務の一部を共同して処理するために設ける組織であり、普通地方公共団体に区分される。

2　協議会は、独立した法人格を有しており、協議会が関係地方公共団体のために行った事務の執行は、協議会が行ったものとしての効力を生じる。

3　機関の共同設置において、共同設置された機関は、それぞれの地方公共団体の機関としての性格を有し、その行為はそれぞれの地方公共団体に帰属する。

4　事務の委託は、都道府県相互間及び市町村相互間において行うことができるが、都道府県と市町村の間において行うことができない。

5　職員の派遣において、派遣された職員は、派遣を受けた地方公共団体の職員の身分を有することになり、派遣した地方公共団体の職員の身分を当然に失う。

Key Point

　普通地方公共団体相互間の協力方式には①連携協約、②協議会、③機関等の共同設置、④事務の委託、⑤事務の代替執行、⑥職員の派遣がある。

　平成26年6月の法改正により追加された①及び⑤については、①連携協約は意思決定機関を置かずに共同事務を執行できる、⑤事務の代替執行は事務の委託と異なり、事務の権限が依頼者に残るなど、より柔軟な連携の仕組みが新たに創設された。

公と国
共の団地
団関体方
体係及公
相び共
互間地団
関地団
係の方体

解説		普通地方公共団体相互間の協力方式

区 分	根 拠	概 要
連携協約	法第252条の2	連携して事務を処理するに当たっての基本的な方針及び役割分担を定める協約を協議により締結できる。
協 議 会	法第252条の2の2	共同して事務の管理執行、連絡調整又は広域総合計画の作成を行うため、協議により規約を定めて設置できる。
機関等の共同設置	法第252条の7	協議により規約を定め、共同して各種の行政委員会、附属機関、補助職員又は専門委員等を設置できる。
事務の委託	法第252条の14	協議により規約を定め、事務の一部を他の普通地方公共団体に委託し、管理執行させることができる。
事 務 の代替執行	法第252条の16の2	協議により規約を定め、事務の一部を他の普通地方公共団体の名において管理執行することができる。
職員の派遣	法第252条の17	特別の必要があると認めるときは、他の普通地方公共団体に対し、職員の派遣を求めることができる。

1 **誤り**。地方公共団体の組合として、特別地方公共団体に区分されている（法第1条の3第3項）。

2 **誤り**。協議会はそれ自体、法人格を有するものではないと解されており、協議会が関係普通地方公共団体等の名においてした事務の管理及び執行は、関係普通地方公共団体の長その他執行機関が管理し及び執行したものとしての効力を有する（法第252条の5）。

3 **正しい**（法第252条の12参照）。

4 **誤り**。普通地方公共団体は、事務の一部を他の普通地方公共団体に委託することができるので、都道府県と市町村の間においても行うことができる（法第252条の14第1項）。

5 **誤り**。派遣された職員は、当該職員を派遣した普通地方公共団体と派遣を受けた普通地方公共団体の職員の身分をあわせ有することとなる（法第252条の17第2項）。

正答 3

地方公共団体の協力方式③

No.130　　地方自治法に規定する普通地方公共団体相互間の協力に関する記述として、妥当でないのはどれか。

（特別区管理職試験出題）

1　普通地方公共団体は、協議により規約を定め、共同して、執行機関としての委員会を置くことができるが、教育委員会については、共同して置くことはできない。

2　普通地方公共団体は、協議により規約を定め、普通地方公共団体の事務の一部を、他の普通地方公共団体に委託して、当該他の普通地方公共団体の長をして管理し、及び執行させることができる。

3　普通地方公共団体は、他の普通地方公共団体の求めに応じて協議により規約を定め、当該他の普通地方公共団体の事務の一部を、当該他の普通地方公共団体の名において管理し、及び執行することができる。

4　普通地方公共団体の長は、他の普通地方公共団体の長に対し、当該普通地方公共団体の職員の派遣を求めることができるが、派遣される職員は、派遣を受けた普通地方公共団体の職員の身分をあわせ有する。

5　普通地方公共団体の長は、他の普通地方公共団体の長に対し、当該普通地方公共団体の職員の派遣を求めることができるが、派遣される職員の給料は、当該職員の派遣を受けた普通地方公共団体の負担とする。

Key Point

> 　機関等の共同設置は、地方公共団体の委員会、委員又は執行機関の附属機関等を共同して設置するものである。
>
> 　事務の委託は、管理執行権限が受託者に移るが、事務の代替執行は、事務処理権限が代執行の求めを行った地方公共団体に残る。

解説　普通地方公共団体は、協議により規約を定め、共同して、議会事務局（その内部組織）、委員会又は委員、附属機関、行政機関、長の内部組織、委員会又は委員の事務局（その内部組織）を置くことができる（法第252条の7第1項）。

事務の委託（法第252条の14第1項）は、民法上の委託とは異なり、管理執行権限が受託した普通地方公共団体に移り、委託した普通地方公共団体は管理執行権限を喪失する。一方、事務の代替執行（法第252条の16の2第1項）は、当該事務の処理権限は、事務の代執行の求めを行った普通地方公共団体に残る。

普通地方公共団体の長は、他の普通地方公共団体の長に対し、当該普通地方公共団体の職員の派遣を求めることができるが（法第252条の17第1項）、派遣される職員は、派遣を受けた普通地方公共団体の職員の身分をあわせ有することとなるものとし、その給料、手当（退職手当を除く）及び旅費は、当該職員の派遣を受けた普通地方公共団体の負担とし、退職手当及び退職年金又は退職一時金は、当該職員の派遣をした普通地方公共団体の負担とするのが原則である（法第252条の17第2項）。

1　**誤り**。教育委員会は、執行機関として法律の定めるところにより普通公共団体に置かなければならない委員会であり（法138条の4第1項、法第180条の5第1項第1号）、地方公共団体は、協議により規約を定め、共同して置くことができる（法第252条の7第1項）。

2　**正しい**（法第252条の14第1項）。

3　**正しい**（法第252条の16の2第1項）。

4　**正しい**（法第252条の17第1項及び第2項）。

5　**正しい**（法第252条の17第1項及び第2項）。

正答　1

条例による事務処理の特例

No.131　条例による事務処理の特例に関する記述として**誤ってい**るのは、次のどれか。

1　都道府県が都道府県知事の権限に属する事務の一部を条例による事務処理の特例により市町村が処理することとする場合、当該市町村の長にあらかじめ協議する必要はあるが、個々の市町村の長の同意を得る必要はない。

2　都道府県の条例に根拠規定のある都道府県知事の権限に属する事務の一部を条例による事務処理の特例により市町村が処理することとした場合、当該事務について規定している条例中都道府県に関する規定は当然に当該市町村に適用される。

3　法令に根拠規定のある都道府県知事の権限に属する事務の一部を条例による事務処理の特例により市町村が処理することとした場合、当該事務を規定している個々の法令は当然に当該市町村に適用される。

4　法令に根拠規定のある都道府県知事の権限に属する事務の一部を条例による事務処理の特例により市町村が処理することとした場合、当該事務に関して規定している都道府県の条例及び規則は当然に当該市町村に適用される。

5　法令に根拠規定のある都道府県知事の権限に属する自治事務の一部を条例による事務処理の特例により市町村が処理することとした場合、当該市町村の事務処理が法令の規定に違反している場合には、都道府県知事は各大臣の指示がない場合であっても当該市町村に対し是正の要求ができる。

Key Point

　条例による事務処理の特例制度における移譲する事務に関する法令等の適用関係については、法令に基づく事務を移譲する場合、当該事務に関して規定する条例・規則は当然には市町村に適用されない。

解説　　平成11年の地方自治法改正により、都道府県は、都道府県知事の権限に属する事務の一部を、条例の定めるところにより、市町村が処理することとすることができる制度（**条例による事務処理の特例**の制度）が設けられた（法第252条の17の２）。この制度は、都道府県の判断によって、地域の実情に応じて柔軟に市町村に事務・権限の配分ができるようにする趣旨である。なお、**配分された事務は、市町村の事務**となり、市町村は当該事務について法令に違反しない限り、**条例の制定が可能**となる。

　平成16年改正で、市町村長は議会の議決を得て、知事に対し、事務の一部を処理できるよう要請できることとした。知事は要請があったときは、市町村と協議しなければならない。

1　**正しい**。都道府県知事は事務を処理することとなる市町村の長に協議する必要があるが（法第252条の17の２第２項）、長の同意までも必要としないとされている。

2　**正しい**。条例による事務処理の特例の対象となる事務を規定している個々の条例については、当該事務の範囲内において、事務を処理することとなる市町村に関する規定として、当該市町村に適用がある（法第252条の17の３第１項）。

3　**正しい**。条例による事務処理の特例の対象となる事務を規定している個々の法令についても肢２と同様である。

4　**誤り**。当然には市町村に適用されない。これは、市町村の自主性・自立性のもとに当該事務を処理することが基本となることから、市町村が必要に応じ自ら条例・規則を定めることが原則となるからである。

5　**正しい**。都道府県知事は各大臣から指示があった場合のみ、市町村に対し是正の要求ができる（法第245条の５）が、条例による事務処理の特例制度においては、都道府県の判断に基づき市町村が事務を処理することから、大臣の指示がない場合であっても当該市町村に対し是正の要求ができる（法第252条の17の４）。

正答　4

大都市等に関する特例①

No.132 地方自治法に定める総合区に関する記述として、妥当なのはどれか。

1　指定都市が総合区を設置しようとする場合、市の区域の全域において総合区を設置しなければならず、一部の区域には総合区を置き、別の一部の区域には区を置くことはできない。

2　総合区長は、市長が議会の同意を得て選任するものであり、任期中は、法律に定められた欠格事由に該当する場合を除き、解職には議会の同意が必要である。

3　総合区の事務所の位置、名称、所管区域、総合区長が分掌する事務は、条例で定めなければならないが、総合区の出張所の位置は指定都市の規則で定めることができる。

4　総合区の事務所又はその出張所に勤務する職員は全て総合区長が任免するが、市の規則で定める主要な職員を任免する場合においては、あらかじめ市長の同意を得なければならない。

5　総合区長は、予算のうち総合区長が執行する事務に関して、市長に対して意見を述べることができるが、市長から委任を受けて総合区に係る予算を編成することはできない。

Key Point

　　総合区とは、指定都市の行政の円滑な運営を確保するために必要がある場合に、市長の権限に属する事務のうち特定の区の区域内に関するものを総合区長に執行させるために指定都市に置かれるものである（法第252条の20の2第1項）。

　　総合区長は、市長が議会の同意を得て選任する任期4年の特別職であり、総合区の区域に係る政策及び企画、総合区の区域のまちづくり推進事務、総合区の住民相互間の交流促進事務、社会福祉及び保健衛生の事務のうち、総合区の住民に対して直接提供される役務に関する事務のほか条例で定める事務を執行し、指定都市を代表する（同条第4項、第5項、第8項）。

解説 　指定都市は、市長権限のうち特定の区の区域内に関するものを総合区長に執行させるため、条例で総合区を設置することができる。**総合区の事務所又はその出張所の位置、名称、所管区域並びに総合区の事務所が分掌する事務は、条例で定めなければならない**（法第252条の20の２第１項及び第２項）。

　総合区長は、市長が議会の同意を得て選任する。任期は４年であるが、市長は任期中であっても解職することができるほか、兼業・兼職の禁止、欠格事由、退職に関しては副知事・副市町村長と同様の規定が適用される（同条第３項、第４項、第５項及び第７項）。また、解職請求の対象となる（法第86条第１項）。

　総合区長は、法第252条の20の２第８項に定める事務を執行するほか、政令で定めるものを除き、**総合区の事務所又はその出張所の職員の任免権、総合区長が執行する事務に係る部分に関する予算に対する市長への意見具申権を有する**（法第252条の20の２第９項及び第10項）。

1　**誤り**。総合区は指定都市の一部の区域に設置することも、全域に設置することも、設置しないこともできる（法第252条の20の２第１項）。

2　**誤り**。市長は、任期中であっても総合区長を解職できる（法第252条の20の２第５項）。

3　**誤り**。総合区の出張所の位置も条例で定めなければならない（法第252条の20の２第２項）。

4　**誤り**。政令で定める職員（総合区会計管理者及び総合区出納員その他の総合区会計職員）は任免権を有しない（法第252条の20の２第９項及び令第174条の48の３）。

5　**正しい**。予算編成権は市長に専属する。

正答　5

大都市等に関する特例②

No.133　地方自治法に定める中核市に関する記述として、妥当なのはどれか。

1　中核市は、法律上の指定要件として人口30万以上と定められており、その事務配分上の特例として、指定都市が処理することができる事務のうち、政令で定めるものを処理することができる。

2　中核市が法律により処理することができるとされた事務は、指定都市とは異なり、法律又はこれに基づく政令により都道府県知事の改善、停止等の命令を受けるとされている事項については、引き続き都道府県知事の命令を受けるものとされている。

3　総務大臣が中核市を指定しようとする際には、関係市の議会の議決を経た後、当該市から申出を受けて行うが、その際に必要な都道府県の同意は都道府県知事の専属的な権限であり、都道府県議会の議決は不要である。

4　平成27年4月1日施行の地方自治法改正により特例市制度は廃止されたが、改正規定の施行の際、現に特例市である市は、施行時に特例市が処理することとされている事務を引き続き処理することとされた。

5　平成27年4月1日時点で特例市であった市は、人口規模に関わりなく、同日に中核市の指定を受けたものとみなされ、同日から5年間を経過期間として、都道府県から事務を移譲されることとされた。

Key Point

　平成26年の地方自治法改正により、特例市制度は廃止され、中核市の指定要件は人口30万以上から20万以上に引き下げられた（平成27年4月1日施行）。

　この改正法の施行の際、現に特例市であった市は、施行時に特例市が処理することとされていた事務は、引き続き処理することとされている。

解説 中核市の**指定要件は人口20万以上**である。そして、中核市が処理することができる事務は、指定都市が処理することができる事務のうち、都道府県が一体的に処理することが中核市が処理することに比して効率的な事務やその他中核市が処理することが適当でない事務以外の事務で政令で定めるものである（法第252条の22第1項）。

中核市が事務を処理するに当たっては、法律又はこれに基づく政令により都道府県知事の命令を受けるものとされている事項で政令で定めるものは、**直接各大臣の指示を受ける（都道府県の関与を排除する）という特例**が定められている（同条2項）。

中核市の指定は、当該市の市議会の議決の後、市から総務大臣になされた申出に基づいて行われるが、市から申出を行う際には、あらかじめ都道府県の同意が必要であり、**都道府県が同意をするためには当該都道府県の議会の議決が必要**である（法第252条の24）。

特例市制度を廃止する規定の施行時点（平成27年4月1日）に特例市であった市は、施行時に特例市が処理することとされていた事務を引き続き処理することとされたほか、**施行日から起算して5年以内は人口20万未満であっても中核市として指定できる特例**が設けられている（改正法附則第2条及び第3条）。

1　**誤り**。中核市の指定要件は人口20万以上とされている（法第252条の22第1項）。

2　**誤り**。政令の定めるところにより、都道府県知事からの指示・命令は受けず、直接各大臣から指示・命令を受ける（法第252条の22第2項）。

3　**誤り**。都道府県が同意をするに当たっては、当該都道府県の議会の議決を受けなければならない（法第252条の24第3項）。

4　**正しい**（改正法附則第2条）。

5　**誤り**。施行時に特例市であった市は、施行日から5年以内は人口20万未満であっても中核市の指定を受けることができる特例が設けられた（改正法附則第3条）。

正答　4

外部監査契約に基づく監査①

No.134　外部監査契約に基づく監査に関する記述として、地方自治法上、妥当なのはどれか。　　　　　　（**特別区管理職試験出題**）

1　普通地方公共団体が外部監査契約を締結できる者は、普通地方公共団体の財務管理、事業の経営管理その他の行政運営に関し優れた識見を有する者であって、弁護士、公認会計士又は税理士の資格を有する者に限られる。

2　外部監査人は、監査を実施するに当たっては、監査委員の監査の実施に支障を来さないよう配慮しなければならないが、監査委員に外部監査を実施する旨を通知するなど相互の連絡を図る必要がない。

3　外部監査人は、監査の事務を他の者に補助させることができるが、この場合においては、外部監査人は、政令の定めるところにより、あらかじめ監査委員に協議しなければならない。

4　普通地方公共団体の議会は、外部監査人の監査に関し必要があると認めるときは、外部監査人の説明を求めることができるが、外部監査人に対し意見を述べることができない。

5　普通地方公共団体の長は、外部監査人が心身の故障のため監査の遂行に堪えないと認めるときは、外部監査契約を解除することができるが、この場合においては、当該普通地方公共団体の議会の同意を得る必要がない。

Key Point

　外部監査は、住民福祉の増進、組織及び運営の合理化等の趣旨を達成するために必要と認める財務に関する事務の執行等のうち特定の事件の監査、又は監査委員の監査に代えて行う監査のことで、行政運営に関し優れた識見を有する弁護士、公認会計士等に委託して行うものである。

外部監査とは、住民福祉の増進等の趣旨を達成するため、財務に関する事務の執行等のうち必要と認める特定の事件の**包括外部監査**、又は監査委員の監査に代えて行う**個別外部監査**のことである。

地方公共団体が外部監査契約を締結できる者は、普通地方公共団体の財務管理、事業の経営管理その他行政運営に関し優れた識見を有する**弁護士、公認会計士、税理士等**である（法第252条の28第1項及び第2項）。また、外部監査人は、あらかじめ監査委員に協議の上、監査の事務を他の者に補助させることができる（法第252条の32第1項）。

外部監査人は、監査を実施するに当たっては、監査委員にその旨を通知する等相互の連絡を図り、監査委員の監査の実施に支障を来さないように配慮しなければならない（法第252条の30第1項）。

議会は、必要があると認めるときは外部監査人に説明を求め、又は外部監査人に対し意見を述べることができる（法第252条の34）。

地方公共団体は、外部監査人の心身の故障等により、外部監査契約の締結をしていることが著しく不適当と認めるときは、外部監査契約を解除することができる（法第252条の35第2項）。

1 **誤り**。弁護士及び公認会計士に加え、税理士、国の行政機関において会計検査に関する行政事務に従事した者等が含まれる（法第252条の28第1項及び第2項）。
2 **誤り**。相互の連絡を図り、監査委員の監査の実施に支障を来さないよう配慮しなければならない（法第252条の30第1項）。
3 **正しい**（法第252条の32第1項）。
4 **誤り**。議会は、必要と認めるときは、外部監査人に意見を述べることができる（法第252条の34第2項）。
5 **誤り**。外部監査契約の解除には、あらかじめ監査委員の意見を聴くとともに、その意見を付けて議会の同意を得ることが必要である（法第252条の35第2項）。

正答 3

外部監査契約に基づく監査②

No.135　地方自治法に定める外部監査契約に基づく監査に関する
記述として、妥当なのはどれか。　　　　　　　**（東京都主任試験出題）**

1　包括外部監査契約は、都道府県、指定都市及び中核市に義務付
　けられているが、条例により外部監査を行うことを定めた市町村
　であれば、契約を締結することができる。

2　都道府県の長は、毎会計年度、当該会計年度に係る包括外部監
　査契約を締結しなければならず、契約の始期は４月１日と定めら
　れている。

3　個別外部監査契約は、住民や議会等の監査の請求又は要求があ
　る場合に、監査委員の監査に加えて住民が選任した監査人による
　監査を受けることを内容とする契約である。

4　普通地方公共団体の長は、包括外部監査契約を締結する場合に
　おいて、これまで契約を締結したことがある者と、再び契約を締
　結することはできない。

5　監査委員は、包括外部監査人から提出された監査結果を公表
　し、かつ、提出された監査結果に必ず意見を付した上で、普通地
　方公共団体の議会及び長に提出しなければならない。

Key Point

　　包括外部監査契約は、法第２条第14項及び第15項の規定の趣
　旨（住民福祉の増進等）を達成するために、個別外部監査契約
　は通常監査委員が行うこととされている住民等からの請求等に
　基づく監査について、法に定められた専門家の監査を受けるこ
　と等を内容とする契約である。

外部監査契約とは、**包括外部監査契約及び個別外部監査契約**のことをいう（法第252条の27第1項）。

　　包括外部監査契約は、**都道府県、指定都市及び中核市並びにそれ以外の市町村で契約に基づく監査を受けることを条例によって定めたもの**が、法第2条第14項及び第15項の規定の趣旨（住民福祉の増進等）を達成するために法に定められた専門家の監査を受けること等を内容とする契約である（法第252条の27第2項）。包括外部監査契約を締結する場合には、監査委員の意見を聴くとともに、議会の議決を経なければならず（法第252条の36第1項）、**連続して4回、同一の者と包括外部監査契約を締結してはならない**（法第252条の36第4項）。

　個別外部監査契約は通常の場合は監査委員が行うこととされている**住民、議会又は長からの請求又は要求に基づく監査を、監査委員の監査に代えて契約に基づく監査によることができることを、条例で定めている普通地方公共団体**が、法に定められた専門家の監査を受けること等を内容とする契約である（法第252条の27第3項）。

1　**正しい**（法第252条の27第2項）。

2　**誤り**。都道府県の長は、毎会計年度、当該会計年度に係る包括外部監査契約を、速やかに、一の者と締結しなければならない（法第252条の36第1項）。

3　**誤り**。住民や議会等の監査の請求又は要求がある場合に、監査委員の監査に代えて、法に定められた専門家の監査を受けることを内容とする契約である（法第252条の27第3項）。

4　**誤り**。連続して4回、同一の者と包括外部監査契約を締結してはならない（法第252条の36第4項）。

5　**誤り**。監査委員は、包括外部監査人の監査の結果に関し必要があると認めるときは、当該包括外部監査対象団体の議会及び長等にその意見を提出することができる（法第252条の38第4項）。

　　　　　　　　　　　　　　　　　　　　　　正答　1

認可地縁団体

No.136　地方自治法に規定する認可地縁団体に関する記述として、妥当なのはどれか。

1　認可地縁団体とは、町、字の区域等の一定の区域に住所を有する者の地縁に基づいて形成された団体で市町村長の認可を受けたものであり、自治会、町内会、老人会、婦人会等が認可の対象となる。

2　認可地縁団体の規約により総会において決議すべき場合において、構成員の過半数の承諾があるときは、書面又は電磁的方法による決議をすることができる。

3　認可地縁団体の清算人は、その就職の日から2箇月以内に、少なくとも3回の公告をもって、債権者に対し、一定の期間内にその債権の申出をすべき旨の催告をしなければならない。

4　認可地縁団体は、総会の決議により、当該認可地縁団体と同一の又は隣接する市町村内の他の認可地縁団体と合併することができる。

5　不動産の所有権の保存又は移転の登記の特例は、不動産が認可地縁団体によって、10年以上所有の意思をもって平穏かつ公然と占有されている場合に限り成立する。

Key Point

地域の自主性及び自立性を高めるための改革の推進を図るための関係法律の整備に関する法律（令和4年法律第44号）による地方自治法の一部改正により、書面又は電磁的方法による決議の規定及び認可地縁団体同士の合併の規定が創設されるとともに解散に伴う清算人による債権者に対する債権の申出の催告に関する公告の回数が見直された。

解説 　令和４年の法改正において、認可地縁団体において、総会を開催せずに書面又は電磁的方法による決議をすることができるものとされた。

具体的には、法又は規約により**総会において決議をすべき場合において、構成員全員の承諾があるときは、書面又は電磁的方法による決議をすることができ**（法260条の19の２第１項）、総会において**決議すべきものとされた事項については、構成員全員の書面又は電磁的方法による合意があったときは、書面又は電磁的方法による決議があったものとみなされる**（同条第２項）。

なお、いずれの場合でも一人でも反対があった場合は、通常どおり総会を開催する必要がある。

また、認可地縁団体が解散したときの**清算人による債権者に対する債権の申出の催告に関する公告**について、その**回数が３回以上から１回に変更**となった（法第260条の28第１項）。当該公告は、**官報をもって行うこと**とされ、債権の申出をすべき期間は**２月を下ることができない**（同項及び同条第４項）。

1　**誤り**。地縁団体に老人会、婦人会のように構成員に住所を有すること以外の属性（年齢、性別等）を必要とする団体は含まれない（法第260条の２第１項及び第２項）。

2　**誤り**。構成員全員の承諾が必要となる（法260条の19の２第１項）。

3　**誤り**。設問の記述は、令和４年の法改正前の規定である（法第260条の28第１項）。

4　**誤り**。合併は、同一市町村内の他の認可地縁団体に限られる（法第260条の38）。

5　**正しい**（法第260条の46第１項）。平成26年の法改正で不動産登記法の特例が設けられた。

正答　5

特　別　区①

No.137　　特別区に関する記述として妥当なのは、次のどれか。

（東京都主任試験改題）

1　特別区は、指定都市に行政上の区画として設けられた行政区と異なり、法人格を有する特別地方公共団体である。

2　特別区には、市とは異なり、行政委員会を置くことはできず、行政委員会の権限に属する事務は特別区の区長が代行する。

3　特別区は、地域の事務であっても法律又はこれに基づく政令により特別区が処理すべきものとされない限り処理することはできない。

4　特別区の事務処理については、都との連絡調整を図るため都区協議会を置くことができ、また都区協議会は、総務大臣、都知事及び特別区の区長から成る。

5　特別区財政調整交付金に関する条例を制定する場合において、都知事はあらかじめ都区協議会の同意を得なければならない。

Key Point

　特別区は、特別地方公共団体として法人格を認められている。この点で、市長の権限に属する事務を分掌させるための行政区でしかない指定都市の区（行政区）と根本的に異なる。また、特別区は、市が処理する事務と同等の事務を処理することが原則とされている。

解説 　特別区は、**特別地方公共団体**（法第１条の３第３項）であり、法人格が認められている（法第２条第１項）。

　　　この点で、市長の権限に属する事務を分掌させるための行政区でしかない指定都市の区（法第252条の20）とは根本的に異なっている。

　特別区は、法律又はこれに基づく政令により都が処理することとされている事務を除き、地域における事務並びにその他の事務で法律又はこれに基づく政令により市が処理することとされているもの及び法律又はこれに基づく政令により特別区が処理することとされているものを処理する（法第281条第２項）。

　したがって、特別区は、**一般的に市の処理する事務（法第２条第３項）**と同等の事務を処理するが、大都市地域としての一体性及び統一性の確保のため、特別区の存する区域を通じて都が一体的に処理することが必要であると認められている事務については都が処理する（法第281条の２第１項及び第２項）。

1　**正しい**（法第１条の３第３項及び第２条第１項）。

2　**誤り**。特別区には原則として市に関する規定が適用される（法第283条第１項）。同条の規定により、行政委員会の設置に関する規定（法第138条の４）は、特別区に適用がある。

3　**誤り**。特別区は、地域の事務を処理する権限を有しており、地域の事務として法律又は政令により処理することとされている必要はない（法第281条第２項）。

4　**誤り**。都区協議会は法の規定により当然に設置され、都知事、都知事が指名する都の職員７人及び特別区の区長８人の計16人の委員をもって組織される（法第282条の２第１項・第３項及び令第210条の16第２項・第３項）。

5　**誤り**。都知事はあらかじめ都区協議会の意見を聴かなければならない（法第282条の２第２項）。

正答　　1

特　別　区②

No.138　地方自治法に定める都と特別区との関係及び特別区相互間の関係に関する記述として妥当なのは、次のどれか。

（東京都管理職試験改題）

1　都は、特別区に属する事務について、条例で特別区相互間の調整上必要な規定を設けることができ、総務大臣はその条例について必要な助言又は勧告をすることができる。

2　都は、都と特別区及び特別区相互間の財源の均衡を図り、並びに特別区の行政の自主的かつ計画的な運営を確保するため、条例で、特別区財政調整交付金を交付することができ、総務大臣は特別区財政調整交付金に関する事項について必要な助言又は勧告をすることができる。

3　都知事は、その権限に属する事務を特別区の区長に委任することができ、この場合あらかじめ都区協議会の同意を得なければならず、この委任を行ったときは、その内容を総務大臣に報告しなければならない。

4　都知事は、特別区に属する事務処理について、特別区相互間で調整が必要な場合、特別区を指導又は監督することができ、この指導又は監督を行ったときは、その内容を都区協議会に報告しなければならない。

5　都知事は、特別区の区長等の権限に属する事務について、その処理のために必要な職員を特別区に配属しなければならず、この場合都区協議会はその配属について必要な意見を述べることができる。

Key Point

　　特別区の制度改革のうち、平成10年の制度改革は、特別区の地方公共団体としての自立性を強化し、都の内部団体としての性格を払拭することを目的とするものであり、平成11年の制度改革は、機関委任事務の廃止及び法定受託事務の創設による特別区が処理する事務の定義の修正を主なものとしている。

解説　特別区の制度改革はこれまでたびたび行われているが、そのうち主要なものである昭和49年、平成10年及び平成11年の地方自治法の改正のポイントは次のとおりである。

【昭和49年改正】

　①区長の選任を**直接公選制**とした。②特別区の事務・権能について、**概括主義**とした。③保健所の事務・権能を特別区又は区長の事務・権能とした。④いわゆる「都配属職員制度」が廃止されるなど、特別区の人事権が確立された。

【平成10年改正】

　①特別区を**基礎的な地方公共団体**と位置付けるとともに、都と特別区の役割分担の原則を明らかにし、特別区は市町村が処理するものとされている事務を処理することとした。②特別区の財政自主権を強化した（**都の調整条例の制度の廃止**など）。③**一般廃棄物に関する事務等の住民に身近な事務**を都から特別区に移譲した。④区長委任条項を廃止した。⑤特別区の配置分合及び境界変更について、原則として市町村と同様とした。

【平成11年改正】

　①機関委任事務の廃止等に伴って、特別区の処理する事務の定義について修正した。②区長が執行する機関委任事務に関する規定を削除した。

1　**誤り**。平成10年の法改正により、調整条例に関する規定は削除された。

2　**正しい**（法第282条第1項及び第4項）。

3　**誤り**。平成11年法改正により、機関委任事務に関する規定（改正前法第281条の7）は、削除された。

4　**誤り**。この場合、都知事は助言又は勧告をすることはできるが、指導又は監督はできない（法第281条の6）。

5　**誤り**。都の配属職員制度は、昭和49年の法改正により廃止された。

正答　2

特　別　区③

No.139　地方自治法に定める特別区に関する記述として、妥当なのはどれか。　　　　　　　　　　　　　　　　**（東京都管理職試験改題）**

1　特別区は、都の内部的団体ではなく、基礎的な地方公共団体として位置づけられており、地方公共団体の組合、財産区、地方開発事業団とともに法人格を認められた特別地方公共団体である。

2　特別区は、特別区の区域で都が一体的に処理する事務を除き、一般的に市町村と同様の事務を処理することとされており、消防に関する事務などを管理・執行している。

3　特別区の廃置分合及び境界変更の手続については、特別区の再編を促進する観点から、関係特別区からの申請を必要とせず、関係特別区の同意を得て、都知事が発議することとされている。

4　都区協議会は、都と特別区及び特別区相互間の連絡調整を図るために設置されており、具体的な執行権限をもたず、都区協議会の会長は、都知事をもって充てることとされている。

5　都区財政調整制度では、各特別区ごとに算定された財源不足額の合算額が調整基本額を超える場合は、都の一般会計から補填することとされており、普通交付金の総額を都が保障する制度となっている。

Key Point

　　平成10年の法改正では、特別区の廃置分合及び境界変更について、原則として市町村と同様のものとするとともに、特別区の財政運営の自主性の強化のため、特別区財政調整交付金の改正において、いわゆる総額補てんの制度を廃止した。

平成10年の改正において、**特別区の廃置分合及び境界変更**について、**原則として市町村と同様**のものとし、従来都知事が発議することとされていたことを改め、特別区に申請の権能が認められた。

　また、**特別区財政調整交付金**について次の改正が行われた。①交付金の財源が固定資産税、市町村民税法人分及び特別土地保有税からなることが法文上明記された。②財源が超過する特別区に、交付金の財源として納付金を納付させる**納付金制度が廃止**された。③普通交付金の総額を都が保障する**総額補てんの制度が廃止**された。

1　**正しい**。特別区は、基礎的な地方公共団体であり（法第281条の２第２項）、特別地方公共団体に該当し（法第１条の３第３項）、法人格を有する（法第２条第１項）。なお、地方公共団体の組合及び財産区も特別地方公共団体に該当し、法人格を有する（法第１条の３第３項及び第２条第１項）。

2　**誤り**。前半は正しい。特別区の存する区域の消防は特別区が連合して責任を負うが、特別区の消防の管理は都知事が行うこととされている（消防組織法第26条から第28条まで）。

3　**誤り**。平成10年改正前には同趣旨の規定が存在したが、平成10年の改正で削除された。特別区の廃置分合及び境界変更の手続については、関係特別区からの申請が必要である（法第281条の４第１項及び第10項）。

4　**誤り**。都区協議会は連絡調整を図るだけでなく、特別区財政調整交付金に関する条例を制定するとき意見も述べる（法第282条の２第１項及び第２項、令第210条の16第１項）。また、都区協議会の会長は、委員の互選により定められる（法第282条の２第３項、令第210条の16第５項・第６項）。

5　**誤り**。平成10年法改正によって、交付金の財源を特定の税収入に限定したことにより、総額の不足が生じた場合に都の一般会計から貸付けがされる総額補てんの制度は設けることはできないこととされた。

　　　　　　　　　　　　　　　　　　　　正答　1

特　別　区④

No.140　都区協議会に関する記述として、地方自治法上、妥当なのはどれか。　**（特別区管理職試験出題）**

1　都区協議会は、地方自治法の規定により設置される都及び特別区の附属機関である。

2　都区協議会は、都知事及び都知事が指名する者並びに特別区長により構成し、会長は、都知事をもって充てる。

3　都区協議会は、都と特別区の間の連絡調整を図るために設置されたものであり、特別区相互の間の連絡調整を図るためのものではない。

4　都区協議会は、必要があると認めるときは、関係のある公の機関の長に対し、資料の提出、意見の開陳、説明その他必要な協力を求めることができる。

5　都区協議会に関し必要な事項は、地方自治法及び地方自治法施行令に定めるものを除き、都知事が定める。

Key Point

　都区協議会に関する定め（法第282条の2）は、次の点において法第252条の2の2の協議会についての定めの特則としての性質を有する。①法律上当然に設置される。②特別区財政調整交付金に関する条例を制定するときは都区協議会の意見を聴かなければならない。③都区協議会に関し必要な事項は政令で定められる。

解説 　**都区協議会**は都と特別区の共同の機関であり、その性格は法第252条の2の2に規定する協議会のうち事務の管理及び執行について連絡調整を図るための協議会に類する。都区協議会は、法の規定により当然に設置されるものであり、一定の案件について、都知事はあらかじめ都区協議会の意見を聴くべく義務付けられている。都区協議会の組織等必要な事項は、地方自治法施行令で定められており、都知事、都知事が指名する都知事の補助機関である職員7人及び特別区の区長8人の計16人の委員によって組織される。

1　**誤り**。都区協議会は、法第252条の2の2に規定する協議会のうち事務の管理及び執行について連絡調整を図るための協議会に類するものであり、附属機関（法第138条の4第3項）ではない。

2　**誤り**。都区協議会の会長は、委員の互選により定められる（法第282条の2第3項及び令第210条の16第5項・第6項）。

3　**誤り**。都区協議会は、都及び特別区の事務処理について、都と特別区及び特別区相互の間の連絡調整を図るために設置される（法第282条の2第1項）。

4　**正しい**。都区協議会に関し必要な事項は政令で定められる（法第282条の2第3項、令第210条の16第8項）。

5　**誤り**。都区協議会に関し必要な事項は、政令で定められる（法第282条の2第3項）。

正答　4

地方公共団体の組合①

No.141　地方自治法に定める地方公共団体の組合に関する記述として妥当なのは、次のどれか。　**（東京都管理職試験改題）**

1　組合は、一部事務組合、広域連合、全部事務組合、役場事務組合及び財産区とされており、特別地方公共団体として法人格を有するほか、固有の区域、権能及び構成員を有している。

2　一部事務組合は、都道府県、市町村及び特別区がその事務の一部を共同処理するために設けられるが、公益上必要がある場合には、知事は特別区の組合については強制設置することができる。

3　一部事務組合が設立された場合、その組合の権能に属することとなった事務は関係地方公共団体の権能から除外されることとなるので、その事務に関する関係地方公共団体の条例又は規則は組合の設立と同時に消滅する。

4　広域連合は、広域にわたり処理することが適当である事務の一部を総合的かつ計画的に処理するために設けられ、設立主体は普通地方公共団体に限られている。

5　広域連合が設立された場合、広域連合は速やかにその議会の議決を経て広域計画を策定しなければならず、広域計画の事項を一体的かつ円滑に推進するため、その条例により必要な協議を行うための協議会を設置することができる。

Key Point

　地方公共団体の組合は、一部事務組合及び広域連合とされている。一部事務組合の設立の効果として、共同処理するものとされた事務処理の権限は、関係地方公共団体から一部事務組合に移る。一部事務組合及び広域連合の設立主体は、普通地方公共団体及び特別区である。

解説 　**地方公共団体の組合**は、**一部事務組合及び広域連合**とされ（法第284条第1項）、特別地方公共団体として、法人格を有する（法第1条の3及び第2条第1項）。

　一部事務組合の設立の効果として、共同処理するものとされた事務処理の権限は、関係地方公共団体から一部事務組合に移り、関係地方公共団体は当該事務を処理する権限を失う。ただし、当該事務に関する関係地方公共団体の条例及び規則は、廃止されない限り組合の設立によって当然には消滅しない。

　一部事務組合及び広域連合の設立主体は、普通地方公共団体及び特別区である（法第284条第2項及び第3項）。

　広域連合が設けられたときには、速やかに、その議会の議決を経て、広域計画を作成しなければならず（法第291条の7第1項）、広域連合の条例で、必要な協議を行うための協議会を置くことができる（法第291条の8）。

1　**誤り**。平成23年の法改正により、全部事務組合及び役場事務組合は廃止された。なお、財産区は組合ではない（法第1条の3第3項及び第284条第1項）。

2　**誤り**。設置の勧告の制度はあるが（法第285条の2第1項）、強制設置の規定はない。

3　**誤り**。前半は正しい。一部事務組合の設立によってその権能に属することとなった事務に関する条例又は規則は当然には消滅しないから後半は誤り。

4　**誤り**。広域連合は、普通地方公共団体のほか特別区が設置することができる（法第284条第2項及び第3項）。

5　**正しい**（法第291条の7及び第291条の8）。

正答　5

地方公共団体の組合②

No.142　　　地方自治法に定める一部事務組合又は広域連合に関する記述として、妥当なのはどれか。　　　**（東京都管理職試験出題）**

1　一部事務組合は、2以上の普通地方公共団体及び特別区が、その事務の一部を共同処理するために設立するもので、共同処理できる事務は法律で限定されている。

2　一部事務組合の設立については、任意設立を原則とするが、公益上必要がある場合、総務大臣は都道府県に対し、また、都道府県知事は市町村及び特別区に対し、一部事務組合の設立を勧告することができる。

3　広域連合は、2以上の普通地方公共団体及び特別区が、広域にわたり処理することが適当と認める事務を処理するために設立するもので、その事務は構成団体のすべてに共通するものでなければならない。

4　地方公共団体が広域連合を設立しようとする場合は、協議により規約を定め、総務大臣又は都道府県知事の許可を得なければならないが、規約を変更し、又は広域連合を解散しようとする場合は、届出で足りる。

5　広域連合を組織する地方公共団体の有権者であって、当該広域連合の区域内に居住する者は、広域連合の長及び議会の議員を直接選挙又は間接選挙により選出し、また、それらの者の解職請求などの直接請求をすることができる。

Key Point

　　一部事務組合は、複数の地方公共団体がその事務の一部を共同処理するため設けられる。広域連合は、広域にわたり事務を処理するため設けられるものである。両者は、その設立手続、処理事務、規約の変更手続、解散手続等において共通するものもあるが異なるものもある。

解説 【一部事務組合】

（設置手続）・組織しようとする地方公共団体の議会の
議決を経た協議

・総務大臣又は都道府県知事の許可
なお、都道府県知事による市町村及び特
別区に対する設置勧告の制度がある（法
第285条の2第1項）。

（処理事務）規約で定める。処理事務は、組織する地方公共団体相
互間で同一であることを要する。同一でないが、相互
に関連する事務の共同処理は、法第285条の「複合的
一部事務組合」の形式で行うことができる。

（規約の変更）・関係地方公共団体の議会の議決を経た協議

・総務大臣又は都道府県知事の許可

（解散）・関係地方公共団体の議会の議決を経た協議

・総務大臣又は都道府県知事への**届出**（法第288条）

【広域連合】

（設置手続）おおむね一部事務組合と同様（総務大臣の許可の際、
国の関係行政機関の長に協議）。

（処理事務）規約で定める。広域にわたり処理することが適当であ
ると認められるものであれば、組織する地方公共団体
相互間で同一であることを要しない。

（規約の変更）おおむね一部事務組合と同様（総務大臣の許可の
際、国の関係行政機関の長に協議）

（解散）・関係地方公共団体の議会の議決を経た協議

・総務大臣又は都道府県知事の**許可**（法第291条の10）

（住民による直接請求の制度）一部事務組合にはない制度

1　**誤り**。共同処理する事務に限定はない。

2　**誤り**。総務大臣の都道府県に対する設置勧告制度はない。

3　**誤り**。構成団体に共通する事務である必要はない。

4　**誤り**。広域連合の規約の変更（一部の事項の場合は除く。）及
び解散には許可が必要である（法第291条の3及び法第291条の
10）。

5　**正しい**（法第291条の5及び第291条の6）。

正答　5

地方公共団体の組合③

No.143　地方自治法に定める一部事務組合に関する記述として妥当なのは、次のどれか。　　　　　　　**（東京都管理職試験改題）**

1　一部事務組合は、特別地方公共団体として、固有の事務及び権能を有するが、固有の区域及び住民を有しない。

2　一部事務組合は、地方公共団体の協力方式の一つであり、市町村及び特別区は数都道府県にわたってこの組合を設立することができる。

3　一部事務組合は、強制的に設立されることはなく、市町村が設立する場合には総務大臣の許可を必要とする。

4　一部事務組合は、組合の事業収入で経費を支弁するものであり、その経費を組合内の地方公共団体に対して負担させることはできない。

5　一部事務組合は、解散しようとするときは、関係地方公共団体の議会の議決によらず、組合の理事会において決定することができる。

Key Point

　一部事務組合は、固有の事務、権能及び区域を有するが、固有の住民を有しない。設置に当たっては、関係地方公共団体の議決のほか、都道府県が加入するものにあっては総務大臣、その他のものにあっては都道府県知事の許可を要する。組合の経費は、構成団体に分賦（割当）するか、独自の収入で支弁する。解散には関係地方公共団体の議決を必要とする。

解説 一部事務組合は、これを構成する地方公共団体の事務の一部を共同処理するために設立される**特別地方公共団体**であり（法第１条の３及び第284条）、固有の事務及び権能を有する。その区域はこれを構成する地方公共団体の区域を包含する区域であり、その構成員は組合を組織する地方公共団体である。住民は組合に対しては間接的に構成員となるにとどまる。

一部事務組合の設立は、関係する地方公共団体の議決による協議を経て、規約を定め、都道府県の加入するものにあっては総務大臣、その他のものにあっては都道府県知事の許可を得る（法第284条第２項）。なお、設置の勧告の制度（法第285条の２第１項）はあるが、強制設置の制度はない。

一部事務組合の経費は、独自の収入でまかなうほか、組合の構成団体の分賦金によってまかなうことができる（なお、法第291条は、経費の分賦を前提とした規定となっている）。

一部事務組合の解散を決定する主体は、一部事務組合ではなく、関係地方公共団体であり、関係地方公共団体の議決を経た協議により、総務大臣又は知事に届け出ることが必要である（法第288条、法第284条第２項及び法第290条）。

1　**誤り**。一部事務組合の構成要素は権能、区域、構成団体であり、固有の住民は有しない。
2　**正しい**。一部事務組合の設立にあたって、その構成団体は同一の都道府県内の市町村等に限定されない（法第293条）。
3　**誤り**。市町村が一部事務組合を設立する場合は都道府県知事の許可を要する（法第284条第２項）。
4　**誤り**。構成団体の分賦金によってまかなうことができる。
5　**誤り**。関係地方公共団体の議決を経た協議により、総務大臣又は知事に届け出ることが必要である（法第288条）。

正答　2

地方公共団体の組合④

No.144　地方自治法に規定する一部事務組合に関する記述として、妥当なのはどれか。　　　　　　　　　**(特別区管理職試験出題)**

1　一部事務組合は、当該一部事務組合を組織する地方公共団体の議会の議決を経て、契約に基づき包括外部監査を行うことを当該一部事務組合の規約により定めることができる。

2　一部事務組合は、当該一部事務組合の規約により、管理者に代えて、理事をもって組織する理事会を置く場合、当該一部事務組合を組織する地方公共団体の職員を理事に充てることができない。

3　一部事務組合を組織する地方公共団体は、当該一部事務組合の経費の分賦に関し、錯誤があると認める場合であっても、当該一部事務組合の管理者に異議を申し出ることが一切できない。

4　一部事務組合を組織する地方公共団体の住民は、当該一部事務組合に対し、当該一部事務組合の条例の制定又は改廃について、直接請求をすることができる。

5　一部事務組合を組織する地方公共団体の住民は、当該一部事務組合の職員について、違法又は不当な公金の支出があると認めるときは、当該一部事務組合の監査委員に対し、住民監査請求をすることができる。

Key Point

　　一部事務組合の執行機関としては、管理者が置かれるのが原則であるが、複合的一部事務組合については、管理者に代えて合議制の執行機関である理事会を置くことができる。一部事務組合の経費は、規約の定めるところにより、構成団体に分賦するか、又は一部事務組合独自の収入で支弁する。一部事務組合については、直接請求の規定は原則として適用されない。

　　一部事務組合の執行機関としては、独任制の長である管理者が置かれるのが原則であるが、複合的一部事務組合（市町村及び特別区の事務に関し相互に関連するものを共同処理するための一部事務組合）については、管理者に代えて合議制の執行機関たる理事会を置くことができる。理事は、組合を組織する地方公共団体の長が自らなるか、又は当該長が議会の同意を経てその職員の中から指名する（法第287条の3）。

　一部事務組合の経費は、規約の定めるところにより、構成団体に分賦するか、又は一部事務組合独自の収入で支弁する。経費の分賦が行われた場合、分賦に違法又は錯誤がある認めるときは、分賦を受けた構成団体は管理者に対し異議を申し出ることができる（法第291条）。

　一部事務組合については、**直接請求**（条例の制定改廃請求、議会の解散請求、長・議員・職員の解職請求等）は、法第291条の6に明文の規定がある広域連合と異なり、一部事務組合の規約により議員及び長が住民の直接選挙により選挙され、かつ、両者の選挙権の要件が同一の場合は可能であるが、それ以外の場合はできないと解されている（行実昭26.2.10）。ただし、法第242条の規定による住民監査請求はできるものと解されている（行実昭45.7.14）。

1 　**誤り**。一部事務組合は、法第252条の45の規定により、一般の市又は町村とみなして、包括外部監査の規定が適用され、条例により定めた一部事務組合が契約を締結する（法第252条の36第1項第3号）。

2 　**誤り**。当該一部事務組合を組織する地方公共団体の長はその職員を理事に指名することができる（法第287条の3第3項）。

3 　**誤り**。分賦に違法又は錯誤があると認めるときは、分賦を受けた構成団体は管理者に対し異議を申し出ることができる（法第291条第1項）。

4 　**誤り**。直接請求は原則としてできない。

5 　**正しい**。

正答　5

地方公共団体の組合⑤

No.145　地方自治法に定める広域連合に関する記述として、妥当なのはどれか。

（東京都主任試験出題）

1　広域連合は、都道府県や政令指定都市と同じく、普通地方公共団体と位置付けられている。

2　広域連合の職員は、当該広域連合を組織する地方公共団体の職員と兼ねることができない。

3　広域連合の長は、政令で特別の定めをするものを除くほか、その規約で定めるところにより、広域連合の選挙人の投票又は広域連合を組織する地方公共団体の長の投票により選挙される。

4　広域連合は、当該広域連合が設けられた後、速やかに、総務大臣の許可を得て、広域計画を作成しなければならない。

5　広域計画の実施に支障があり、又は支障があるおそれがあると認めるときは、広域連合を組織する地方公共団体の長は、広域連合の長に対し、広域計画の実施に関し必要な措置を講ずべきことを勧告することができる。

Key Point

　広域連合を組織する地方公共団体の数の増減、処理する事務の変更及び規約の変更は、設立手続と同様に、関係地方公共団体の協議を経て、総務大臣又は都道府県知事の許可を受ける。広域連合は、住民による直接請求、広域計画の作成、協議会の設置が可能なこと等が一部事務組合と異なっている。

広域連合の設立には、関係地方公共団体の議会の議決を経た協議により、規約を定め、総務大臣又は都道府県知事の許可を受けることが必要である（法第284条、第290条）。

　広域連合を組織する地方公共団体の数の増減、処理する事務の変更及び規約の変更は、広域連合の根幹にかかわるものであるため設立手続と同じレベルの手続が要求され、関係地方公共団体の議会の議決による協議を経て、総務大臣又は都道府県知事の許可を得なければならない（法第291条の３及び第291条の11）。

　広域連合の長は、広域連合の規約で定めるところにより、広域連合の選挙人が投票により又は広域連合を組織する地方公共団体の長が投票により選挙する（法第291条の５第２項）。

　規約変更の要請の請求は、広域連合に認められている直接請求の制度の一つである（法第291条の６第２項）。

　広域計画は、広域の事務を処理するにあたっての総合的な計画であり、広域連合の設置後、速やかに、**広域連合の議会の議決**を経て作成する（法第284条第３項及び第291条の７第１項）。

　広域連合は、広域計画に定める事項を一体的かつ円滑に推進するため、広域連合の条例で、必要な協議を行うための**協議会**を置くことができる（法第291条の８）。

1 　**誤り**。特別地方公共団体である（法第１条の３第３項）。

2 　**誤り**。広域連合の長は、構成団体の長に職員の派遣を求めることができる（法第292条において準用する法第252条の17第１項）。

3 　**正しい**（法第291条の５第２項）。

4 　**誤り**。広域連合は、広域連合の議会の議決を経て、広域計画を作成しなければならない（法第291条の７第１項）。

5 　**誤り**。広域連合の長は、当該広域連合を組織する地方公共団体の事務の処理が広域計画の実施に支障があり又は支障があるおそれがあると認めるときは、当該広域連合の議会の議決を経て、当該広域連合を組織する地方公共団体に対し、当該広域計画の実施に関し必要な措置を講ずべきことを勧告することができる（法第291条の７第５項）。

正答　　3

財　産　区

No.146　　地方自治法に定める財産区に関する記述として、妥当な
のはどれか。　　　　　　　　　　　　　　　　**（東京都主任試験出題）**

1　財産区は、市町村及び特別区の一部で財産又は公の施設の管理
　を行うことについて、法人格を認められた普通地方公共団体であ
　る。

2　財産区は、財産を所有し又は公の施設を設けている限りにおい
　て存続し得るものであるので、これらを処分して所有権を喪失す
　れば、財産区は当然に消滅する。

3　財産区の組織については、原則として固有の議決機関や執行機
　関が権能を行使するため、財産区の存する市町村及び特別区の議
　会や執行機関が権能を行使してはならない。

4　財産区の財産又は公の施設に関し特に要する経費は、財産区の
　存する市町村及び特別区が負担することとされている。

5　財産区は独立の地方公共団体であるが、その収支は財産区の存
　する市町村及び特別区の収支として形式的に処理されるため、市
　町村及び特別区の会計と分別する必要はない。

Key Point

　　財産区とは、地方自治法上の特別地方公共団体であり、区市
町村の一部で財産を有し又は公の施設を設けているもの等をい
い、その財産等の管理及び処分又は廃止は、地方自治法の地方
公共団体の財産等に係る規定により行う。また、区市町村は、
条例で、財産区管理会を置くことができる。

解説　　財産区とは、地方自治法上の**特別地方公共団体**であり、①市町村及び特別区（以下「区市町村」という。）の一部で財産を有し又は公の施設を設けているもの（法律等に特別の定めがあるものを除く。）、②区市町村の廃置分合又は境界変更の場合において同法に定める財産処分に関する協議に基づき区市町村の一部が財産を有し又は公の施設を設けるものをいう（法第294条第１項）。

財産区の財産又は公の施設の管理及び処分又は廃止は、地方自治法の地方公共団体の財産等に係る規定により行う（法第294条第１項）。

財産区の財産又は公の施設に関し特に要する経費は、**財産区の負担**となる（法第294条第２項）。

地方公共団体は、財産区の収入及び収支については**会計を分別**しなければならない（法第294条第３項）。

公共団体　特別地方

1　**誤り**。財産区は、特別地方公共団体である（法第294条第１項）。
2　**正しい**。財産区の財産の全部を処分した場合、財産区は法人格を失う（行実）。
3　**誤り**。財産区は、原則として議決機関や執行機関を持たないため、財産区の存する区市町村の議会や執行機関がその権能を行使するが、必要と認めるときは、都道府県知事は、議会の議決を経て区市町村の条例を設定し、財産区の議会又は総会を設けて財産区に関し区市町村の議決すべき事項を議決させることができる（法第295条）。
4　**誤り**。財産区の負担となる（法第294条第２項）。
5　**誤り**。会計を分別しなければならない（法第294条第３項）。

正答　2

地方公営企業①

No.147　地方公営企業会計における貸借対照表に関する記述として、妥当なのはどれか。　　　　　　　**（東京都管理職試験改題）**

1　貸借対照表の目的は、事業年度終了時における地方公営企業の資産、負債及び資本のそれぞれの総額を示すとともに、一事業年度の地方公営企業の経営成績を示すことにある。

2　償却資産の取得又は改良に充てるための補助金、負担金その他これらに類するものをもって償却資産を取得し又は改良した場合は、その額を長期前受金勘定に整理し、資本として計上する。

3　地方公営企業においては、企業債は実質的に資本としての機能を有するものであるので、建設又は改良等の目的のため発行した企業債は、借入資本金として計上することとされている。

4　負債には固定負債と流動負債があり、貸借対照表日から起算して1年以内に支払期限が到来するものを流動負債、1年を超えて支払期限が到来するものを固定負債として区分する。

5　剰余金は、資本剰余金と利益剰余金に区分されるが、利益剰余金の処分には、法定の処分と任意の処分があり、いずれの場合にも議会の議決を必要とする。

Key Point

貸借対照表とは、企業の一定時点における財政状態を明らかにするために、資産、負債及び資本を一表に記載した報告書をいう。剰余金とは、企業の資産総額から負債総額を差し引いて得られる正味資産のうち、資本金の額を超過する部分をいい、利益剰余金と資本剰余金とがある。

解説 　**貸借対照表**とは、企業の一定時点における財政状態を明らかにするために、資産、負債及び資本を一表に記載した報告書をいう。貸借対照表は、企業会計方式をとる地方公営企業において作成する必要がある（地方公営企業法（以下「地公企法」という。）第25条及び第30条第7項）。

　損益計算書とは、一定期間の企業の経営成績を示す報告書をいい、その期間内に得た収益から、それに要した費用を差し引く形で純利益を明らかにした報告書である。

　償却資産とは、土地、立木及び建設仮勘定を除く固定資産であって、毎事業年度減価償却を行うべきものをいう（地方公営企業法施行規則（以下「地公企規則」という。）第1条）。

　企業債とは、地方公共団体が地方公営企業の建設、改良等に要する資金に充てるために起こす地方債をいう（地公企法第22条）。企業債は、負債に計上される（地方公営企業法施行令（以下「地公企令」という。）第15条第2項及び地公企規則第7条第3項）。**負債**とは、後日他人に対して支払うべき一切の金銭的債務をいう。負債は、貸借対照表日から起算して1年以内に支払期限が到来する流動負債と、それ以外の固定負債に区分される（地公企令第15条第2項）。

　剰余金とは、企業の資産総額から負債総額を差し引いて得られる正味資産のうち、資本金の額を超過する部分をいい、企業の営業活動によって得られた利益の留保である利益剰余金と資本取引から生じた資本剰余金とがある。

1　**誤り**。一事業年度の地方公営企業の経営成績を示す書類は、損益計算書である。
2　**誤り**。負債（繰延収益）として計上する（地公企規則第7条第4項及び第21条第1項）。
3　**誤り**。企業債は、負債として計上する（地公企規則第7条）。
4　**正しい**。
5　**誤り**。毎事業年度生じた利益の処分及び資本剰余金の処分は、条例の定めるところにより、又は議会の議決を経て行う必要がある（地公企法第32条第2項及び第3項）。　　　**正答　4**

地方公営企業②

No.148　地方公営企業における会計処理の原則に関する記述として、妥当なのはどれか。　　　**(東京都管理職試験出題)**

1　安全性の原則とは、事業の財政に不利な影響を及ぼすおそれがある事態にそなえて健全な会計処理をしなければならないことをいい、会計処理の他の諸原則の基本と位置づけられている。

2　正規の簿記の原則とは、事業に関する取引について正確な会計簿記を作成しなければならないことをいい、具体的には単式簿記によるべきことを意味している。

3　真実性の原則とは、事業の財政状態及び経営成績に関して真実な報告を提供しなければならないことをいい、資本取引と損益取引を明確に区分して経理することを意味している。

4　明瞭性の原則とは、事業の財政状態及び経営成績に関する会計事実を決算書その他の書類に明瞭に表示しなければならないことをいい、資産、資本及び負債はその全部又は一部を他の勘定と相殺して表示することを意味している。

5　継続性の原則とは、採用する会計処理の基準及び手続を毎年度継続して用い、みだりに変更してはならないことをいい、この原則の下、損益計算方法や貸借対照表の形式を一定とすることで、事業年度ごとの経営成績の比較検討が可能となる。

Key Point

　地方公営企業における会計処理の原則は、①真実性の原則、②正規の簿記の原則、③資本取引と損益取引との区分の原則、④明瞭性の原則、⑤継続性の原則、⑥安全性の原則からなる。

地方公営企業における会計処理の原則には、次の6つがある（地公企令第9条）。

① **真実性の原則**とは、地方公営企業は、その事業の財政状態及び経営成績に関して、真実な報告を提供しなければならないことをいう。

② **正規の簿記の原則**とは、地方公営企業は、その事業に関する取引について正規の簿記の原則にしたがって正確な会計帳簿を作成しなければならないことをいう。

③ **資本取引と損益取引との区分の原則**とは、資本取引と損益取引とを明確に区別し、特に資本剰余金と利益剰余金とを混同してはならないことをいう。

④ **明瞭性の原則**とは、地方公営企業は、その事業の財政状態及び経営成績に関する会計事実を決算書その他の会計に関する書類に明瞭に表示しなければならないことをいう。

⑤ **継続性の原則**とは、地方公営企業は、その採用する会計処理の基準及び手続を毎事業年度継続して用い、みだりに変更してはならないことをいう。

⑥ **安全性の原則**とは、地方公営企業は、その事業の財政に不利な影響を及ぼすおそれがある事態にそなえて健全な会計処理をしなければならないことをいう。

1　**誤り**。安全性の原則は、会計処理の原則のうちの一つであり、他の諸原則の基本ではない。

2　**誤り**。正規の簿記の原則に適合する簿記の記述方式は複式簿記である。

3　**誤り**。後段は、資本取引と損益取引との区分の原則（地公企令第9条第3項）に該当し、真実性の原則とは区別される。

4　**誤り**。明瞭性の原則は、具体的な表示方法を指定するものではない。

5　**正しい**。　　　　　　　　　　　　　　　　　　**正答　5**

地方公営企業③

No.149　地方公営企業の予算に関する記述として、妥当なのはどれか。　**（東京都管理職試験出題）**

1　地方公営企業の予算は、地方公営企業の毎事業年度における業務の予定量並びにこれに関する収入及び支出の大綱を定めるものであり、管理者は、毎事業年度、地方公営企業の予算を調製し、議会に提出しなければならない。

2　管理者は、事業年度途中に一時的な資金不足が生じたときは、一時の借入れをすることができるが、その償還は必ず当該事業年度内に行わなければならず、償還が翌事業年度にわたる借換えは許されない。

3　給与費は、企業経営に占める重要性から、予算上は営業費用や建設改良費に含まれず、独立した項を設けて計上され、議会の議決を経なければ他の経費に流用することができない。

4　管理者は、業務量の増加により、地方公営企業の業務のため直接必要な経費に不足が生じたときは、当該業務量の増加により増加する収入に相当する金額を、予算額を超えて使用することができる。

5　管理者は、建設又は改良に要する経費のうち、事業年度内に支払義務が生じなかったものがあるときは、翌事業年度に繰り越すことができるが、この場合、一般会計と同様にあらかじめ繰越明許費として予算に定める必要がある。

Key Point

　地方公営企業の予算は、官公庁予算と比較して弾力性が付与されている。①議決対象科目である款項とも極めて概括的になっている、②原則として目以下の流用を管理者限りで行うことができる、③業務量の増加に伴い収益が増加する場合においては、当該業務に要する経費について予算超過の支出が認められる（弾力条項）、④建設改良費繰越の制度がある、等である。

地方公営企業の予算の原案の作成権は管理者にあるが（地公企法第９条第３号）、予算の調製権は地方公共団体の長に留保されている（地公企法第24条第２項）。

　地公企法第29条の**一時借入金**は、地方自治法第235条の３の一時借入金と異なり、資金不足のため当該事業年度内に償還することができないときは、償還することができない金額を限度として借り換えることができる（地公企法第29条第２項ただし書）。

　給与費は、予算上、営業費用又は建設改良費に含めて計上され、議会の議決を経なければ他の経費に流用できない。

　業務量の増加により地方公営企業の業務のため直接必要な経費に不足を生じたときは、管理者は、当該業務量の増加により増加する収入に相当する金額を当該企業の業務のため直接必要な経費に使用することができる（**弾力条項**。地公企法第24条第３項）。

　予算に定めた地方公営企業の建設又は改良に要する経費のうち、年度に支払い義務が生じなかった場合は、管理者はその額を翌年度に繰り越して使用することができる（**建設改良費繰越**。地公企法第26条第１項）。

1　**誤り**。予算の調製権は地方公共団体の長にある。
2　**誤り**。地方公営企業の一時借入金は、当該事業年度内に償還できないときは、借り換えることができる。
3　**誤り**。給与費は、予算上、営業費用又は建設改良費に含めて計上され独立した項を設けないから前段は誤り。給与費は、流用禁止項目に該当するから後段は正しい。
4　**正しい**。いわゆる弾力条項である。
5　**誤り**。繰越明許制度（法第213条）があらかじめ予算に規定した経費についてだけ認められるのに対し、建設改良費繰越は、単にその経費が建設又は改良に要する経費であるという経費の性質に基づいて一律に認められるものであるから、後段は誤り（地公企法第26条第１項）。

　　　　　　　　　　　　　　　　　　　　正答　4

地方公営企業④

No.150　　地方公営企業会計における損益計算書に関する記述として妥当なのは、次のどれか。　　　　**（東京都管理職試験出題）**

1　損益計算書は、当該事業年度におけるすべての収益と費用を記載して地方公営企業の経営成績を明らかにするとともに、経営活動の結果としての当該事業年度の終了時における資産、負債及び資本の額を示す書類である。

2　損益計算書は、営業損益計算、経常損益計算及び純損益計算の区分を設けなければならず、受取利息や支払利息に係る損益計算は営業損益計算の区分に含まれる。

3　損益計算書は、借方に費用を貸方に収益を記載する勘定式の様式によることとされており、その区別をせずに収益の諸項目と費用の諸項目を上部から一列に並べて計算する報告式は採用されていない。

4　損益計算書は、収支計算と損益計算との期間的ずれを調整する補助手段としての書類であるとされており、貸借対照表とは異なり決算時において当該地方公営企業にその作成が義務づけられている。

5　損益計算書は、費用収益対応の原則、発生主義の原則、実現主義の原則及び総額主義の原則によって作成され、未実現収益は現実の収益となる見込みが不確実なので、原則として当該年度の損益計算に計上してはならない。

Key Point

　　損益計算書は、一定期間の企業の経営成績を示す報告書である。損益計算書原則は、①発生主義の原則、②実現主義の原則、③総額主義の原則、④収益・費用対応の原則からなる。損益計算書の形式には勘定式と報告式があり、営業損益計算、経常損益計算及び純損益計算の区分を設けることを要する。

解説 　**損益計算書**とは、一定期間の企業の経営成績を示す報告書をいい、その期間内に得た収益から、それを得るに要した費用を差し引く形で、損益の発生原因とその期間の純利益を明らかにした報告書である。

損益計算書には、左側（借方）に費用を、右側（貸方）に収益を対照的に表示する勘定式と、はじめに収益を、続いて費用を記載する報告式とがある。地方公営企業の損益計算書の様式は報告式による（地公企規則第48条）。

地方公営企業においては、予算を議会に提出する場合に予算に関する説明書として、前事業年度の予定損益計算書を提出しなければならない（地公企法第25条及び地公企令第17条の2第1項）。また、決算に当たっては損益計算書を作成しなければならない（地公企法第30条）。

損益計算書原則は、①発生主義の原則、②実現主義の原則、③総額主義の原則、④収益・費用対応の原則から構成されている。

損益計算書には、営業損益計算、経常損益計算及び純損益計算の区分を設けることを要する。

1　**誤り**。後段は、貸借対照表の説明である。
2　**誤り**。利息は、経常損益計算の区分に含まれる。
3　**誤り**。地方公営企業の損益計算書の様式は、報告式によることとされている。
4　**誤り**。前半は貸借対照表の説明である。後半は、貸借対照表及び損益計算書の両者とも、決算時にその作成が義務づけられている（地公企法第30条第1項及び第9項）。
5　**正しい**。発生主義の原則に基づいて、すべての費用及び収益は、その発生した期間に割り当てられるが、収益の中に未実現の利益が含まれていれば当期の損益計算に計上してはならない（実現主義の原則）。

正答　5

第6次改訂版 **地方自治法 実戦150題**　　定価：本体2,000円＋税

2003年 4 月 3 日	初版発行
2005年 9 月16日	第 1 次改訂版発行
2007年 5 月18日	第 2 次改訂版発行
2014年 6 月20日	第 3 次改訂版発行
2016年 4 月20日	第 4 次改訂版発行
2019年 4 月25日	第 5 次改訂版発行
2023年11月14日	第 6 次改訂版発行

編集人　㈱都政新報社　出版部

発行人　吉田　実

発行所　㈱都政新報社

　　　　〒160-0023　東京都新宿区西新宿7-23-1　TS ビル 6 階

　　　　電　話　03(5330)8788　　振替　00130-2-101470

　　　　F A X　03(5330)8904

　　　　ホームページ　https://www.toseishimpo.co.jp/

印刷・製本　藤原印刷株式会社